江戸城の全貌

世界的巨大城郭の秘密

萩原さちこ
Sachiko Hagiwara

さくら舎

はじめに

平成28年（２０１６）の江戸城（皇居東御苑）の入場者数が、過去最高の１４５万５５９２人を記録しました。５年前の平成23年（２０１１）は72万１６３２人でしたから、かなりの増加率です。またこの数字は、全国有数の観光地となっている姫路城（兵庫県姫路市）、大阪城（大阪府大阪市）や名古屋城（愛知県名古屋市）の入城者数には及ばないものの、天守のない城としては異例です。

高速道路が網目のように走りビルが建ち並ぶ東京都心には、城の姿など残っていないように思えます。しかし少し目を凝《こ》らせば、今も江戸時代最大の城が息づき、共存しているのがわかります。それは、江戸城が東京の土台だからです。江戸城を中心に東京は変化し、発展し続けてきました。

城というと現在とは切り離された過去の遺物として捉《とら》えられがちですが、どんな城も現在進行形で地域に息づいているものです。東京にも意外なほど江戸城の欠片《かけら》があちこちに残っていて、それらをつなぎ合わせることで誰でも江戸時代にワープでき、江戸時代最大かつ最高峰の城を散策できます。江戸城を知れば知るほど、東京という現代の都市が江戸城を中心につくられてきたこと、江戸城なくして現在の東京がないことを実感できるはずです。

この本では、江戸城の築城にまつわるストーリーを中心に、見どころや歴史を余すところなく語りました。築かれた時代背景、立地や地形、設計などの特徴はもちろん、城の変遷、天守や御殿の構造や装飾、石垣の積み方や石材の採石法、さらには江戸の町づくりや幕府のしくみまで、浅く広くながらさまざまな視点から江戸城の全貌と魅力に迫っています。

また、実際の城歩きに役立つ内郭および外郭の見どころも紹介し、江戸城にまつわるコラムも盛り込みました。徳川家康が江戸に入り現在の江戸城を築きはじめてから江戸城が開城される明治初期までに限定しましたが、それでも江戸城のいろいろな横顔に出会っていただけると思います。

江戸城を通じて日本の城のこともわかるよう、全国の城と比較して江戸城は何が違うのか、江戸城にはどれだけの価値があるのか、という点も伝わるよう工夫しました。読み終えた後は、江戸城はもちろん、全国のほかの城にも訪れてみたくなるはずです。

本書が江戸城の魅力に出会うきっかけ、江戸城をより楽しむ手助けになればうれしく思います。最後になりましたが、執筆にあたりご指導、ご協力くださったみなさまに厚く御礼申し上げます。

２０１７年２月

萩原《はぎわら》さちこ

目次◉江戸城の全貌

第1章　江戸城は日本一の城

第2章　江戸城築城の歴史

第3章　江戸城の天守

第4章　江戸城の御殿

第5章 江戸城の石垣

第6章　江戸城を歩く～内郭編

白鳥濠～御書院門　182

本丸　188

鍛冶橋門〜日比谷門　239

第8章　江戸城の秘密

江戸城の全貌——世界的巨大城郭の秘密

第1章
江戸城は日本一の城

城のおもしろさは、２つとして同じものがないことです。城にはそれぞれ個性があり、つくられた時代によって姿や形も存在意義も異なります。築いた人の社会的地位、センスやクセも反映されますし、その土地の気候や地質の違いによる地域性もあらわれます。天守を例にあげても、大きさも形も、構造や隠された工夫のしくみもバラバラ。虜《とりこ》になってしまうのは、そのひとつひとつにきちんと意味があり、私達と同じ日本人の知恵や美意識が詰《つ》め込まれているからです。

鉄道ファンが車体のフォルムや色、エンジン音の違いに一喜一憂し心ときめかせるように、城にも同じように心熱くなるようなバリエーション豊かな個性と奥深いサイドストーリーがあります。もちろん、その違いのすべてを覚えて共感したり熱狂する必要はありませんが、ほかの城との違いや特徴を知り意識して歩くと、城歩きがぐっと楽しくなるはずです。

江戸城は日本一の城です。なにが日本一なのかというと、まず城の広さです。現在の皇居のあたりが江戸城ですが、「あのへんになにか建っていただけ」などと思っていたら大間違い。江戸城の総面積は約２０８２ヘクタールに及びます。豊臣秀吉《とよとみひでよし》が築いた大坂城（大阪府大阪市）は江戸幕府によって大改築された大坂城より4倍も大規模だったといわれますが、それでも約４５２ヘクタールですから、江戸城のほうが5倍近く広かったことになります。映画「ラストエンペラー」の舞台となったあの広大な中国・北京《ペキン》の紫禁城《しきんじょう》ですら72・5ヘクタールですから、世界的にもひけをとらない広大な城といえます（皇城はその4～5倍、内城、外城まで含めると、さらにその6～7倍）。

現在皇居になっている西の丸や山里丸《やまざとまる》、皇居東御苑として一般開放されている本丸・二の丸・三の丸の一部、北の丸公園になっている北の丸や大手前などが、「内郭《ないかく》」と呼ばれる中枢部にあたります。

なるほどそれなりの広さですが、江戸城はさらに大きな広がりを持ちます。内郭の外側を「外郭《がいかく》」と呼ばれるエリアが囲むのです。内郭だけで約２１４ヘクタールにも及び、現在の中央区と千代田区のほぼ全域が、すっぽりと江戸城域です。姫路城の内郭は約23ヘクタール、熊本城（熊本県熊本市）の内郭は20ヘクタールですから、比べものになりません。

P22・23のマップが、万治《まんじ》年間（１６５８〜１６６０）の江戸城域をおおまかに示したものです。現在の内堀《うちぼり》通りに囲まれた一帯が内郭で、その外側を外郭が囲み、内郭と外郭の間には濠がらせん状にぐるぐると取り巻きます。神田《かんだ》川が隅田《すみだ》川に注ぐ両国橋《りょうごくばし》脇の柳橋《やなぎばし》あたりが外濠《そとぼり》の東端で、そこから浅草橋《あさくさばし》、御茶ノ水《おちゃのみず》、小石川《こいしかわ》、市ヶ谷《いちがや》、四谷《よつや》、虎ノ門《とらのもん》と続き、数寄屋橋《すきやばし》、鍛冶橋《かじばし》、常盤橋《ときわばし》、雉子橋《きじばし》まで。東は隅田川、永代橋《えいたいばし》や両国橋の手前までが城域です。外郭の総延長は約14キロメートルもありますから、ふらりと訪れて気軽に1周してみる距離ではありません。秀吉が築いた大坂城の総構（外周）は約7・8キロメートルとされますから、江戸城はそれを凌駕《りょうが》するとてつもない大きさだったことがわかります。

今、日本武道館がある北の丸に立っているとすると、飯田橋《いいだばし》駅（牛込《うしごめ》門／牛込見附《みつけ》）までは約1・5キロメートルくらいですから20分もあれば歩いていけます。ところが赤坂《あかさか》見附駅（赤坂門／赤坂見附）までとなると3キロメートル近くあり、赤坂見附駅から日本橋駅までとなると、常識的には電車や車で移動する距離です。それほど江戸城は広く、現在の東京の中心地を網羅《もうら》していたのです。

「江戸城なんて行ったことはない」と思っていたのに、実は違っていたことに気づいた人も多いでしょう。そう、東京都心に何度か訪れたことがある人なら、一度くらいは江戸城内に足を踏み入れてい

神田明神
筋違橋門
神田川
浅草橋門
両国橋
隅田川
新大橋
常盤橋門
道三堀
呉服橋門
日本橋
日本橋川
西八丁堀
霊岸島
永代橋
台橋門
京橋川
京橋
八丁堀
鉄砲洲
三十間堀
石川島
佃島
築地
江戸湾
…濠・河川
…主な橋
…主な城門
…内郭

万治年間頃の江戸城域と構造

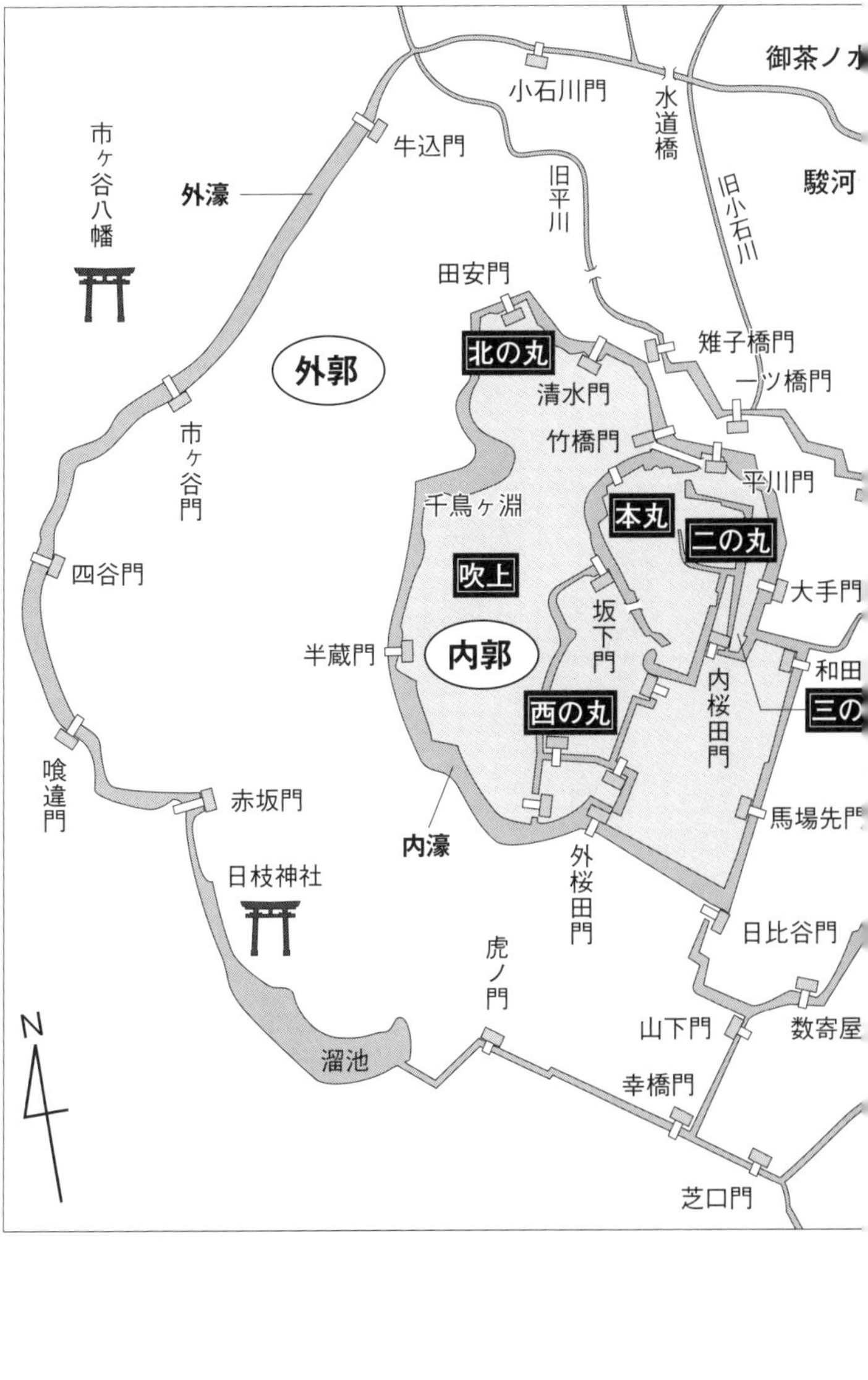

るのです。それどころか、毎日の通学・通勤経路が江戸城内だという人や、毎日江戸城内で働いている人も多いはず。江戸城は私たちにとって、とても身近な存在なのです。

現在の東京は高速道路や高層ビルが密集していて、はるか昔に存在した江戸城など跡形《あとかた》もなく姿を消しているように思われます。しかし、実は断片的ながら遺構《いこう》がたくさん残っています。それらの破片《はへん》をつなぎ合わせると、おもしろいほどに江戸城の姿が浮かび上がってきます。

たとえば、ＪＲ御茶ノ水駅から市ケ谷駅あたりにかけてＪＲ中央線の線路と並行している川は、江戸城の外濠《そとぼり》の一部です。中央線の線路は江戸城の外濠に沿った土塁《どるい》と呼ばれる土手を利用してつくられているのです。

JR中央線と並行する外濠

かつて外濠沿いにはところどころに城内外の出入口となる城門があり、城門には見附《みつけ》という見張り番所が置かれていました。赤坂見附（赤坂門）、四谷見附（四谷門）、市ヶ谷見附（市ヶ谷門）などがその跡地です。ＪＲ四ッ谷駅や市ヶ谷駅、飯田橋駅の改札の脇にある石垣は、見附跡なのです。

このように、東京の町には往時の江戸城の姿を想像するヒントがたくさん隠されています。

江戸城の位置付け～江戸幕府の本拠地

城には長い歴史があり、その発祥は弥生《やよい》時代の環濠《かんごう》集落まで遡《さかのぼ》ります。飛鳥《あすか》時代に国防を目的として太宰府《だざいふ》を防衛すべく大和朝廷《やまとちょうてい》が築かせた古代山城、同じく大和朝廷が東北地方の蝦夷《えみし》討伐のためにつくり、やがて政庁が置かれた柵《さく》（城柵）、南北朝時代に合戦の舞台として築かれた城、戦国時代に戦国大名が居城とした巨大な城、領国内に整備したさまざまな役割を担う城、各大名が侵攻先で前線基地とした技巧的な城など、さまざまな城が築かれます。

そして戦国時代末期、織田信長《おだのぶなが》によって近世城郭が誕生します。いわゆる現代において一般的にイメージされる城のことで、天守があり、高い石垣がそびえ、水堀で囲まれた城です。信長の生み出した城が豊臣秀吉、徳川家康《とくがわいえやす》に継承され、アレンジされながら現在の城へ進展しました。城の発展は江戸初期で終わりを告げますから、徳川の城が最終形となります。

城は社会情勢や領国支配体制、主力兵器の変化などに応じて、姿や規模、築かれる場所や存在意義を変えながら発展します。しかし共通していえるのは、いつの時代も軍事施設であること。近世城郭になると政治的な要素が強くなり、とりわけ江戸時代に入ると政庁としての役割が色濃くなりますが、それでも軍事的な側面は併せ持ち続けます。

13～16世紀、日本には3万～4万の城があったといわれています。しかしそれらはただ乱立していたのではなく、個々に役割をもって存在していました。城によるネットワークをつくって領国を支配し、戦国大名が台頭すると、さらに大規模化かつ企業のように組織化されました。

私たちは城を前にすると、その城を単体で見てしまいがちです。城の規模や軍事装置の数から軍事力を予測して、どう攻めどう守るのかを頭の中でシミュレーションします。それもとても楽しいのですが、城を舞台にした戦いは相撲《すもう》のように土俵を舞台にした一騎討ちではなく、騎馬戦のようにチームがさまざまな場所で繰り広げる総力戦です。ですから、その城が組織のなかでどういったポジションにあるのか、どんなミッションを担《にな》っているのかなどを複眼的に考察することは、その城の本来の強さを知る上で大切です。戦う人がいないのにむやみに大きな城をつくっても隙《すき》だらけになってしまいますから、兵力に見合った城かどうかも大事です。

領主の居城のことを「本城《ほんじょう》」といいます。企業でいえば本社で、領国支配の中心地になります。本城をサポートする支社や営業所にあたるのが、「支城《しじょう》」です。支城は本城の支城である国人領主の城（第一次支城）、第一次支城を本城とする支城の支城（第二次支城）と枝分かれし、ピラミッドのような緻密な組織を形成していました。たとえば戦国時代に関東一円を領有した北条氏《ほうじょう》にとって、本城は小田原城で、鉢形城《はちがた》（埼玉県大里郡寄居町）、松井田城《まついだ》（群馬県安中市）、山中城《やまなか》（静岡県三島市）などは支城です。北条氏邦《うじくに》（3代氏康《うじやす》の子で4代氏政《うじまさ》の弟）が城主を務めた鉢形城は北関東支社といったところで、支配下にさらに多くの支城を置き地域を支配していました。また、支城には支城間の通信連絡基地や中継地点となる「繋ぎの城」や「伝えの城」、主要街道上の領国や勢力の境目で警備する「境目の城」などさまざまな役割がありました。

信長によって、戦うためだけに存在した城に象徴としての側面が加わります。絢爛豪華《けんらんごうか》な天守や豪壮な石垣は、権力と財力の象徴。城は流通・経済・商業の中心地としての役割を担うようになるのです。秀吉は、信長の城の概念を受け継いで発展させます。黒漆《くろうるし》や金箔瓦《きんぱくがわら》などを用いた秀吉流の城を領国支配のシンボルとし、特定の大名に築城を許可して政治的ツールとして活用します。そして、江戸を囲むように主要街道上に秀吉流の城を築き、家康を牽制《けんせい》する「徳川包囲網」を構築しました。家康も後に、豊臣秀頼《ひでより》との決戦に備え、西国大名の大坂城への結集を阻止するべく、大坂城を取り囲んだ「大坂包囲網」を構築します。徳川包囲網が恣意《しい》的な牽制をする要素が強かったのに対し、大坂包囲網は軍事拠点としての役割を色濃く持ちました。

世界文化遺産登録されている姫路城は、大坂包囲網のひとつとされます。関ヶ原合戦の翌年、慶《けい》長《ちょう》6年（1601）から家康の娘婿である池田《いけだ》輝政《てるまさ》によって築かれた姫路城は、山陽道上で豊臣恩顧の西国大名を牽制し、大坂城への進軍を阻止する重要な役割を担いました。天守群の美しさが世界中の人々を魅了する城ですが、実は戦闘を意識した軍事要塞《ようさい》です。軍事施設であれば実用性さえあればよいように思えますが、美観と実用を兼ね備えるのがこの時代の城のあり方。絢爛豪華で壮大なビジュアルは、敵や領民に権力や財力を見せつけ、戦わずして屈服させる心理的効果がありました。

さて、江戸城の役割はなにかというと、ずばり「徳川将軍家の本城であること」です。徳川家の本城は日本でただひとつ。つまりは日本の中核となる江戸幕府の本拠地ですから、ほかの城と同等ではいけません。徳川将軍の御座所たる城であるため、一介の大名の居城とは別格です。

江戸城を築くときに家康が見据えたのは、江戸幕府の盤石《ばんじゃく》な体制づくりです。開府したばかりの家康がつくるべき本城は、攻め寄せる大軍を迎撃する強靭《きょうじん》な軍事力のある城でありながら、政治・経済・商業の中心地となる国家の中枢《ちゅうすう》として機能する城です。徳川家の威厳と権威をこれでもかと見せつけ、反逆心など心の片隅にも生まれないような存在感が求められます。ですから、日本一広く、意《い》匠《しょう》にすぐれ、ほかの城にはない独創的な構造の特別な城がつくられました。都市経済の拠点を目指した城であることも、ほかの城とは一線を画します。

江戸城の築城〜日本最高峰の技術とマンパワーが集結

日本一たる江戸城をつくり上げたのは、天下普請《ぶしん》（公儀《こうぎ》普請）という築城のシステムです。天下普請とは、幕府の命令によって全国の諸大名が行う築城工事のこと。通常、大名が城をつくるときは、マイホームをつくるように、領国内の大工や職人を雇《やと》って領国内の資材で築き上げます。これに対して、天下普請はいわゆる国家プロジェクト。江戸幕府の命令で全国の大名が駆《か》り出され、結集して城づくりを行う大事業です。現代でいうなら、大規模な公共事業に複数の大手ゼネコンが共同でひとつのプロジェクトを請け負うようなもの。軍役のように義務化され、幕命に背《そむ》けば藩の存続に関わりますから、大名たちに断る権限はありません。

東日本の城には、たとえば大坂城や姫路城、岡山城（岡山県岡山市）や松山城（愛媛県松山市）、熊本城などの西日本の城のように高くて豪壮な石垣があまりありません。それは残っていないのではなく、もともとあまり存在しないからです。城は全国規格ではなく、配布された築城マニュアルに従ってつくるわけでもありませんから、それぞれが持つ技術を駆使《くし》し、地域の強みを活かしてつくります。そう考えたとき、石垣は東日本の城においてマストアイテムではないのです。

東日本の城に石垣があまり見られないのは、西日本で導入され発達した石垣築造技術がなかったからです。そもそも、近世城郭は西日本で誕生し発展しますから、技術力に大きな差が生じます。たとえ西日本の城の姿を知ったとしても、つくれる技術者や職人を抱えていなければ実現できません。また、石材が採れないのも大きな理由のひとつです。当然ながら、技術がなくては積みたくても積めませんし、石材がなくては積むことはできないのです。

それにもかかわらず、江戸城では立派な石垣をかなりたくさん見ることができます。西日本の城にもひけをとらない、高くて頑丈そうな石垣が広範囲にわたって取り巻いています。国立近代美術館や千鳥ケ淵《ちどりがふち》あたりの濠沿いにはとりわけ高い石垣がそびえ立ちますし、日比谷通りにも濠に沿って立派な石垣が累々と並んでいます。なぜ江戸城にこれだけ石垣があるのかというと、ずばり天下普請でつくられた城であるからです。

天下普請により、江戸城の築城には加藤清正《かとうきよまさ》や福島正則《ふくしままさのり》、堀尾吉晴《ほりおよしはる》や加藤嘉明《かとうよしあき》など秀吉のもとで築城技術を磨いた西国の先鋭たちも召集されました。彼らは築城技術を習得しているだけでなく、実戦経験が豊富な城攻略のスペシャリストでもありました。となれば、軍事力に長《た》け、丈夫で豪華かつ使い勝手のよい城がつくれるのは当たり前です。いち大名が居城をつくるのとは次元が違うのです。

天下普請によって、江戸城はおのずと日本最高峰の技術とマンパワーが集結した日本一の城になりました。彼らをタダで登用できることは、家康にとって大きなメリットでした。江戸城の構造上の特徴のひとつは、低地の東側は堀と石垣で守り台地の西側は谷を利用して深い堀を掘って防衛線としていたことですが、誰がつくったのかを紐解いてみると、堀は伊達《だて》などの東国大名が担当し、石垣は黒田、細川、毛利などの西国大名が普請にあたっています。

天下普請はただ秀逸な城をつくることが目的ではなく、江戸幕府の重要な政策でもありました。自らの居城を築くときの費用はもちろん自己負担ですが、天下普請においては、石垣の石材運搬のための造船費など幕府からの支給は多少あるものの、基本的に工事費や人件費などはすべて大名の自己負担です。江戸初期に勃発《ぼっぱつ》した日本最大規模の一揆《いっき》である島原《しまばら》・天草《あまくさ》の乱の一因が壮大すぎる島原城（長崎県島原市）の築城に対する領民の反発であったといわれるように、いち大名の場合、築城にかけられる資金や労力には限界があり、大名のエゴだけで莫大な費用を城に投じることは不可能でした。

慶長8年（１６０３）に江戸幕府を開府した62歳の徳川家康が急ぎ取りかかるべきは、江戸幕府の盤石な体制をつくり徳川政権の安泰《あんたい》を図ることでした。それにはまず、反対勢力になりうる全国の諸大名の財力を削《そ》ぎ、抑圧しなければなりません。徹底すべきは、将軍と大名との主従関係の明確化、そして諸藩の国力を低下させることです。豊臣家から政権を奪取《だっしゅ》したとはいえ、反逆者でもある家康はいつ危機的状況に立たされてもおかしくなく、旧勢力を放ったらかしにしておいては、いつ政権を覆《くつが》えされるかわからない状態でした。信長と秀吉の２人が行ってきた政策の長所も短所も間近で見てきた家康のことですから、隙あらば潰《つぶ》されることは誰よりも熟知していたでしょう。

天下普請は、築城工事に駆り出された諸大名から軍資金を蓄《たくわ》えるゆとりを奪い、軍事力を低下させる狙いもありました。その証拠に、関ヶ原合戦以前から徳川家に臣従《しんじゅう》していた譜代《ふだい》大名ではなく、関ヶ原合戦前後に徳川家の支配体制に組み込まれた外様《とざま》大名が徹底的に駆《か》り出されています。

江戸幕府の法令として、３代将軍徳川家光《いえみつ》が寛永《かんえい》12年（１６３５）に制度化した参勤交代が知られています。１万石以上の諸大名を江戸に定期的に出仕させる法令で、諸大名は1年おきに江戸と国元を往復することが義務づけられ、国元から江戸への道中の宿泊費や移動費だけでなく、江戸での滞在費も自己負担させられました。国元の居城に加え、江戸藩邸の維持費もかかりますから、財政的な負担はかなりのものだったでしょう。主目的は将軍と藩主との主従関係を示すことですが、藩主が江戸を離れる期間も正室と世継ぎは江戸に常住することになり、拠点が分散される状況でもあったはずです。

このように、参勤交代は実によくできたシステムでした。天下普請も同じように、諸大名の財力を削《そ》ぎ、権力の差を見せつけて身分の明確化を図り、築城技術を効率よく導入する、という一石二鳥、いえ一石三鳥ともいえる政策でした。

費用も人員も大名の自己負担となれば手を抜きそうな大名もいそうですが、実際には正反対だったようです。質の低い仕事や失敗をすれば江戸幕府からの評価は下がり藩の存続に悪影響を及ぼします。反対に、よい仕事をすれば幕府から高評価が得られ、藩の繁栄《はんえい》につながります。ですから、大名たちは多少無理をしても競い合うように精《せい》を出したようです。

参勤交代においても、延享《えんきょう》元年（1744）の江戸幕府の法令集『御触書寛保集成《おふれがきかんぽうしゅうせい》』には「従来の員数近来甚だ多し。且つは国郡の費、且つは人民の労なり。向後その相応を以てこれを減少すべし。」と記述があり、むしろ大名の参勤交代の際の支出を節減する動きが見られます。いつの時代も変わらない人の性《さが》をうまく利用した、巧《たく》みな政策といえそうです。

江戸城が築かれた時代～空前の築城ブームの訪れ

現在、私たちが見ることができる全国の城がいつ築かれたものなのかご存知でしょうか。代表的な城の築城開始年を見ると、姫路城は慶長6年、松江城（島根県松江市）は慶長12年（1607）、彦根城（滋賀県彦根市）は慶長9年（1604）、伊予松山城は慶長7年（1602）、名古屋城は慶長15年（1610）と、慶長5年（1600）の関ヶ原合戦直後がほとんどです。

これは、関ヶ原合戦後に家康によって領地替えが行われ、新しい領地で領国支配にふさわしい城が新築されたからです。また、関ヶ原合戦により世の中が二分されて隣国と敵対する可能性も高まったこと、豊臣家と徳川家の決戦が確実なものとなり、緊迫した情勢下で自分の領国をなんとか守ろうとそれぞれが自国の城を強化したことが大きく関係します。

　この時期は、築城技術が最高峰に達した時期でもありました。秀吉のもとで築城技術を磨いた西国大名を中心に、文禄《ぶんろく》・慶長《けいちょう》の役（唐入り／朝鮮出兵）で朝鮮半島に前線基地となる倭城《わじょう》と呼ばれる城が築城され、実戦的な城が発展します。こうした流れのなかで全国の大名が築城技術を習得し、帰国後に自分の領国の警備を強化すべくこぞって城を築いたのです。日本には空前の築城ブームが訪れ、築城技術もますます発展していきます。

　平成27年（２０１５）に天守が国宝に指定された松江城は、関ヶ原合戦の論功行賞で出雲《いずも》・隠岐《おき》24万石を拝領した堀尾吉晴の子・忠氏《ただうじ》が新たに築いた城です。吉晴・忠氏父子は、それまで出雲支配の中心部であった月山富田《がっさんとだ》城（島根県安来《やすぎ》市）に入りますが、月山富田城は堅牢《けんろう》を誇るものの、城下町の形成にはふさわしくありませんでした。そこで、新時代に見合った城を目指し、商業や経済の発展が見込める松江に城を新築したといわれています。

　同じように彦根城も、関ヶ原合戦で家康が倒した石田三成《いしだみつなり》の領地に新築された城です。この地を任された徳川四天王のひとり、井伊直政《いいなおまさ》は三成の居城だった佐和山《さわやま》城（滋賀県彦根市）に入りましたが、やはり時代に見合わない立地条件と判断して廃城とし、子の直孝《なおたか》がすぐ近くに彦根城を築いています。この場所は中山道と北国街道が合流する要衝《ようしょう》に位置し、戦国時代から争奪戦が繰り広げられてきました。ですから家康は、関ヶ原合戦直後、早急に井伊直政を置いたのです。彦根城も天下普請により築かれた城で、家康が構築した大坂包囲網のひとつでもありました。

松江城や彦根城のように近隣の新しい土地にゼロから新築された城もあれば、姫路城や小田原城のように、中世の城と同じ場所に近世の城をつくり直すケースも多くあります。小田原城は戦国時代の北条氏の城を大改造し、城の中枢部は近世城郭に改修されています。そのため観光地になっている現在の小田原城には北条氏時代の城の面影《おもかげ》はほとんど見られませんが、その外側には北条氏が構築した総構《そうがまえ》と呼ばれる外郭を囲むバリケードの遺構《いこう》が点在しています。

一方、商店街を取り壊して更地にした上でオフィスビルを建て並べる再開発のような大改修がされるケースもあります。現在の大坂城がその例です。大坂の陣の後、秀吉がつくった豊臣大坂城の全域は1〜10メートル埋め立てられ、そこに江戸幕府によって新たな城が築かれました。現在私たちが目にしている石垣や堀はすべて徳川幕府によるもので、秀吉時代の大坂城は地下に眠っています。

月山富田城や佐和山城のように時代遅れとなった山城《やまじろ》の多くは廃城となりますが、備中松山城（岡山県高梁市《たかはしし》）や鳥取城（鳥取県鳥取市）のように、中世の城を近世の城にリフォームするケースもあります。備中松山城は戦国時代には4つの峰《みね》から成る巨大な山城でしたが、そのうちの小松山だけが近世城郭化されています。鳥取城も戦国時代には典型的な山城でしたが、近世城郭化されて山上に石垣が築かれ、さらに江戸時代には山麓《さんろく》が大改修され城の機能が山上から山麓に移っています。いずれの城も、中世の城のなかに近世の城が共存する例です。

城へ行くと「いつ、誰が築いたか」に気を取られがちですが、城は築かれてそのままということはほとんどありません。城主が替われば増改築して防衛力を高めていきますし、時代が変われば求められる規模も守り方も変わります。中世の城から近世の城への転換期に限らず、戦国時代に激しい争奪戦が繰り広げられた城は、奪うたびにそれぞれが手を入れて部分的に改変し強化しています。築城者や築城年にあまりとらわれず、城のなかに息づく歴史に注目すると、城のさまざまな横顔が見えてくるでしょう。

そうした観点からすると、江戸城には複雑な変遷《へんせん》はありません。家康が築く前には太田《おおた》道灌《どうかん》が築き北条氏が改修した前身の江戸城がありましたが、改修というレベルではありませんから、別の城といえます。第2章で詳しく述べますが、大規模な土木工事によって城地と市街地を確保するところからスタートしていますから、江戸城は純粋無垢《むく》な徳川家の傑作《けっさく》といえるでしょう。

関ヶ原合戦後の築城ブームが突如終わりを告げることも、城を知る上でポイントになります。元和《げんな》元年（１６１５）の、江戸幕府による武家諸法度《ぶけしょはっと》の公布です。一国一城令により、ひとつの藩には一城の存続のみ認められ、それ以外の城は破却されました。厳密には二城の存続を許されたり城の新築を許可されたケースもありますが、いずれも特例です。

そして武家諸法度により、建物の新築はもちろん、城門や石垣の修復や改築まですべて幕府の許可が必要になりました。江戸幕府にしてみれば、反逆拠点となる城を潰すのは当然の措置です。城の数は一気に減り、飛躍《ひやく》的に向上した築城技術もここでストップしました。城は長い年月をかけて少しずつ築かれていったような気がしますが、現在残っている天守や豪壮な石垣のほとんどは、わずか15年程度の短期間で打ち上げ花火のようにつくられたものなのです。

天正《てんしょう》18年（1590）に江戸入りした家康が江戸城の本格的な築城工事を開始したのは、慶長8年（1603）のことです。家康が開始した築城は2代秀忠《ひでただ》、3代家光の代まで続き、35年後の寛永15年（1638）にようやく一応の完成をみます。全国の城が元和元年に築城の動きを止めた一方で、江戸城だけは進行形で発展していったことになります。

また、江戸城は地震や火事などの災害にたびたび見舞われますが、武家諸法度による制限に左右されることなく、すぐさま修繕《しゅうぜん》や再建が行われていることもほかの城と大きく異なる点でしょう。荒廃による石垣や櫓《やぐら》の修復もままならない大名の城とは違い、江戸時代を通して万全のメンテナンスを受け維持されてきたという特別待遇は、ほかの城と一線を画します。

江戸城の立地〜不毛の地だった江戸

城には立地による分類があり、山を城地とした山城、小高い山や丘に築かれた平山城、丘陵地を利用した丘城、平地に築かれた平城、水城（海城）などがあります。

城は立地が命です。軍事施設として考えたとき、高低差を利用することはなにより大切です。敵の動きをいち早く察知し、監視しなければなりません。敵を撃退するときも、上から下方に攻撃するほうが優位に立てます。弓矢による騎馬戦だった中世には山城が主流で、主力兵器が鉄砲となる近世になると平山城や平城に移行します。もちろん高ければよいというわけではありませんし、領国の支配地として望ましい立地に適当な山がなければ中世でも平山城や平城は築かれます。食糧などの物資輸送や軍勢の移動のための河川や街道も大きく関わってきます。

たとえば雲海《うんかい》に浮かぶ天空の城として一躍《いちやく》有名になった竹田城（兵庫県朝来市《あさごし》）は、標高353・7メートルの虎臥山《とらふすやま》に築かれた山城です。中世における山城の目的のひとつは高所から敵をくまなく監視することですから、敵を見下ろせる街道沿いの山に築いたのです。この地は、山陽道上にある播《はり》磨《ま》（兵庫県南西部）の姫路から但馬《たじま》（兵庫県北部）・丹波《たんば》（京都府中部・兵庫県中東部）方面へ北上する播但《ばんたん》道と、但馬・丹波の2国を縦断する山陰《さんいん》道の交差点。播磨・但馬・丹波3国の交通上の要衝《ようしょう》にあたり、国境を防衛する城でした。

財政源となる生野《いくの》銀山《ぎんざん》を擁《よう》する地であることも重要な要素でした。家康は関ヶ原合戦後にいち早く幕府直轄《ちょっかつ》地にしていますが、これは生野銀山の確保が目的とみられます。竹田城を現在の姿に大改修した赤松広秀《あかまつひろひで》は秀吉の命で城主となりますが、信長により播磨へ派遣された秀吉の但馬攻略の大きな目的は、おそらく生野銀山の掌握《しょうあく》です。竹田城から直径20キロメートル内には直轄銀山が集中し、財政源として絶対的な価値がありました。遡《さかのぼ》れば、信長も生野銀山を重要視していたようです。地形だけでなく、こうした地域特性も重要な立地条件となります。

江戸城は幕府の本城であるため、軍事施設というより政庁としての役割を色濃く持ちます。もはや領地拡大を見据えて戦略を立て、激戦に耐えうる前線基地を確保する時代ではありません。権力を見せつける、国家の象徴にふさわしい姿であることが求められ、敵を撃退するというよりは、不審者を簡単に侵入させせないセキュリティ面の高さに重きが置かれています。

松江城や彦根城の例でもわかるように、城には領国の支配拠点にふさわしい立地が求められます。秀吉が国家の中心となる大坂城を築いたのも、政治・経済・商業・流通などの条件を満たす理想的な立地だからです。大坂城のある場所は、主君・信長が10年以上も戦い続けた末に手にした、石山本願寺の跡地です。なぜ信長がそこまで執着したのかを考えると、一向宗《いっこうしゅう》の撲滅《ぼくめつ》よりも本願寺のある石山の地を手に入れたかったのではないかと思えてくるほどです。

というのも、この地は瀬戸内海航路の終着点という物資輸送の大動脈。城の周辺には城下町の発展に適した大阪平野が広がり、城を中心とした大商業都市にはうってつけの好立地でした。史実をたどると、信長は石山本願寺を手にするとすぐさま家臣を入れており、かなり早い段階から築城計画を構想していたことがうかがえます。天下統一した暁《あかつき》には、大坂を中心として新国家を構築しようとしていたよう。信長が本能寺の変で倒れなければ、現在の日本の首都は大阪だったかもしれません。

家康にとっての江戸城の立地はどうだったかというと、まったく望ましくないものでした。当時の江戸は発展とは無縁の荒れ地。大坂城が都市形成にふさわしい地を選んで築かれたのに対して、江戸城は実質的な左遷《させん》による不毛の地に築かざるをえなかったという絶対的な違いがあります。家康はそれまで関東一円を制圧していた北条氏の本城である小田原城への入城を希望したものの、秀吉の進言により僻地《へきち》の江戸へ封じ込められたといわれます。

Ｐ40の図のように、中世の江戸の地形は現在とは大きく異なります。現在の皇居外苑や日比谷《ひびや》、新橋《しんばし》あたりまでは日比谷入り江と呼ばれる海で、ＪＲ東京駅から有楽町《ゆうらくちょう》駅にかけては前島と呼ばれる半島状の陸地が突き出していました。江戸城の東から南にかけては日比谷入り江がえぐるように入り込んでいたのです。その周囲の湿地帯には、未開の原野のようにススキが果てしなく広がり、とても人が住むような土地ではなかったようです。

最近では、小田原や鎌倉にはない舟入があるので今後繁栄するだろう、という秀吉の言葉が『石川正西見聞集』にあり、一方の家康も、江戸湾の奥深くに位置する入り江に大量の物資輸送が見込める港を取り込める江戸は城下町づくりに望ましい、と考えていたという説もあります。15世紀に太田道灌が江戸城を築いた後の江戸の発展はめざましく、『江亭記』の記述によれば平川河口には諸国から商船や漁船が出入りし、鎌倉街道から商人が集まって毎日市が立ち、品川や浅草には社寺が建立され、人家が密集していたともされます。ですから、家康も絶望の淵《ふち》に立たされての江戸入りではなかったのかもしれません。

しかし、当時の江戸が寒村であり、少なくとも前身の江戸城がみすぼらしいものだったことは間違いありません。築城名人といわれた道灌が築き、北条氏が改造した江戸城はすでに時代遅れ。北条氏の本城である小田原城のように、城下町が形成され都市化していたわけでもありません。西国では天守や石垣が登場しているにもかかわらず、当時の江戸城には簡素な館と土塁がわずかにあるばかりだ

中世の江戸の地形

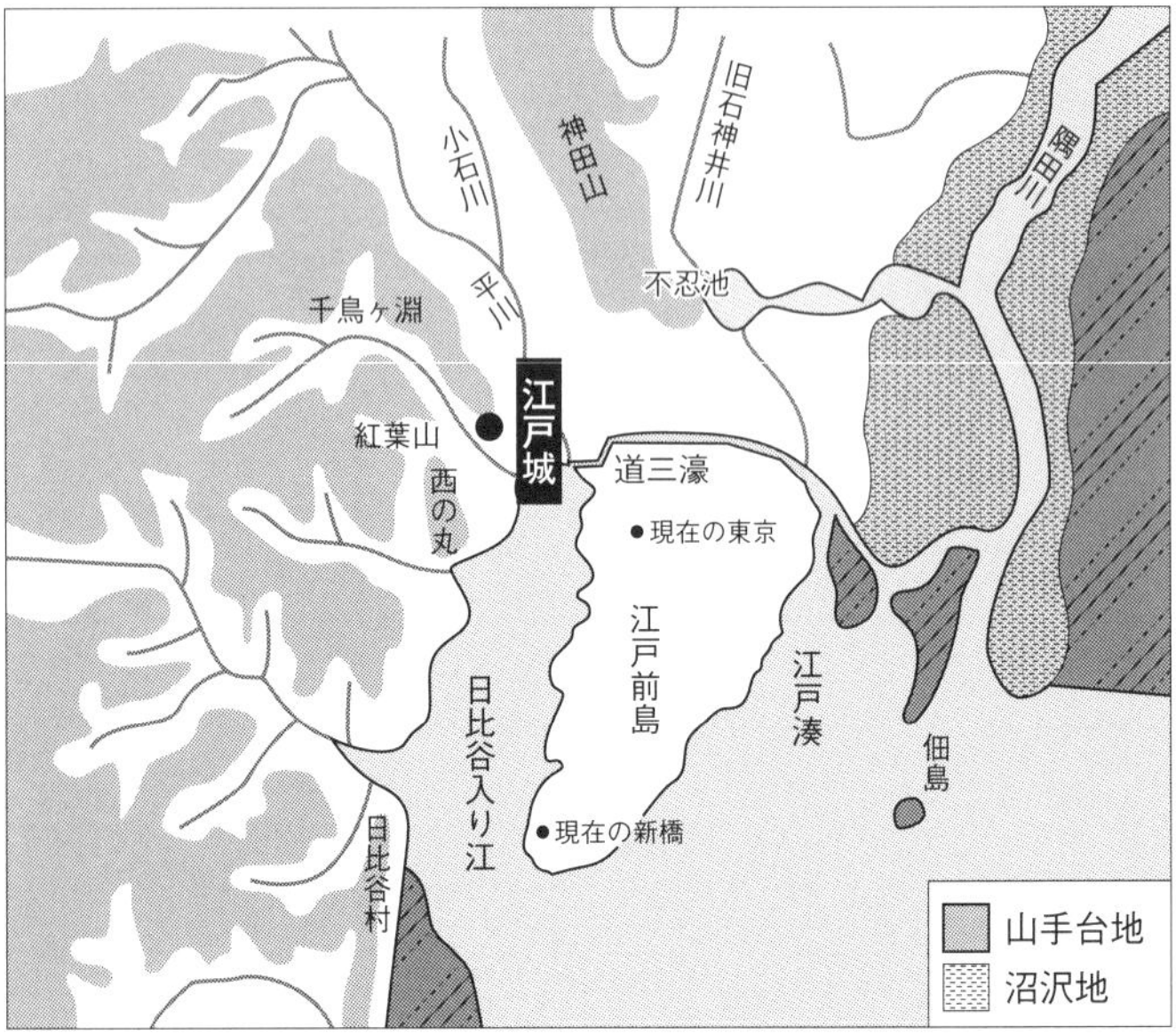

ったと考えられます。

家康は日比谷入り江を埋め立てることによって江戸城の外郭の東側に広大な土地を確保し、同時に濠を築いて物資の輸送に不可欠な荷揚げ場や江戸湾の整備を進めることになります。決して順風満帆《じゅんぷうまんぱん》とはいえない状況下で、性根《しょうこん》腐らずコツコツと土木工事を行い、現在の東京の基盤となる大商業都市を見事につくり上げた家康の功績は見事といえるでしょう。道灌時代の江戸城や家康が江戸入りしたときの江戸城の様子、家康がどのように悪条件を克服し江戸城を構築していったのかは、第２章で詳しく述べていきます。

江戸城の地形〜大規模な工事による地形改変

江戸城の魅力は、とにかく地形を巧《たく》みに利用し、都市経済の拠点となる大城郭が見事につくり上げられていることです。知れば知るほど、土木工事量の多さ、軍事施設としての防衛力の高さ、舟運・上水ネットワークの秀逸さに度肝を抜かれ、インフラ整備力の高さに感嘆《かんたん》します。その潜在能力は、現在の東京を見ればわかること。江戸城なくして、都市としての東京の発展はありません。

江戸城は平地に築かれているように思えますが、そうではありません。現在ランニングコースになっている内郭をぐるりと囲む道路を少し歩いてみるだけでわかります。国会議事堂前の交差点から日比谷方面に向かう内堀通りは下り坂になっていますし、竹橋駅付近から東京国立近代美術館や国立公文書館を右手に首都高速都心環状線代官町入口に沿って千鳥ヶ淵《ちどりがふち》交差点へ通じる道路は、けっこうな登り坂になっているでしょう。つまり西側の半蔵門側は高く、東側の東京駅側は低くなっています。皇居東御苑内もところどころに急坂があり、意外にもアップダウンの激しい場所であることがわかるはずです。

これは、江戸城が関東山地から続く武蔵野台地の東端部にあるからです。武蔵野台地とその東側に広がる東京低地、および東京低地と台地の間の谷底低地に築かれています。東京低地は縄文前期頃からの海進により沖積《ちゅうせき》層が形成され後期以降に陸化したものです。

武蔵野台地は、原形は扇状《せんじょう》地であると考えられています。最終氷河期における寒冷化や河川の浸食によって、高位の段丘面と低位の段丘面が生じたとされます。武蔵野台地の南東部にあたる山の手台地は2つの段丘面（高位の下末吉面と下位の武蔵野面）から形成されると考えられ、下末吉面には現

武蔵野台地の地形図

公益財団法人 東京都公園協会「つくられた江戸城と日比谷公園の地形」を一部改変

在の新宿などが位置する淀橋《よどばし》台、武蔵小山などが位置する荏原《えばら》台などがあります。淀橋台は麹町《こうじまち》台地とも呼ばれ、大小の谷が樹枝状に入り組む起伏《きふく》に富《と》んだ地形が特徴です。

武蔵野面は豊島《としま》台、目黒《めぐろ》台、本郷《ほんごう》台などが属します。池袋を中心とするのが豊島台、目黒台は目黒川の右岸域で、淀橋台の南側を目黒台、北側を豊島台が1段低いところで挟み込みます。豊島台東側の1段低いところに、本郷台が広がります。本郷台の先端は神田《かんだ》駿河《するが》台に達することから駿河台とも呼ばれます。

江戸城は、3つの段丘（淀橋台・豊島台・本郷台）と東京低地から成ります。これらの台地が神田川によって開析（陸地が川の流れにより浸食され、多くの谷が刻まれること）されたのが、千鳥ヶ淵や局沢《つぼねざわ》川です。千鳥ヶ淵は皇居敷地内を貫通するように現在の乾《いぬい》濠、蓮池《はすいけ》濠、蛤《はまぐり》濠を経て江戸湾の日比谷入り江に流れていました。局沢川は道灌濠《どうかん》と桜田濠《さくらだ》を流れる川が合流して日比谷入り江に向かいます。

本郷台を南下したところに広がる砂州《さす》が、江戸前島です。海が入り込んだ日比谷入り江に堆積《たいせき》した土砂でできたものです。縄文前期の海面上昇によって一時期は埼玉県のあたりまで海が広がり、神田・丸の内・有楽町の一帯も海面下にあったと考えられます。その後、海岸線が徐々に後退した結果、日比谷入り江ができ、東側に江戸前島がつくられました。『見聞集《けんもんしゅう》』や『霊岩夜話』によれば、家康が入府した天正18年時の江戸城は、内桜田大手門から三の丸平川口までの間に掻揚《かきあ》げ土塁《どるい》（堀を穿《うが》った土を盛ってつくる土手）による総構があり、出入りする45ヶ所の木戸門があったと記されています。

前述の通り、江戸城は武蔵野台地の突端に構えられ、東の沖積台地に町人地、西の洪積《こうせき》台地（山の手台地）に武家地を配しています。山の手台地には7つの台地とそれらの合間を縫《ぬ》う大きな谷が入り込み、台地と谷地が交錯する複雑な地形になっています。山の手台地のほうが20～40メートル高く、山のようなところもあります。たとえば、新宿西口は標高40メートルある一方で、両国は標高約1メートルと、その差は約39メートル。江戸城のある武蔵野台地の東縁とも、東側の低地は約20メートルの標高差があります。起伏に富んだ江戸の地形を示すのが多くの坂で、富士見《ふじみ》坂、汐見《しおみ》坂、暗闇《くらやみ》坂など多くの坂があります。石神井《しゃくじい》川や神田川など川が多いのも特徴で、そのため雑司《ぞうし》が谷《や》や茗荷谷《みょうがだに》など谷の地形を表す地名も多くあります。

江戸城は、将軍の居城である内郭と、武家屋敷や城下町を含む外郭で構成されます。そのうち内郭は、本丸、二の丸、三の丸から成る「本城」、西の丸や山里丸、紅葉山から成る「西城」、それらを取り巻く吹上《ふきあげ》、北の丸、西の丸下から構成されます。

地形でいうと、北の丸から本丸までの台地と、吹上から西の丸にいたる2つの台地で構成されていることになります。千鳥ヶ淵から蓮池濠に向かって、幅約200メートルの谷が存在しました。千代田区教育委員会による発掘調査や地質調査の結果、もっとも標高の高い吹上では台地を削《けず》り、反対に本丸のある台地は最大10メートルもの盛土をしていることがわかっています。二の丸や三の丸でも盛土層が確認され、乾濠は千鳥ヶ淵から続く谷を埋め立ててつくられています。

このように、江戸城はすぐれた選地により複雑な地形を巧みに利用しているだけでなく、かなり大がかりな土木工事によって大規模な地形改変が行われてもいます。徳川幕府の威信をかけた、一大事業だったことが伝わってきます。

河川に注目してみましょう。井《い》の頭《かしら》池（現在の井の頭公園内）、善福寺《ぜんぷくじ》池（現在の善福寺公園内）、妙正寺《みょうしょうじ》池（現在の妙正寺公園内）、三宝寺《さんぽうじ》池、石神井池（ともに現在の石神井公園内）などは、武蔵野台地の扇端《せんたん》の谷間から出る湧水です。井の頭池、善福寺池、妙正寺池を水源として流れる川がひとつになったものが平川（後の神田川）で、小日向《こひなた》から水道橋《すいどうばし》、下平川、神田村を経て前島の東側から日比谷入り江に注いでいました。小石川と飯田橋南側で合流し、溜池を形成していきます。神田川は2代秀忠と3代家光の代に外濠の掘削が行われ、御茶ノ水、浅草橋を経て隅田川に注ぎ、旧来の流れは新日本橋川と呼ばれるようになります。

三宝寺池と石神井池を水源とする石神井川は、本郷台《ほんごうだい》を横断して王子あたりから不忍《しのばずの》池、お玉《たまが》ヶ池を経由して隅田川河口まで南下します。飛鳥山《あすかやま》や王子《おうじ》の谷間を横切っていることが注目点で、豊島氏の開削によって流路が変更されています。また、江戸城の西側にあたる後の真田濠《さなだぼり》あたりからの湧水が溜池に注ぎ、日比谷入り江へと流れていたようです。

東京低地には隅田川、荒川、中川、江戸川の4つの河川が注ぎますが、中世においては江戸川（太日川《ふといがわ》）と隅田川が注目されるものでした。太日川は旧絹川《きぬがわ》（鬼怒川）と利根川《とね》の支流が関宿周辺で合流し江戸湾に注ぐもので、北関東、さらには奥羽《おうう》を結ぶ重要な水上交通としての役割を担《にな》っていました。一方、隅田川は海路で武蔵に入るには房総《ぼうそう》を経由するため要所となっていました。防御面からすると、江戸城の選地はすぐれていたといえそうです。

江戸城の濠と排水～緻密な計算による掘削

江戸城の濠は、内濠から外濠にかけて「の」の字のように渦《うず》を巻いています。空堀ではなく水をたたえた水堀ですから、どこかで水を取り入れているはずです。武蔵野台地のような扇状地の場合、河川は伏流しますから、扇端が湧水源となります。沢水として流出した伏流水によって本丸と西の丸を区切る蓮池濠のあたりに局沢《つぼねさわ》と沼地が形成されていて、よって江戸城の北西側にある濠のほうが、東・南側の濠よりも水位の標高が高いということになります。

濠の水位は、もっとも高いところは四谷見附左右の真田濠で、約20メートル。千鳥ヶ淵は水面標高15・98メートルで水深1メートル、桜田濠は水面標高3・82メートルで水深1・6メートル、大《おお》

清水門前の牛ヶ淵（左）と清水濠（右）

手《て》濠は水面標高1・87メートルで水深1・1メートル、日《ひ》比谷《びや》濠は水面標高1・43メートルで水深1・4メートルです（環境庁、平成22年3月時点）。

江戸城を歩きながら内濠をよく見ると、土橋の左右の水位が違うことに気づきます。たとえば外桜田門の前に立ち左右の濠を見てみると、西側にあたる左手の桜田濠よりも、東側にあたる凱旋《がいせん》濠のほうが水位が低くなっています。さらにわかりやすいのが、清水《しみず》門前です。清水門に向かって土橋上に立ったとき、江戸城の北側にあたる牛ヶ淵《うちがふち》よりも東側にある清水濠のほうが明らかに水位が低くなっています。これは、水位調整がされているからです。

よく見ると、清水門高麗《こうらい》門の手前にある土橋は一度途切れていて、その部分にかかる小さな石橋には水を流すための穴が開いています。水位が高いほうの水量が一定の高さに達すると、その穴から水位が低いほうの濠へと流れるようになっているのです。このように、濠の水位は区分ごとに城門前方の土橋を利用して自動的に調節されています。

江戸城の濠は、武蔵野台地にしみ込んだ伏流水となって江戸城域の小支脈谷間に出て、濠の水となっています。江戸城の内濠はP48の図のように、西は台地、東は谷戸《やと》（丘陵地が浸食されて形成された谷状の地形）と谷戸を接ぐような形です。一定の高さではなく、大まかに台上の濠（③千鳥ヶ淵・⑫半蔵《はんぞう》濠）、斜面の濠（①牛ヶ淵・⑬桜田濠）、低地の濠（②清水濠・④平川《ひらかわ》濠・⑤大手濠・⑥天神《てんじん》濠・⑦白鳥《はくちょう》濠・⑧桔梗《ききょう》濠・⑨蛤濠・⑩蓮池濠・⑭下道灌《しもどうかん》濠・⑮上《かみ》道灌濠・⑯二重橋《にじゅうばし》濠・⑰凱旋濠・⑱日比谷濠・⑲馬場先《ばばさき》濠・⑳和田倉《わだくら》濠）の３つに分けられ、高所の北西から南東に向かって流れ下ります。水面標高がもっとも高いのは千鳥ヶ淵と半蔵濠（ともに15・98メートル）で、低いのが日比谷濠（１・43メートル）。その差は14・55メートルですから、かなりの高低差です。半蔵濠が分水界で、桜田濠の水は南まわりで日比谷濠へ、千鳥ヶ淵の水は北まわりで清水濠へと、中心部を両手で囲むように２手に分かれて流れています。

　外濠は、台地側は長延川（神田川の支流）の谷と桜《さくら》川（桜田川）の谷を利用して、２つの川をせき止めてつくられています。台地側の濠（[2]牛込《うしごめ》濠・[3]新見《しんみ》附《つけ》濠・[4]市ヶ谷濠・[5]真田濠・[6]弁慶《べんけい》濠）と低地側の濠（[1]飯田濠・[7]溜池・[8]虎ノ門より東の外濠・[9]平川・[10]道三濠川、[11]外濠川・[12]日本橋川・[13]楓《かえで》川・[14]三十間《さんじっけん》堀川）に分けられ、内濠と同じように２手に分かれて東側へと流れ下ります。

　もっとも標高が高いのは真田濠で、飯田濠との差は20メートルにも及びます。飯田濠との差は牛込濠で３・65〜５メートル、新見附濠で４・32〜10メートル、市ヶ谷濠で11・41〜18メートルとなり、川をせき止めたことによる段差が生じています。桜川は新宿区若葉町・須賀町あたりを水源とし、赤坂御用地を経て赤坂見附から新橋あたりで海に注いでいました。この川をせき止めてつくられ

内濠・外濠の構成

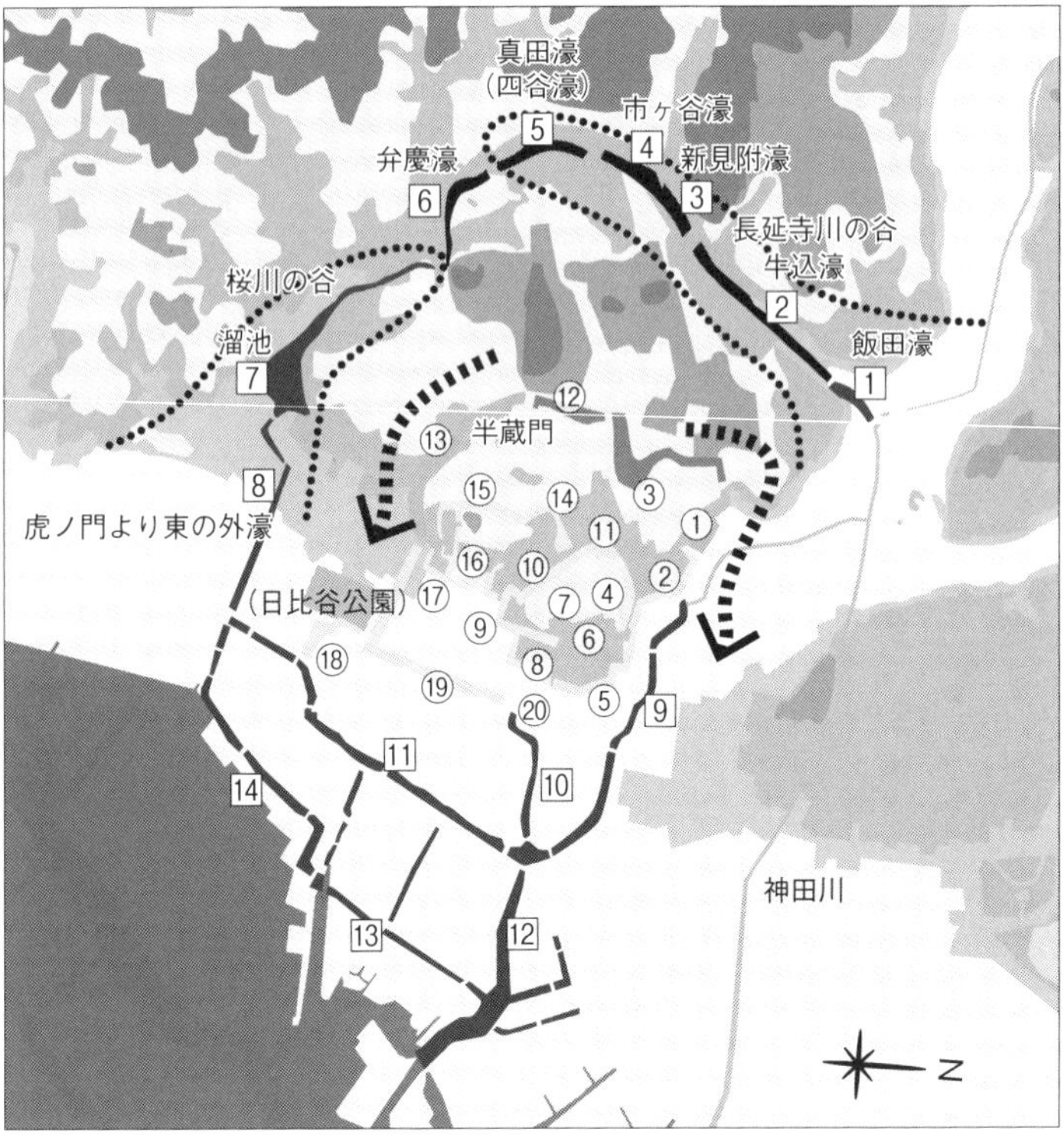

濠の水面の関係を示した断面図

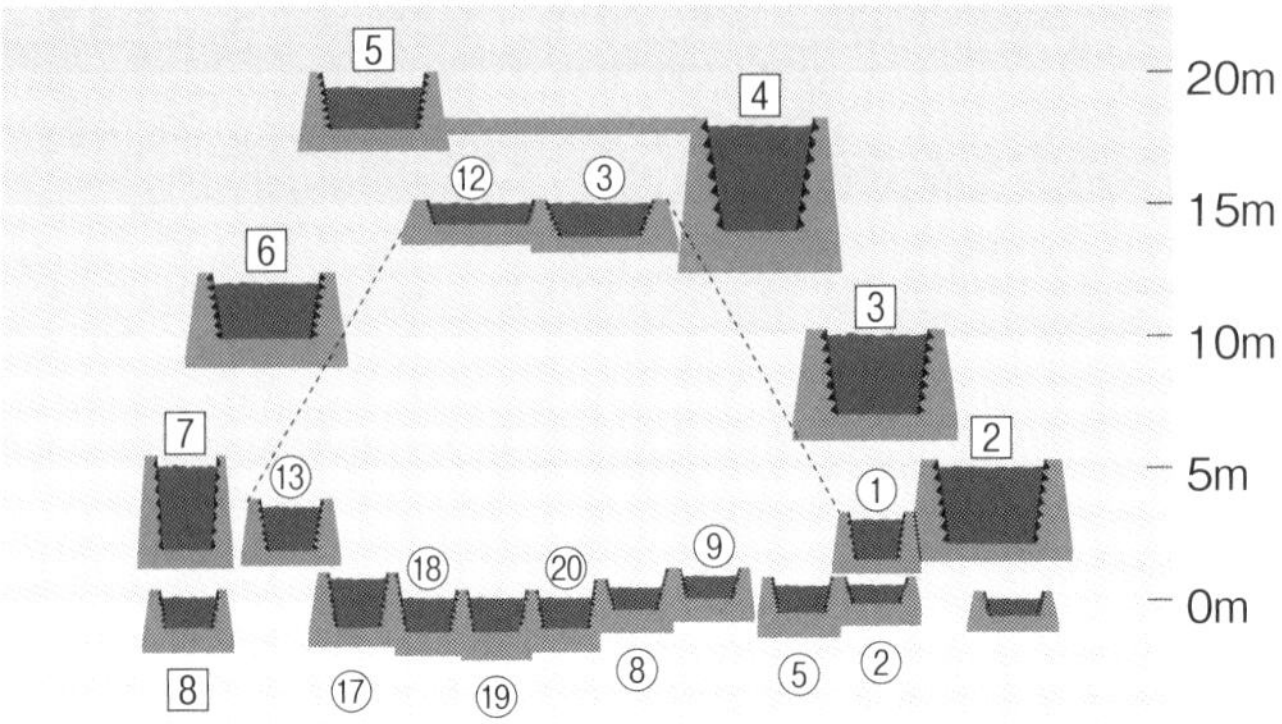

公益財団法人　東京都公園協会「つくられた江戸城と日比谷公園の地形」より

たのが溜池です。

平川（神田川）は飯田橋から日本橋方面へ流れていましたが、本郷台を掘り割って付け替えられました。現在は飯田濠の水が神田川と合流して水道橋へ流れ、御茶ノ水、浅草橋を通って隅田川へと流れています。やがて、真田濠には玉川上水が導水されます。

濠の水は、日比谷濠に流れた水を江戸湾に注ぐことで美しさを保っていました。現在は、皇居を取り囲む12の濠は環境省皇居外苑管理事務所で管理され、循環濾過《ろか》処理方式の浄化施設で浄化されています。


こうして江戸城の濠を見ていくと、ただ都合のよいところに掘ったのではなく、地形や地勢を考慮して緻密《ちみつ》な計算がされていることがわかり感嘆《かんたん》させられます。河川の改修や濠の掘削《くっさく》だけでなく、台地の削平や埋め立てによる改変も行われています。近年に行われた都心部の発掘調査からも、江戸時代に人工的に地形を改変したことが明らかになっています。

江戸城の設計と特徴〜独特の縄張の妙

城の設計のことを縄張《なわばり》といいます。設計といっても建造物の図面を描き起こすような限定されたものではなく、どこに城を築くのかという選地からはじまり、規模や構造などを総合的に計画するものです。城は立地が命ですから、まずどこに築くかが優先されます。その上で、地質や地形など様々な条件を考慮し、河川や断崖などを味方につけながら自然の力を最大限に活かし、必要に応じて土木工事をして防御力を高めつつ理想の城を設計していきます。

江戸城の縄張を担当したのは、藤堂高虎《とうどうたかとら》です。高虎は江戸城のみならず、篠山城《ささやまじょう》（兵庫県篠山市）や徳川大坂城など徳川家や江戸幕府に関連する城の縄張をほとんど手がけています。幕府の普請奉行として秀逸な城を全国各地に次々と築き、その名を轟《とどろ》かせていました。加藤清正や黒田官兵衛《くろだかんべえ》と並び築城名人として知られる人物で、生涯で35回、28城の築城に携わったとされます。

信長にはじまる近世城郭は、秀吉と家康に受け継がれます。基本的な概念は継承しているものの、3人の城づくりにはそれぞれ特徴があります。信長と秀吉の城は構造上の概念は共通していて、徹底抗戦を意識した複雑で個性的な構造が特徴ですが、これに対して徳川の城はシンプルで合理的、そして規格化されています。遠くない豊臣家との決戦に備えてできるだけ早く、財政的な負担をかけずにたくさんの城を築かなければならなかったという背景もあったからでしょう。どの大名を配置してもすぐに使いこなせる汎用性《はんようせい》も求められ、軍事施設としてだけでなく政庁としての機能性を意識していることも特徴といえそうです。

豊臣秀長《ひでなが》の家臣として築城経験を積んだ高虎が自らのスタイルを開眼させた城が、関ヶ原合戦直後に築城した今治城《いまばりじょう》（愛媛県今治市）です。この今治城が家康の目に留まり、徳川の城の標準形として採用され、規格化されて全国に広まっていったといわれています。

高虎の築城理念は、「つくりやすく使い勝手のよい単純構造」と「敵を寄せつけない防備力」の2つといえるでしょう。多角形の曲輪《くるわ》（平坦地）を並べる織豊系城郭（織田・豊臣系の城）とは異なり、方形の曲輪を並べることでスペースを有効活用。合理的で使い勝手のよい、新時代の城が築かれました。単純化により低下する防備力は、多聞櫓《たもんやぐら》という細長い櫓で鉄壁をつくりカバーし、幅広い濠により敵が近づく前に撃退します。

さらに第2のバリケードとして、水堀から直接立ち上がる高石垣を発明しました。現存する石垣の高さ第1位は徳川大坂城本丸東面の石垣で高さ約32メートル、第2位は伊賀上野城《いがうえの》（三重県伊賀市）本丸の高さ約30メートル、次いで大坂城千貫櫓《せんがん》下と大手多聞櫓下の高さ約26メートルです。そのほか、約21メートルの江戸城本丸北面の高石垣を含め、いずれも高虎が携わった城です。

江戸城は、高虎流の徳川のほかの城と比較すると、城全体の構造は一線を画します。ほかのどの城にも似ていない、独特の縄張の妙《みょう》が江戸城にはあるのです。さすがは徳川将軍家の居城であり江戸幕府の政庁であると唸《うな》らされる設計といえます。

簡単に近づけないようセキュリティが徹底され、城門が多く、城の敷地面積のわりには櫓が少ないのも特徴です。そして江戸幕府の威光を示すべく意匠《いしょう》にすぐれ、威厳と威圧感が意識されています。その一方で、万が一に備え攻め込まれず監視・迎撃できる軍事的な工夫も当然ながらされています。主に東側の低地は濠と高い石垣で守り、西の台地側は谷を利用して深い濠を掘って土手を築いて防衛線としているのが、地形上の特長です。

江戸城の特殊かつ秀逸な構造は、このあとじっくりと解き明かしていきましょう。

第2章　江戸城築城の歴史

太田道灌が築城した前身の江戸城

徳川家康《とくがわいえやす》が天正《てんしょう》18年（1590）8月に江戸入りしたとき、すでに江戸城はありました。長禄《ちょうろく》元年（1457）に太田道灌《おおたどうかん》が築城し、大永《たいえい》4年（1524）以降に北条《ほうじょう》氏下の遠山《とおやま》氏が治めた、前身の江戸城です。遡《さかのぼ》れば、鎌倉時代には江戸氏館がありました。

江戸城の歴史の起点となるのは、道灌の登場です。享徳《きょうとく》3年（1454）12月、鎌倉公方《くぼう》の足利成氏《あしかがしげうじ》が関東管領《かんれい》の上杉憲忠《うえすぎのりただ》を殺害します（享徳の乱）。鎌倉御所と関東管領による親子2代に渡る争乱でした。足利成氏は室町幕府と山内《やまのうち》上杉氏・扇谷《おうぎがやつ》上杉氏の連合軍に鎌倉を追われると古河《こが》へ移り、古河公方となって東関東を支配し、幕府及び両上杉氏と全面的に対立することになります。一方、西関東は両上杉氏が対立関係にありながら支配していました。

新たな鎌倉公方として堀越に下向した足利政知《あしかがまさとも》（堀越公方）はこれらの反乱を鎮《しず》めるため、扇谷上杉定正《さだまさ》に命じて武蔵に戦闘拠点となる城を築かせました。そこで扇谷上杉家の家宰である太田道長が子の資長《すけなが》（道灌）と築いたのが、岩付《いわつき》城（埼玉県さいたま市）、河越《かわごえ》城（埼玉県川越市）、江戸城の3城です。

道灌時代の江戸城については、よくわかっていません。現在の本丸、二の丸あたりの台地上に築かれていたようです。子城・中城・外城の三重構造で、中城には静勝軒《じょうしょうけん》という道灌の居館のほか、詰所《つめしょ》や物見櫓《ものみやぐら》、防柵《ぼうさく》や倉などが構えられていたという説もあります。

道灌は文明《ぶんめい》8年（１４７６）の長尾景春《ながおかげはる》の乱の後に軋轢《あつれき》の生じた豊島氏をも没落させ（江古田・沼袋原の戦い）、扇谷上杉家の勢力拡大に貢献。絶大な威望を誇るようになりました。しかし文明18年（１４８６）7月に主君の上杉定正の館で暗殺されます。

江戸城が上杉定正の支配下となると、道灌の子である太田資康《すけやす》は山内上杉顕定《あきさだ》のもとに走りましたが、やがて上杉朝良《ともよし》（定正の養子）が継承し顕定に敗れると、扇谷上杉家に復帰。北条早雲《ほうじょうそううん》に敗れた資康の跡を継いだ道灌の孫で資康の子である太田資高《すけたか》は北条氏綱《うじつな》と通じ、氏綱が上杉朝興《ともおき》（朝良の養子）を倒したことから江戸城に帰参しました。こうして大永4年正月、道灌の死から実に38年ぶりに太田家が江戸城主の座に返り咲きました。

しかし氏綱が遠山直景《とおやまなおかげ》を江戸城代としたため、資高は江戸城にいながら監視される立場になりました。資高の跡を継いだ太田康資《やすすけ》は北条氏による境遇を恨《うら》み、一族である岩付城主の太田資正《すけまさ》と安房《あわ》の里見義弘《さとみよしひろ》、長尾輝虎《ながおてるとら》（上杉謙信《けんしん》）と結び、氏綱の後継・北条氏康《うじやす》に反旗を翻《ひるがえ》します。これが永禄《えいろく》7年（１５６４）の第2次国府台《こうのだい》合戦です。江戸城代の遠山直景は戦死しましたが、氏康軍は圧勝。康資は安房《あわ》に逃れました（諸説あり）。その後、江戸城は遠山政景《まさかげ》、北条氏秀《うじひで》が城代となり、天正《てんしょう》4～5年（１５７６～７７）にかけて改修されます。道灌時代の縄張を基本とし、現在の梅林坂あたりの香月亭に、城主は居を構えていたと考えられます。

関東一円に勢力を拡大した北条氏でしたが、天正18年に豊臣秀吉《とよとみひでよし》による小田原攻め（小田原合戦）

で滅亡します。当時の江戸城は、城代の遠山景政《かげまさ》が小田原城に籠城《ろうじょう》していたため弟の河村秀重が守っていましたが、7月6日の小田原開城に先がけ、家臣の謀反《むほん》により4月22日に降伏しています。

小田原城開城直前の6月26日に、秀吉と家康が石垣山一夜城（神奈川県小田原市）で行ったとされる会談が『落穂集』に記されています。秀吉はここで、家康に戦後の小田原城の支配と家康の新たな居城として江戸城を勧めています。秀吉としては、小田原攻めで堅牢《けんろう》ぶりを証明した小田原城に家康が入ることを恐れ、あえて江戸城へ差し向けようとしたのでしょう。

秀吉が家康に関東移封を告げたのは5月27日といわれ、この時点では具体的な移封先は未定でしたが、通常であれば京周辺の移封や大幅な増封が妥当であったため、家臣たちの不満や意見も別の文献に記録されています。史実によれば、家康の江戸移封は小田原開城以前には決まっていたようです。『天正日記』によると、家康は江戸移封もありえると感じ、事前に下調べをさせています。家康には伊豆《いず》・相模《さがみ》・武蔵《むさし》・上総《かずさ》・下総《しもうさ》・上野《こうずけ》などの旧北条領のほか、畿内や東海に1万石が与えられました。ちなみに家康の江戸入りは8月1日（八朔《はっさく》）とされ、江戸時代には武家の祝日となったといわれますが、諸説あるものの7月19～24日には江戸入りしていたようです。

家康の江戸入り～江戸の大都市化に向けての基盤固め

家康が江戸城に入ったとき、江戸城は荒廃し見るも無惨《むざん》な姿でした。関東八州（相模・武蔵・上総・下総・上野・下野《しもつけ》・安房《あわ》・常陸《ひたち》）への国替えとはいえ、家康はもともと駿河《するが》・遠江《とおとうみ》・三河《みかわ》・甲《か》斐《い》・信濃《しなの》の５ヶ国を領有する大大名。そぐわぬ地への転封《てんぽう》に、家臣たちは絶句したといわれます。

ここで家康がほかの大名と違うのは、江戸の地を理想の国家がゼロから構築できる新天地にしようと思考転換したことでしょう。「織田がつき、羽柴がこねし天下餅、座りしままに食うは徳川」といわれるように、どうも家康は信長と秀吉の２人が苦労して土台をつくり上げる様子を傍観《ぼうかん》しながら好機を待ち、ほぼ完成したところで丸ごと横取りしたようなイメージもあります。

しかしその解釈は早計で、実際には中小企業の係長から地道に昇進を続け、実力で会長になったような苦労人の一面があります。幼少の頃は人質として過ごし、信長の家臣時代には命懸けの激戦を何度も強いられるなど、辛い仕事もこなしてきました。堅実さを武器に這《は》い上がった苦労人なのです。

信長をビル・ゲイツやスティーブ・ジョブズのような革命的な創始者タイプとするなら、秀吉はベンチャー起業の社長タイプで、家康は有能な政治家タイプといえるのではないでしょうか。

ひとくちに江戸時代とくくられますが、徳川一族による２６４年もの長期安定政権は、世界的にも類《るい》をみません。江戸の町は18世紀初頭には大江戸《おおえど》八百八町《はっぴゃくやちょう》と呼ばれ、パリ、ロンドン、北京を遥かに超える世界最大級都市でした。幕末の識字率も世界各国でトップクラスの高水準で、これも開府以前から出版を手がけた家康の功績のひとつといえるでしょう。また、安土桃山《あづちももやま》文化の誕生があくまで軍事資金を稼《かせ》ぐための商業発達の奨励《しょうれい》と考えると、純粋な芸術としての文化が発展するのは江戸中期以降であり、家康は日本文化を発展させた立役者ともいえます。

図1　家康による築城工事（天正18〜20年）

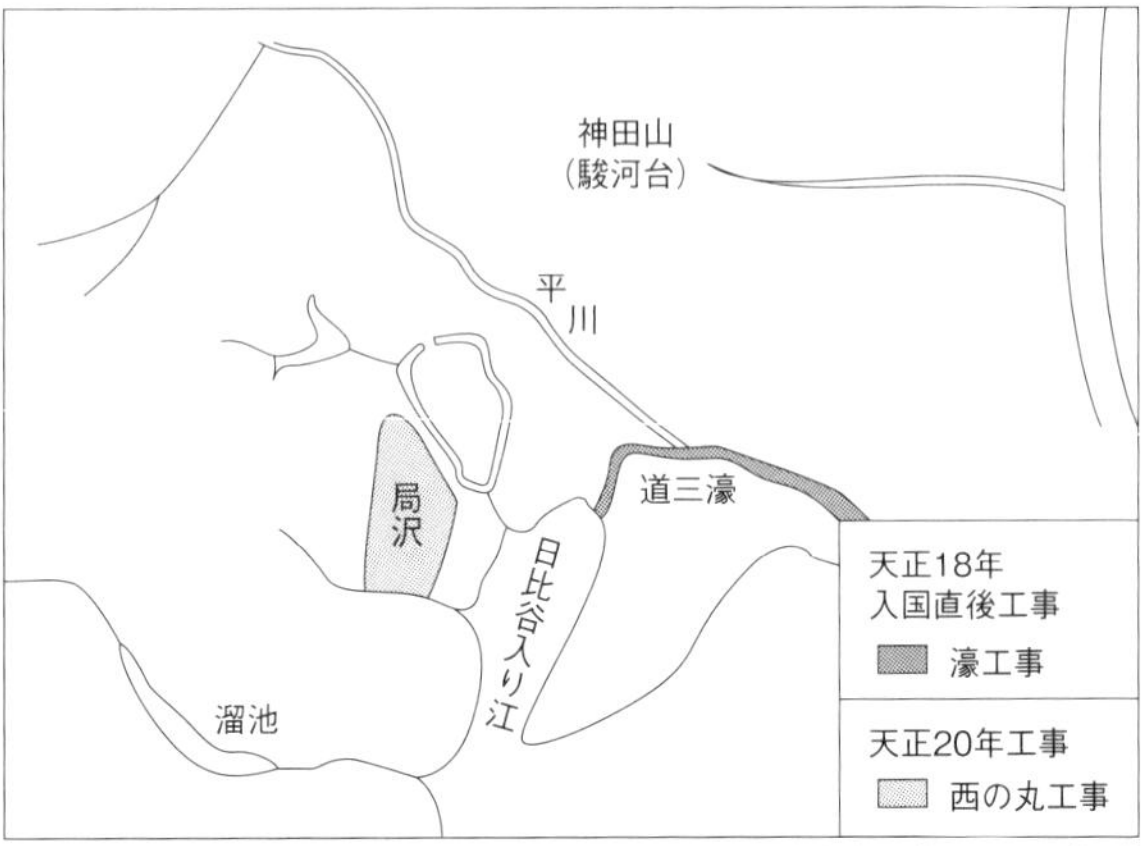

※『図説 江戸城 その歴史としくみ』（学研／原図：碧水社提供）をもとに作成

家康は家臣の進言を聞き流し、江戸城の改修を西の丸の造営と建物の雨漏《あまも》り修繕程度にとどめると、早々に譜代体制と水路開発を中心とした城下整備に取りかかります。城下の地形を調査して交通の要《かなめ》となる水路（道三濠）を開削し資材や兵糧《ひょうろう》の運搬ルートを確立させると、江戸の大都市化に向けて計画的な基盤固めを着実に遂行していきました（図１）。

手始めに改築を施《ほどこ》したのは、江戸城拡張のための寺社の移転でした。天正《てんしょう》19年（１５９１）９月５日、局沢にあった16寺の神田駿河台への移転を命じます。西の丸の修繕に着手したのは、天正20年（１５９２）７月10日でした。松平家忠《まつだいらいえただ》が縄張を、本多《ほんだ》正信《まさのぶ》や井伊《いい》直政《なおまさ》らが工事を担当し、翌年３月に完成。同年10月から築城がはじまる秀吉の伏見《ふしみ》城（京都府京都市）にならい、西の丸は新城、新丸、御隠居城、御隠居曲輪《くるわ》と称されたようです。その後は改修拡張工事が開始されましたが、秀吉に伏見城の築城に駆《か》り出されたため江戸城の工事は中断しています。

慶長期の天下普請～徳川家康の築城

家康が江戸城の本格的な築城に取りかかるのは、慶長《けいちょう》8年（1603）3月以降です。同年2月12日に征夷大将軍に任命されると、天下人の城とすべく整備を開始しました。まず、大規模な土木工事による拡張工事が開始されます。江戸城の防備をはかるとともに、舟運ネットワーク、人口の増加にともなう上水ネットワークを形成するためのインフラ整備です。しかし江戸幕府を開府したものの、家康は伏見城で政務にあたっており、江戸城にはほとんど不在でした。

拡張工事が本格化するのは翌年、慶長9年（1604）6月です。家康がまず命じたのは、石垣に使う石材の切り出しと材木の調達、石材を運搬するための石船の建造でした。命じられたのは、28家の大名と堺の豪商・尼崎又次郎《あまがさきまたじろう》。大名には、石船の建造と所領10万石につき「百人持之石」1120個を江戸へ差し出すよう命じられました。100人で運搬できる石＝約4トンであることが由来です。

注目したいのは、浅野幸長《あさのよしなが》、池田輝政《いけだてるまさ》、福島正則《ふくしままさのり》、加藤清正《かとうきよまさ》、毛利秀就《もうりひでなり》、加藤嘉明《かとうよしあき》、蜂須賀至鎮《はちすかよししげ》、細川忠興《ほそかわただおき》、黒田長政《くろだながまさ》、鍋島勝茂《なべしまかつしげ》、生駒親正《いこまちかまさ》など、そのほとんどが西国の外様大名であること。石船3000艘の建造費として、幕府は金子1192枚5両を配布。浅野幸長が385艘、黒田長政が150艘、尼崎又次郎が100艘の石船を建造したという記録があります。

採石場は、伊豆半島東海岸と根府川《ねぶかわ》、早川《はやかわ》（ともに神奈川県小田原市）、真鶴《まなづる》（神奈川県足柄下郡）などが中心です。関東内陸は石が産出されないため、天領である伊豆を中心に切り出され、相模湾から江戸湾を廻漕《かいそう》して江戸に運ばれました。

石船1艘に百人持之石2個を積み、伊豆と江戸を1ヶ月に2往復。3000艘が稼働したとすると、1ヶ月に百人持之石が1万2000個運ばれたことになります。28家大名の総石高は約530万石ですから、百人持之石は少なくとも5万9360個。そのほか、加藤清正は1万石につき2個以上を追加で献石しています。それでも石船は不足し、島津忠恒《しまづただつね》に300艘の追加建造が幕府から命じられています（野中和夫『江戸城―築城と造営の全貌』）。

採石と運搬は難儀《なんぎ》を極め、沈没事故も多発したようです。『當代記』によれば、慶長11年（1606）5月19日から続いた激しい風雨により、鍋島勝茂の石船120艘、加藤嘉明の石船46艘、黒田長政の石船30艘など数百の石船が江の島沖などの相模灘で沈没・破損。『参考落穂集』では加藤清正の石船7艘が品川沖で大風雨に遭《あ》い、石を積んだまま沈没したと記されています。『大日本史料』には、蜂須賀至鎮の石船が鎌倉沖で転覆《てんぷく》し39人が死亡したとの記載も。そのほか、台風でも航行せざるをえない、過酷な労働条件だったことが文献に伝えられています。慶長9年は並行して運河の濠普請を続行しており、諸国に木材伐出の命が出ています。

慶長11年3月から、いよいよ江戸城の普請が本格化します。縄張を担当したのは、藤堂高虎《とうどうたかとら》です。36家の大名が本丸の普請を命じられ、その大半が10万石以上の西国大名でした。石船建造・採石・運搬に引き続き、16家が駆り出されています。先立って慶長8年から、大名たちの江戸屋敷や商業地となる敷地を確保するために神田山を切り崩して日比谷入り江が埋め立てられ、埋め立てた城下に木材や石材など物資を搬入するための運河が整備されました。

埋め立てと運河の工事には福島正則や前田《まえだ》利光《としみつ》、伊達《だて》政宗《まさむね》、加藤清正ら13組70家が動員され、所領1000石につき1人の割合とする「千石夫」の夫役が課せられています。組頭を除くと、浅野幸長組の12組のみ構成が明らかで、同組には堀尾忠晴《ほりおただはる》、池田輝政、蜂須賀至鎮、加藤嘉明、山内忠義《やまのうちただよし》らが入り、総石高が219・9万石となります。この組だけで夫役が約2300人となり、夫役以上に人夫を出す大名もいたと想定すると、全体として少なくとも3万人前後は集まったと考えられます（村井益男『江戸城―将軍家の生活』）。

図2　家康による築城工事（慶長11、12年）

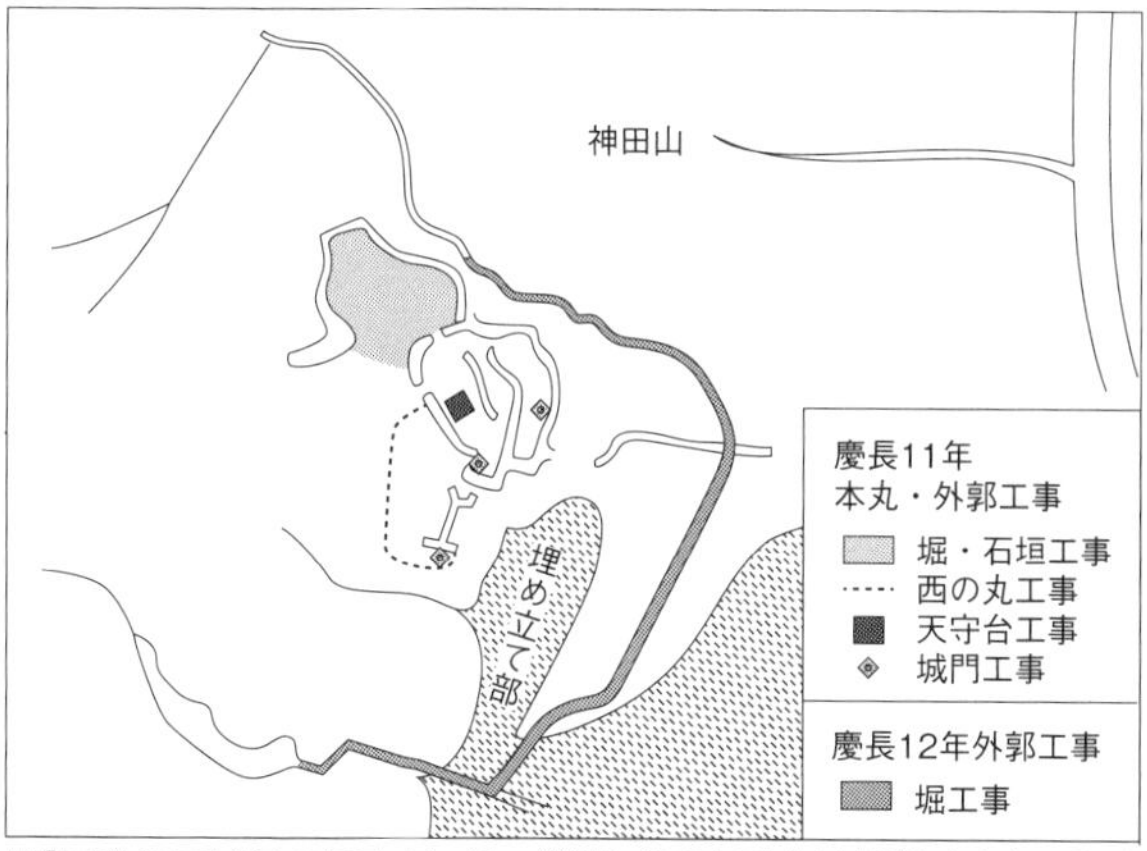

※『図説 江戸城 その歴史としくみ』（学研／原図：碧水社提供）をもとに作成

慶長11年に行われたのは、本丸の造営、天守台の築造、本丸周辺の石垣築造でした。慶長12年（1607）からは、雉子《きじ》橋を起点とした外濠東側の建設もはじまります（図2）。

本丸の造営は毛利秀就が担当したとされ、9月には本丸御殿が完成し、西の丸から家康が移徙《わたまし》しています。毛利家の史料によると、人員は2988人にのぼり、川奈《かわな》と富戸《ふと》での採石場の人足をもとに考えると、御殿造営には2000人ほどが関わったようです。天守台の担当は、黒田長政でした。先の助役命令に加え計150艘の石船を建造するなど、大出費が課せられた記録が残ります。

ちなみに、建造物の壁や塀の仕上げに塗られる漆喰《しっくい》の用材となる石灰（焼石灰）の運搬のために整備されたのが、青梅《おうめ》街道です。多摩の青梅地域（東京都青梅市）では家康が関東へ入国した頃に石灰製造が開始され、江戸城および江戸の町づくりに大きな役割を果たしたようです。石灰は上成木村と北小曾木村で製産され、江戸に運ばれました。近隣の五日市《いつかいち》地域（あきるの市）では天守などに使う銅瓦が製造されたと伝えられ、五日市街道を通じて江戸へ運搬されました。

慶長13年頃の江戸城が描かれたとされる『慶長江戸図』（東京都立図書館所蔵）を見ると、この頃の江戸城は現在と違い小規模で、現在の天守台あたりに二重の堀と土塁があり、本丸周囲の濠沿いは石垣ではなく土塁だったようです。発掘調査からも、本丸周辺を除き土づくりの城と判明しています。ただし最新の発表により、新たに発見された『江戸始図《えどはじめず》』（松江歴史館所蔵）が同時期に描かれた可能性があり、それによれば本丸南側の虎口《こぐち》（出入口）は石垣による枡形《ますがた》を5つ連続させた強靭《きょうじん》な構造でした。慶長12年までで、天下普請は一段落します。

慶長12年に天下普請が一段落したとき、家康は自らの隠居城となる駿府《すんぷ》城（静岡県静岡市）の天下普請を行っていました。慶長10年（1605）4月16日に将軍職を秀忠に譲《ゆず》った家康は、翌11年7月1日には美濃《みの》・尾張《おわり》・遠江《とおとうみ》・三河《みかわ》の諸大名に駿府城の築城を命令。池田輝政、池田長吉《ながよし》、毛利高政《たかまさ》など石材の運搬を終えていた大名たちはすぐさま駿府城に駆り出され、次いで江戸城助役普請を終えた黒田長政や鍋島勝茂、毛利秀就も召集されました。西国大名は、休む間もなく天下普請に駆り出されていたというのが実態のようです。駿府城は慶長12年12月22日の本丸全焼により再び工事が行われ、同年内に本丸が竣工し、慶長16年（１６１１）10月に完成しました。

家康は駿府城のほか、篠山城、亀山城（京都府亀岡市）の普請を江戸城の石垣普請助役を終えた西国大名に命じています。そして、慶長15年（１６１０）２月からは、大坂包囲網のひとつである名古屋城の築城を開始しました。伏見城や駿府城、篠山城の天下普請に携《たずさ》わった26家の大名によって築かれた名古屋城は、江戸幕府にとっての東海道上の鉄壁でした。

中山道と北国街道の押さえである彦根城や膳所《ぜぜ》城（滋賀県大津市）、山陰道の押さえである篠山城や亀山城といった大坂包囲網は、築城技術に長けた豊臣恩顧《おんこ》の大名により構築されました。極めつきが、名古屋城と江戸城の中間に位置する東海道上の一大中継基地、駿府城というわけです。

幕府と徳川一門がすぐれた築城技術で堅牢《けんろう》かつ壮大な城を手に入れたのと引き換えに、天下普請に駆り出された大名たちは豊臣家を再興する資金を失いました。外様大名の財力を削《そ》ぐ江戸幕府の政策は、家康の思惑《おもわく》通りに進められたようです。

西国大名が駿府城築城に取りかかっている間も工事は継続し、家康は関東・信越《しんえつ》の外様大名に江戸城助役普請を命じています。慶長12年は、それまでの工事の継続と外濠の普請が中心に行われました。伊達政宗、上杉景勝《うえすぎかげかつ》、蒲生秀行《がもうひでゆき》、最上義光《もがみよしあき》、佐竹義宣《さたけよしのぶ》などが、前年に西国大名により築かれた石垣

図3　家康による築城工事（慶長16、19年）

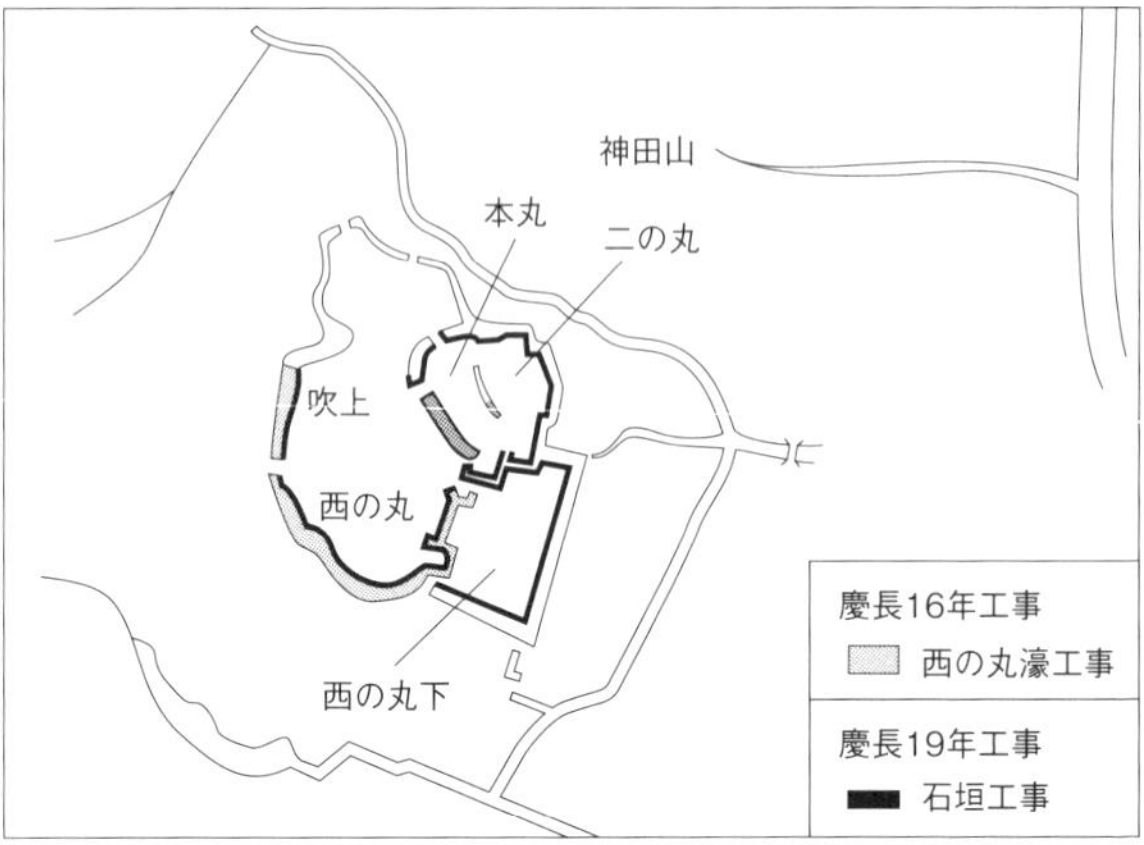

※『図説 江戸城 その歴史としくみ』（学研／原図：碧水社提供）をもとに作成

に沿って濠を整備しました。慶長12年の外濠整備の範囲は、雉子橋から溜池落口まで。天守台もこの年に築造されました。

慶長16年には、西の丸の石垣と濠の掘削、荷揚げ場となる辰ノ口の整備が行われました。石垣普請は西国大名が行い、濠普請は奥羽《おうう》・関東・信濃《しなの》の大名が担当しました。浅野《あさの》長晟《ながあきら》の持ち場は地盤が悪かったようで、三度も崩壊事故が発生。二度目の崩壊では150人ほどの犠牲者が出たと記されます。黒田長政や森忠政の持ち場でも崩壊の記録があり、過酷な工事の実態がうかがえます。

大坂包囲網が完成すると、慶長19年（1614）4月からは江戸城の修築工事が再開されます。慶長9年と11年に駆り出された西国大名を中心にした、34家による大規模な工事でした。主な範囲は本丸と二の丸の石垣、西の丸大手前の石垣、内桜田・外桜田・日比谷周辺の石垣です（図3）。北桔橋門《きたはねばし》あたりから蓮池《はすいけ》濠までの本丸西側・北側の石垣もつくられました。この区画の石垣は、隅角石の石材や積み方が慶長11年のものとは異なっているのが特徴です。

最高峰の築造技術を持つ西国大名たちにより、本城域の石垣が完成しました。そして同年10月に大坂冬の陣に出陣した家康は、慶長20年（1615）4月の夏の陣でついに豊臣家を滅亡させます。その後、閏《うるう》6月に一国一城令が発布され、元和《げんな》元年（1615）7月には2代秀忠《ひでただ》により武家《ぶけ》諸法度《しょはっと》を公布（慶長20年7月に元和と改元）。家康は元和偃武《えんぶ》を見届けると、安心したかのように翌元和2年（1616）4月17日に75歳でこの世を去ったのでした。

元和期の天下普請～徳川秀忠の築城

2代秀忠による元和期の普請は、譜代大名にも課せられているのが慶長期の普請との違いです。秀忠は江戸城普請に先がけ、元和3年（1617）に河内・摂津の押さえとして尼崎城（兵庫県尼崎市）と高槻城（大阪府高槻市）を修築。翌年には池田光政に代わり姫路城に入った本多忠政に明石城（兵庫県明石市）を築かせて姫路城とともに山陽道の押さえとし、水野《みずの》勝成《かつなり》には福山城（広島県福山市）を築かせ、西国の外様大名への最前線戦略拠点としました。

こうして西国大名の動きを封じた後、元和6年（1620）には伏見城を廃して大坂城築城にとりかかっています。秀忠は藤堂高虎とともに自ら大坂城へ入城したといわれ、築城工事は64家の大名により元和6年3月から寛永《かんえい》5年（1628）まで続きました。江戸城築城は大坂城および二条城の築城と並行した三都構想で、そのためこの間は大坂城普請を免除された関東と東北の大名が江戸城の普請にあたることになります。

図4　秀忠による築城工事（元和6、8年）

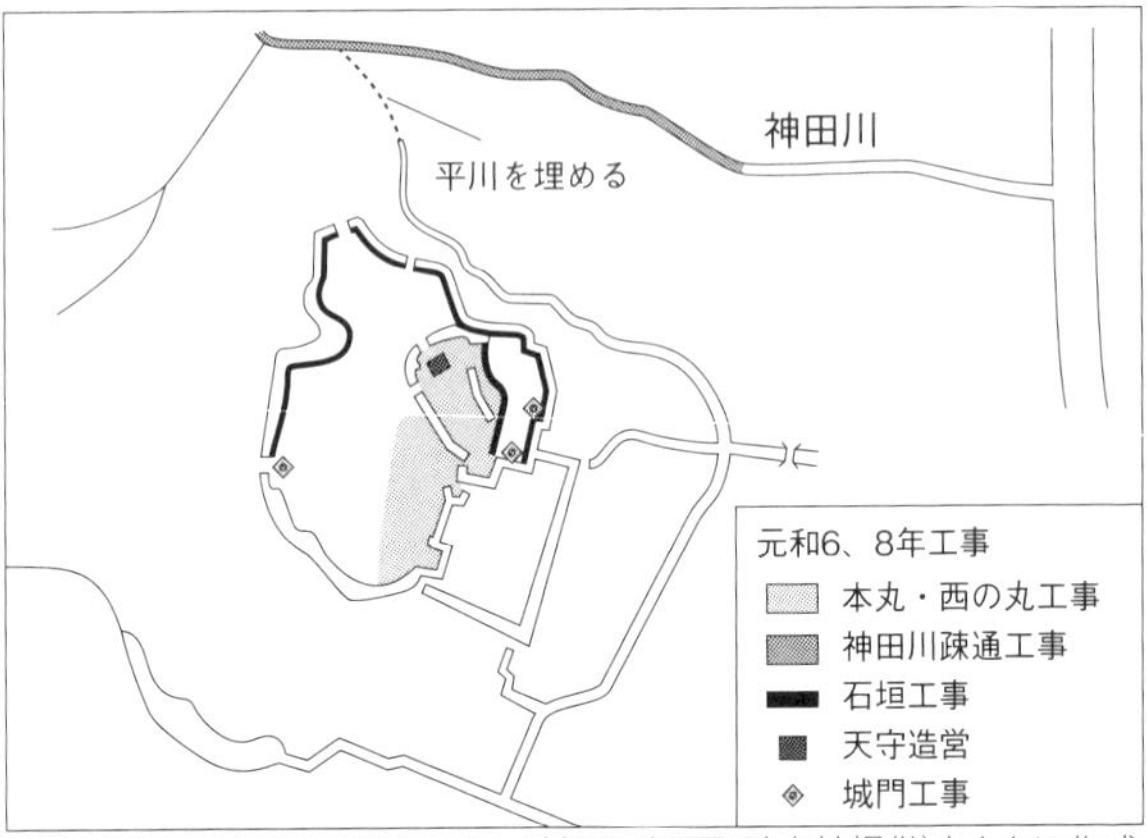

※『図説 江戸城 その歴史としくみ』（学研／原図：碧水社提供）をもとに作成

元和4年（1618）には西の丸と吹上において濠の拡張工事などが再開されました。元和6年には大坂の陣のために中断した修築工事の続きが行われ、元和8年（1622）からは伊達政宗、上杉景勝、佐竹義宣、蒲生氏《がもううじ》郷《さと》、最上義光ら奥羽7家の大名により内桜田門《うちさくらだ》から清水《しみず》門までの石垣と、外桜田門《そとさくらだ》、和田倉《わだくら》門、竹橋《たけばし》門、清水門、田安《たやす》門、半蔵《はんぞう》門の枡形《ますがた》の構築などが行われました。

この工事により、本丸や二の丸の城門が枡形門につくり直され、内桜田門から清水門までの東方の濠沿いが石垣に生まれ変わりました。4月11日に着手し、10月まではほぼ竣工（翌11月説も）。三の丸大手門の枡形とその左右十三町の石垣も政宗が担当し、人夫42万3179人、費用は黄金267枚五両三分と記録されています。ほか、池田《いけだ》忠雄《ただかつ》が石材を献上したり、黒田長政や細川忠興が自ら普請を申し出たことが記録されています。

元和8年には、神田《かんだ》濠と土手の普請も行われました。駿河《するが》台《だい》を掘り割って、現在の水道橋《すいどうばし》駅、御茶《おちゃ》ノ《の》水《みず》駅、秋葉《あきは》原《ばら》駅から浅草《あさくさ》方向へと旧神田川（平川）の流路を変更し、神田川を直接隅田川へ流しました。御茶ノ水の聖橋に見られるＶ字谷を、江戸城の総構北濠とする工事です。このとき崩された土砂で、神田の低地や日本橋《にほんばし》、台東、浅草が埋め立てられました（図４）。

元和８年の工事では、本丸御殿と天守も造営されました。本丸北側の二重の堀を埋めて手狭だった御殿を拡張し、これにともない天守も本丸北西へ移動。天守台は元和９年（１６２３）３月に完成し、そこに５重の大天守がそびえたといわれています。御殿の実態は不明ながら、天守台に先がけ元和８年10月には竣工したようです。

『武州豊嶋郡江戸庄図』（都立中央図書館所蔵）、『江戸図屏風』（国立歴史民俗博物館所蔵）から、この頃の江戸城をうかがうことができます。丸の内や北の丸などは石垣で囲まれ、本丸北端の堀は埋め立てられ、吹上には徳川御三家（紀伊《きい》・尾張《おわり》・水戸《みと》）の屋敷が置かれています。

寛永期の天下普請～徳川家光の築城

寛永期の３代家光《いえみつ》による普請は、隠居した２代秀忠のための西の丸御殿の改造にはじまり、寛永５年（１６２８）に起きた地震被害による西の丸修築、雉子橋から数寄屋《すきや》橋にかけての石垣普請と濠の浚渫《しゅんせつ》（水底をさらい土砂などを取り去る作業）、寛永12年（１６３５）の二の丸拡張、寛永13年（１６３６）の外郭工事、寛永14（１６３８）年の本丸御殿と天守台の改造などです。寛永13年の外濠普請で江戸城西方の台地を郭内に取り込む大工事が完了。江戸城は一応の完成をみます。

元和９年７月に３代将軍となった家光《いえみつ》は、寛永元年（１６２４）４月８日に老中稲葉《いなば》正勝《まさかつ》を奉行と

図5　家光による築城工事（寛永5、6年）

※『図説 江戸城 その歴史としくみ』（学研／原図：碧水社提供）をもとに作成

して、譜代大名の助役により西の丸御殿を改造します。並行して西の丸大手門と大手木橋を修理し、9月に竣工すると隠居した秀忠はそこへ移徙しました。秀忠が山里《やまざと》曲輪に造営した回遊式林泉庭園と山里数寄屋は、後に小堀政一（遠州）によって改修されます。

寛永5年7月11日、江戸城は江戸湾北部を震源とする直下型地震とみられる推定マグニチュード6・1の大地震に襲われます。西の丸や、雉子橋と数寄屋橋間の石垣が崩落したため、同年11月から諸大名が召集され、翌寛永6年には総延長約3・3キロメートル、坪数4万533坪に及ぶ石垣修復が行われました。徳川御三家をはじめ、70家以上が助役を命じられ、西の丸（西の丸大手、吹上《ふきあげ》、山里門、伏見櫓《ふしみやぐら》など）、外郭東側（和田倉門や桜田門などの内郭門、日比谷《ひびや》門・数寄屋門・鍛冶橋《かじばし》門・呉《ご》服橋《ふくばし》門・常盤橋《ときわばし》門・神田橋《かんだばし》門・一《ひと》ツ橋《ばし》門・雉子橋門など）の枡形石垣と濠の石垣が修復されました（図5）。

寛永6年の普請の大きな特徴は、「割普請《わりぶしん》」で行われたことです。割普請とはひとつの普請を分担して行う工事のこと。石材の採石・運搬を行う「寄方」と石垣を積む「築方」の2手に分けて編成され、寄方には徳川4家をはじめとした譜代大名、築方は東国の諸大名が動員されました。助役大名が寄方と築方を兼務していた慶長期とは制度が一変し、労働力が組織化します。東国の諸大名はそれまでの江戸城普請で主に堀の普請を行っていたため、石丁場（採石場）を確保しておらず、そのため寄方が必要だったものと考えられます。野中和夫『江戸城―築城と造営の全貌』によれば、これを機に東伊豆海岸の石丁場に各大名によって石場預という役職を置かれ、いつでも石材運搬に即応できる体制が整えられ、幕末まで管理されました。

図6　家光による築城工事（寛永12年）

※『図説 江戸城 その歴史としくみ』（学研／原図：碧水社提供）をもとに作成

寛永7年（1630）には二の丸庭園が改築され、池泉の中に釣殿の舞台が建つ優雅な庭が現れました。この年の6月23日にも、江戸城は地震に見舞われています。秀忠は寛永9年（1632）正月24日に薨去《こうきょ》。増上寺に霊廟《れいびょう》が建立され、紅葉山には御霊屋が造営されました。

寛永11年（1634）閏7月23日、西の丸御殿が全焼するという大事件が起きます。これを受け、翌12年に二の丸の拡張および二の丸と三の丸の整備が行われました（図6）。それまでの二の丸は、本丸との間に巨大な濠が入り込んでいたため東西幅が狭く、使い勝手が悪い状態でした。かつては天神《てんじん》濠から南へ延々と幅広の濠が続き、白鳥《はくちょう》濠を経て中之門前を通り、富士見《ふじみ》櫓下で蓮池濠に合流する形で穿《うが》たれていたのです。そのため、本丸の汐《しお》見《み》坂と台所前三重櫓の間の濠を残して埋め立てられました。新たに中之門を本丸への正門とすると、残された汐見坂南側の濠は埋め立てて、幅を狭め、現状の白鳥濠となりました。埋め立てた濠の上に新設したのが、二の丸御殿曲輪への正門となる銅《あかがね》門です。

銅門と大手三の門が2つの枡形虎口（↓P163）を隣に並べるおかしな構造なのは、こうした経緯があるからです。この銅門の桝形は枡形の北と東、櫓台石垣の西側一部が残るのみで、現在はあまり虎口らしい遺構は見られません。

また、寛永12年には三の丸にあった酒井《さかい》忠勝《ただかつ》らの屋敷が城内外に移転され、二の丸は東へ大きく突出させることで拡張されました。この修築で、大手三の門の枡形は現在のように右折れから左折れとなり、平川門の枡形も直進から現状の左折れに変化したようです。拡張された二の丸には、翌寛永13年6月に二の丸御殿が竣工します。

寛永6年には数寄屋橋、雉子橋から日比谷門までの城門が枡形になり、寛永13年には西方の外濠が新たにつくられ、外濠の11の城門の枡形や櫓台《やぐらだい》と外濠東側および赤坂《あかさか》から牛込《うしごめ》にいたる外濠西側の石垣が開削されました（図7）。この寛永13年の外郭修復工事により、ついに江戸城の総構が完成することになります。寛永6年の割普請では寄方を譜代大名、築方を東国の諸大名が担当しましたが、寛永13年の普請では石垣方が寄方を兼務して西国大名が請《う》け負《お》い、堀普請を東国大名が担当しています。

石垣は、名古屋城や大坂城の石垣築造に携わった精鋭の西国・四国大名が一手に担《にな》ったということでしょう。江戸城の築城は、適材適所に助役を配しているのが最大の特徴といえます。

寛永６年のときと同じように、石垣普請も堀普請も組編成が行われ、石垣方は前田《まえだ》利常《としつね》や松平忠昌、細川忠利、池田光政、黒田忠之、鍋島勝茂が組頭を務め62家が６組に分かれ、堀方は伊達政宗、松平光長、上杉定勝、佐竹義隆、加藤明成、榊原忠次、酒井忠勝を組頭に52家が７組に編成されました。

図7　家光による築城工事（寛永13年）

※『図説 江戸城 その歴史としくみ』(学研／原図:碧水社提供)をもとに作成

石垣方は、神田橋門から虎の門までの平石垣の構築、組頭や国持大名は四谷《よつや》門を除く赤坂門から牛込門の枡形も担当しました。同年４月には終了したとみられます。

堀方は、赤坂門から牛込門までの掘削が命じられました。深さに差があり、水位調整も計算されながら防衛に富んだ濠になっています。石垣方と同じように、慶長12年、元和６年、寛永６年と何度も濠の普請を命じられている東国大名は、おそらくこの頃には江戸の地形を熟知し、課題も理解していたことでしょう。

寛永13年に総構が完成すると、翌年から本丸御殿と天守台の改造がはじめられました。天守台は正月６日に着手し、8月15日に竣工。天守は同年12月には竣工していたようです。新御殿は寛永16年8月の火災で全焼したため、2年たらずで新造されることになります。

寛永15年には、外郭の市ケ谷《いちがや》濠が掘渫されました。寛永16年には、寛永13年の工事完了段階でまだつくられていなかった筋違橋門《すじかいばしもん》、小石川門《こいしかわもん》、市ケ谷門、四谷門、喰違門《くいちがいもん》、赤坂門が竣工。先がけて牛込門が構築され、これによりすべての見附《みつけ》が完成しました。紅葉山文庫の建設が行われたのもこの年です。

江戸時代の江戸城〜大地震・大火災に見舞われる

世界有数の地震大国である日本列島のなかでも、関東地方は4枚のプレートが重なり合い、大地震が発生しやすい地域のひとつでもあります。また、東京低地は凹凸のない地形で、そこに流れ込む4つの河川は大雨が降ると氾濫し大洪水を引き起こしやすいのも特徴です。これらの自然災害は近代においても問題点となっていますが、江戸時代にもさまざまな被害を引き起こしました。加えて、江戸は火事が多く発生し、多大な被害がありました。

明暦《めいれき》3年（1657）に、江戸市中のおよそ6割を焼き尽くす大火災が江戸を襲います。10万2000人もの死者を出した、明暦の大火（振り袖火事）です。江戸城は奇跡的に西の丸御殿と紅葉山が焼失を免《まぬが》れたものの、西の丸と吹上《ふきあげ》を除いた北の丸、本丸、二の丸、三の丸はほぼ全焼し、一面が焼け野原になりました。

1月18日、本郷丸山本妙寺から出火した火事は（諸説あり）またたく間に湯島《ゆしま》、駿河台《するがだい》、日本橋《にほんばし》、霊岸島《れいがんじま》、鉄砲洲《てっぽうず》、佃島《つくだじま》を焼き払い、深川《ふかがわ》、木挽《こびき》町に燃え広がりました。一度は鎮火《ちんか》したかと思われたものの、翌19日朝に小石川伝通院下の新鷹匠《たかじょう》町大番衆与力宿から再び出火。強い北西風にあおられて猛烈な勢いで延焼し、北神田《きたかんだ》から牛込《うしごめ》、田安《たやす》、神田《かんだ》橋、常盤《ときわ》橋、呉服《ごふく》橋、八重洲《やえす》河岸《かし》、大名小路《だいみょうこうじ》、大手前《おおてまえ》までが焼け野原となりました。やがて江戸城にも延焼し、本丸の天守に火の手が入ると本丸、二の丸、三の丸を焼き尽くしました。同日夜、麹町《こうじまち》5丁目の町家から再び出火すると、外桜田、西の丸下、愛宕《あたご》下から芝口まで延焼し、ようやく鎮火したのは翌20日の朝でした。大名・旗本屋敷は９３０余、寺社３５０余、橋梁61余が焼失。死者数からも、甚大な被災だったことがわかります。

未曾有《みぞう》の大災害からの復興は、翌年から行われました。明暦《めいれき》4年（１６５８）に城周辺の石垣修築と本城・北の丸の城門の整備が施工されます。前年から着手予定だった本丸御殿の造営は万治《まんじ》２年（１６５９）に延期され、緊急措置として家康や秀忠が鷹狩りの際に宿泊所とした越谷《こしがや》御殿（埼玉県越谷市）が二の丸に移築されて、本丸御殿造営までの仮住まいとなりました。ちなみに、復旧にかかる工事費は、幕府によりまかなわれています。江戸時代後期の災害時には諸大名や旗本に復旧の献金を課されていますが、この頃はまだ、江戸幕府の財政は潤沢《じゅんたく》ではないながらも安定していたようです。

明暦の大火により、江戸城と江戸城下は大改造され防災都市計画が施策されます。江戸城内では、吹上にあった徳川御三家（尾張・紀伊・水戸）の屋敷が城外に移され、徳川将軍家の回遊式林泉庭園が造営されました。広大な庭園の泉水は火災時の防火用水になり、林と広場は火除地《ひよけち》になるからです。御三家だけでなく、大手前の辰ノ口、竹橋、雉子橋、北の丸、常盤橋などにあった大名屋敷も移転が命じられ、江戸城中枢部の周囲は西の丸を除き火除地がめぐらされました。江戸城の中枢部以外も、上野《うえの》広小路《ひろこうじ》をはじめとする広小路や堰《せき》の設置、植樹など災害時の対策がされました。神田や日本橋の社寺を浅草《あさくさ》・芝《しば》・目黒《めぐろ》へ移転したり、木挽町東側の中州《なかす》を埋め立てて溜池周辺も埋め立てるなどの措置が取られました。

　両国橋が架橋されたのもちょうどこの頃、万治《まんじ》2年のことです。江戸幕府は防備面から隅田川への架橋は千住大橋《せんじゅおおはし》のみとしていましたが、江戸市中に人々が浅草門に逃れるため殺到し多くの犠牲者を出したことから、災害時の往来を想定し両国橋を架橋したのです。橋の西側のたもとには、両国広小《りょうごくひろこう》路《じ》という火除地も設けられました。

　また、定火消《じょうびけし》という火消役も万治元年（１６５８）に創設されました。いわゆる幕府直轄の消防隊です。旗本4名を選び、それぞれに与力や同心などを付属させた4組編成でした。定火消屋敷とよばれる消防署が、江戸城を取り囲むように八重洲河岸《やえすかし》、赤坂溜池、半蔵門外、御茶ノ水、駿河台、赤坂門外、小川町、四谷門外、市谷左内坂に配置されました。ちなみに「東海道五十三次」などで知られる江戸時代の浮世絵師の歌川広重《うたがわひろしげ》は定火消同心の安藤氏の子で、八代洲（八重洲）河岸定火消屋敷で生まれています。定火消はやがて15組編成に拡大されますが、その後財政難から縮小されます。

　天和《てんな》2年（１６８２）の天和の大火では、明暦の大火後の対策が効果を発揮しました。大円寺から出火し、本郷《ほんごう》、神田《かんだ》、上野《うえの》、日本橋がほぼ全焼。両国橋も焼失しましたが、大名屋敷や火除地、広小路の配置により火災は江戸東側で食い止められ、江戸城中心部への延焼はありませんでした。これにより、総構の東側は再整備されていきます。

たび重なる地震被害のなかでも、もっとも被害が大きかったのが元禄《げんろく》16年（１７０３）11月23日に発生した元禄大地震です。震源は、房総半島南端の白浜沖。推定規模はマグニチュード８・２で、余震が続き、九十九里や小田原～東伊豆の沿岸には５～10メートルの津波も押し寄せました。被害者数は定かではありませんが、一説によれば１万人は超えるといわれます。

江戸城の被害も甚大で、各所の石垣が崩壊、櫓や城門なども多くが倒壊しました。雉子橋門、和田倉門、馬場先門、内桜田門、日比谷門など、とりわけ日比谷入り江の埋立地や東京低地での被害は大きいものでした。平川門と大手門、大番所や箱番所も倒壊したようです。

江戸幕府は池田吉明に本丸各虎口の石垣、毛利吉広に西の丸の石垣、丹羽秀延に本丸周辺、上杉吉憲に田安門と清水門の石垣、というように22家の大名に修築と再建を命令。石垣の修復はかなり広範囲に及び、そのため石材が不足したとみられますが、小田原城下も壊滅的被害を受けたために東海道が寸断し採石・運搬ができる状況にはなく、一説によれば瀬戸内からも石材を海上輸送したようです。大地震発生から1年、脅威のスピードで復旧は完了しました。中之門の石垣は、明暦の大火後の細川家、元禄大地震の後の鳥取池田家による３回の修築が確認されています。

これを機に、大地震発生時の将軍の緊急避難施設として設けられたのが地震の間です。本丸御殿と西の丸御殿の中奥と大奥の中庭につくられました。元禄大地震の翌年から、享保《きょうほう》元年（１７１６）に将軍に即位した8代吉宗によって御休息所の改造が終わる享保12年（1727）までの限られたものでした。

その後、江戸城下は相次いで大火に見舞われ、神田橋、数寄屋橋、虎ノ門など焼失と再建があちこちで繰り返されました。明和《めいわ》9年（1772）の明和の大火（目黒行人坂の大火）では、日比谷門、桜田門、馬場先門、常盤橋門が類焼し、再建されています。天保《てんぽう》9年（1838）3月には西の丸から出火し、西の丸御殿、玄関前御門、多聞櫓《たもん》が全焼。再建されたものの、弘化《こうか》元年（1844）5月には今度は本丸御殿から出火し全焼します。翌年再建された本丸御殿に12代家慶《いえよし》が徒移しましたが、嘉永《かえい》5年（1852）には西の丸が再び全焼し再建を余儀《よぎ》なくされることになります。御殿の焼失と再建については、第4章で詳しくお話ししましょう。

幕末の江戸城〜江戸幕府の終焉と江戸城の無血開城

万延《まんえん》元年（1860）11月に再建された本丸御殿が文久《ぶんきゅう》3年（1863）11月に焼失すると、西の丸御殿が将軍の御座所となります。元治《げんじ》元年（1864）、文久3年6月に焼失し同年11月に再築された西の丸御殿に、14代家茂《いえもち》が入りました。本丸御殿が再建されなかったのは、江戸幕府の財政の逼《ひっ》迫《ぱく》が理由でしょう。江戸幕府は嘉永6年（1853）にペリーが来航して以降、品川台場（東京都品川区）や箱館五稜郭《はこだてごりょうかく》（北海道函館市）を築造しており、本丸御殿の再建は財政的に不可能でした。

慶応《けいおう》３年（１８６７）10月、15代慶喜《よしのぶ》はついに京都の二条城で大政奉還《たいせいほうかん》を行います。政権を朝廷に返上し、江戸幕府は事実上の終焉《しゅうえん》を迎えました。江戸城ではこの年の12月に二の丸御殿が焼失し、本丸御殿も二の丸御殿もなく、城の中心は西の丸となりました。よって、慶応４年（１８６８）の鳥羽《とば》伏見《ふしみ》の戦いで敗北した慶喜が入ったのも、江戸城西の丸でした。

慶応４年４月11日、江戸城は無血開城し、明治元年（１８６８）10月13日に明治天皇も西の丸に入られました（同年９月に明治と改元）。本来であれば、江戸城は三の丸大手門から入城するのが正規のルートですが、明治天皇がお入りになられたのは西の丸大手門からでした。一度京に還幸《かんこう》し、翌年３月28日に東京に行幸。以後、西の丸が皇室の座所となります。

明治以降の江戸城

明治元年10月13日の明治天皇の入城をもって、江戸城は東京城《とうけい》と改められました。明治３年（１８７０）11月からは、枡形門の渡櫓《わたりやぐら》など江戸幕府の象徴となるような建物の撤去がはじまり、明治５年（１８７２）８月には日比谷、数寄屋橋などの中城域と、総構の枡形門など21の城門や石垣が破却されました。皇居のほか、新政府が防衛上必要とみなした馬場先門、和田倉門、大手門、平川門、竹橋門、清水門、田安門、半蔵門、外桜田門は残されました。

本丸、二の丸、三の丸は陸軍省の管轄下にありましたが、明治５年10月には本丸の富士見櫓、北桔橋高麗門、数寄屋前多聞櫓を除き、残っていた櫓、城門、塀はすべて破却されました。これにより、二の丸と三の丸の石垣上に並び立ち威容《いよう》を誇っていた三重櫓、二重櫓、多聞櫓はすべて姿を消しました。

明治天皇が仮住まいにしていたのが、元治《げんじ》元年に建てられた西の丸御殿です。ところが、明治6年（1873）に女官部屋から出火し全焼してしまいます。これに代わり、明治21年（1888）10月に新宮殿（明治宮殿）が竣工。明治宮殿は明治天皇の居所となり、明治政府により宮城《きゅうじょう》と改称されました。西の丸大手門が皇居正門となり、坂下《さかした》門と乾《いぬい》門が通用門として機能することになります。大手橋は石橋に、二重橋は鉄橋にと、堅牢優美《けんろうゆうび》なものへ修繕されました。

明治43年（1910）には、馬場先門と下梅林門に続いて二の丸に残存していた蓮池門が、渡櫓門とともに旧名古屋城の榎多《えのきだ》門の位置に移築され離宮《りきゅう》の正門《せいもん》となります（空襲で焼失）。大正8年（1919）には天神濠から三の丸桔梗《ききょう》門西側にあった濠が埋め立てられ、宮内庁車場、馬場、宮内庁病院が新設されました。

大正12年（1923）9月1日の関東大震災では、大手門渡櫓、半蔵門、西の丸太鼓櫓が失われてしまいます。伏見櫓、同多聞櫓2基、桜田門、桔梗門、富士見《ふじみ》櫓、本丸数寄屋前多聞櫓、平川門、辰巳《たつみ》櫓、和田倉門が崩壊しましたが、和田倉門を除いて崩壊した部材で組み直されました。

昭和20年（1945）5月25日、大空襲により明治宮殿は全焼します。しかし伏見櫓と同多聞櫓2基は奇跡的に焼失を免れました。昭和23年（1948）、宮城は皇居と改称され、皇居は皇室財産となって皇宮警察が警備することになり現在にいたります。

第3章　江戸城の天守

天守とは権威の象徴

日本に天守を誕生させたのは、織田《おだ》信長《のぶなが》です。信長は、天正《てんしょう》4年（1576）に安土《あづち》城（滋賀県近《おう》江《み》八幡《はちまん》市）で日本初の天主（安土城では天守ではなく天主と表記）を建造。厳密には、安土城以前に居城とした岐阜城（岐阜県岐阜市）にも天守はあり、『兼見卿記』には明智《あけち》光秀《みつひで》が元亀《げんき》3年（1572）年に築いた坂本城（滋賀県大津市）に、『細川両家記』には有岡城（兵庫県伊《い》丹《たみ》市）にも存在したという記述があります。しかし、いずれにしても絶対的存在として位置づけたのは信長で、今日ある天守は信長によって生まれ、城の必需品になったといえます。

ですから、信長以前の城には天守はありません。上杉謙信《うえすぎけんしん》の居城・春日山《かすがやま》城（新潟県上越市）や武《たけ》田《だ》信玄《しんげん》の居城・躑躅ヶ崎館《つつじがさきやかた》（山梨県甲府市）、毛利《もうり》元就《もとなり》の吉田郡山《よしだこおりやま》城（広島県安芸高田市）へわざわざ足を運んでも、天守らしき建造物ばかりかそれを支える天守台も見当たらないでしょう。これは天守が残っていないのではなく、はじめから存在しないからです。

天守というと、城主が日々を過ごし最上階から城下を見下ろしていたようなイメージもありますが、天守に人は住みません。天守に生活の場を設けたのは、信長ただひとりです。

では、何のためにあったのかというと、その威容《いよう》により大名や領民に権威《けんい》を見せつけ、威嚇《いかく》するためです。天守は、いわばシンボルタワー。極端にいえば、使い勝手よりも見映えに意味がありました。

もちろん軍事施設のひとつであり、戦闘を強く意識した天守もあります。しかし実戦的な天守であっても、象徴としての側面は必ず併せ持っているといえます。

江戸幕府の本城である江戸城の天守は、徳川将軍家の権力と財力の象徴以外のなにものでもありません。ですから、籠城《ろうじょう》戦を意識した姫路城天守や松江城天守のような軍事装置はなく、シンボルタワーとしての存在感がなにより重視されたといえます。

江戸城の天守は、３回建造されました。最初に築かれたのが、初代将軍家康《いえやす》が慶長《けいちょう》12年（１６０7）に上げた初代天守（通称：慶長天守）です。それまで最大だった豊臣大坂城の天守を凌駕《りょうが》する、まさに政権交代を知らしめる天守だったといわれます。その天守を、２代秀忠《ひでただ》が破却し建て直します。これが元和《げんな》9年（１６２３）に建てられた2代目天守（通称：元和天守）です。そしてさらに、秀忠のつくった元和天守を3代家光《いえみつ》が破却して建て替えます。これが、寛永《かんえい》15年（１６３８）に完成した3代目天守（通称：寛永天守）です。

なかでも家光の築いた寛永天守は巨大で、現存していれば現存最大の姫路城をはるかに凌《しの》ぐ日本最大の天守だったようです。第3章では、家康、秀忠、家光がそれぞれ築いた天守の特徴と再建を繰り返した理由、江戸城天守の末路を追っていきます。

家康が築き上げた慶長天守

家康が築いた慶長天守の実態は、定かではありません。現在の天守台より200メートルほど南に建ち、五重五階で、1階の床面積は豊臣大坂城天守の2倍以上、建築高は天守台を含め約55メートルという説が有力です。ただし2017（平成29）年2月に発表された、慶長12〜14（1607〜1609）年に描かれた可能性がある『江《え》戸《ど》始図《はじめず》』（松江歴史館所蔵）には、大天守の北と西には小天守があり、櫓や塀でつながれた、姫路城天守のような連立式天守が描かれています。

秀吉の大坂城天守とはうらはらに、慶長天守の外観は簡素で清楚《せいそ》だったようです。『慶長見聞集』によれば、黒漆《くろうるし》が塗られた黒壁の豊臣大坂城天守に対し、慶長天守は姫路城大天守と同じく、漆喰《しっくい》が塗《ぬ》り籠《こ》められた白壁。屋根には木枠で型をつくり鉛板を貼った銀色に輝く鉛瓦が葺《ふ》かれ、雪に覆《おお》われた富士山のように白く輝いていたといわれます。中井《なかい》家の文書によれば、家康も天守の出来映えにはご満悦《まんえつ》だったよう。西国大名が御影石《みかげいし》を運んだ記述もありますが、天守台の石の色はわかりません。

造営を命じられた大工頭は、関ヶ原合戦後に作事方として家康に仕《つか》え活躍した中井正清《まさきよ》です。父は法隆寺の番匠《ばんしょう》（宮大工）だった中井正吉《まさよし》で、秀吉のもとで大坂城の築城や方広寺大仏殿造営の大工棟《とう》梁《りょう》を務めた人物でした。信長の安土城天主造営にも関わったといわれます。中井正清は安土桃山時代を代表する大工頭で、のちに日光東照宮造営も務めることになります。『中井家文書』によれば、駿《すん》府《ぷ》城や名古屋城の天守をはじめ、二条城、江戸の町割り、増上寺《ぞうじょうじ》（東京都港区）、久能山東照宮《くのうざんとうしょうぐう》（静岡県静岡市）など、徳川家ゆかりの重要な建築を担当しました。

家康が江戸城に次いで建造した駿府城天守、名古屋城天守はいずれも大坂城天守を凌駕《りょうが》するものでした。徳川家の絶対的優位性を誇示するためでしょう。名古屋城天守からは大きさだけに重点が置かれ、内部の絵画や座敷飾りを省略した簡素な意匠《いしょう》に変更して外観を見せる建築となりました。

秀忠が築き上げた元和天守

元和《げんな》8年（1622）8月から元和9年にかけて、2代秀忠は本丸の大改築に着手します。その本丸御殿の拡張にともなって、天守も本丸北側に移動されました。正確な位置は不明なものの、現在残っている天守台とほぼ同位置のようです。秀忠は家康の慶長天守を解体し、ここに新たな天守を築きました。完成から15年しか経っていない慶長天守を解体したのは、秀忠と家康の間の軋轢《あつれき》でしょうか。はたまた、漆喰などの耐久性が限界にきていただけでしょうか。慶長天守の用材は大坂夏の陣後、大坂城天守建造に利用されたという説もあります。

元和天守に関する図面や記録は残っていないため、大きさや形は明らかになっていません。大工頭は、慶長天守と同じく中井正清。中井家に伝わる指図『江戸《えど》御《お》天守《てんしゅ》I』（中井正知・正純・大阪市住まいのミュージアム寄託）には妻側半分の構造が描かれていて、この時期の天守の構造を知ることができます。しかし、この指図は慶長期と元和期のどちらに描かれたかも、図案か完成図かも判明していません（妻側とは建物の棟に直角に接する側面のこと。屋根を横から見たとき三角になった部分を妻側、または妻という。一方、棟に沿って平行な側面は平側《ひら》または平と呼ぶ）。

この指図に関連すると思われる『江戸御天守Ⅱ』（同）は最上層及び4層目の妻面の立体図で、天守の装飾を知ることができます。妻側には格式の高い唐破風《からはふ》（左右両端が反り返った曲線状の破風）、平側には千鳥破風《ちどりはふ》（屋根の斜面に設けられた三角形の破風）が描かれ、すっきりとしつつも表情豊かな装飾で壁面が彩られていたことがわかります。上層部のみしか描かれていませんが、江戸城天守が規則的に逓減《ていげん》して積み上げられた層塔《そうとう》型であったことが読み取れます。

元和9年7月27日、子の家光が将軍宣下を受けて3代将軍となります。秀忠は将軍職を譲《ゆず》る前年の8月4日に西の丸に居を移し、本丸大改築の竣工を待ちました。

家光が築き上げた寛永天守

2代秀忠が建造した元和天守の完成からわずか15年後の寛永14年（1637）、3代家光により寛永天守の造営がはじまります。元和天守を取り壊して天守を新築した理由は定かではありませんが、3代目を世襲した家光が自身の権威を印象づけ、徳川将軍家の盤石《ばんじゃく》の地位を目に見える形で示す意図があったのではないかとも考えられます。この頃には江戸城天守は城の象徴ではなく、将軍の象徴だったのかもしれません。祖父・家康を心から尊敬していたといわれる家光ですから、慶長天守を取り壊し元和天守を新造した秀忠をよく思わず、同じことをし返したのではないかともいわれています。

築かれた場所は、『寛永度御本丸大奥惣絵図』、『江戸城御本丸御表御中奥御大奥総絵図』（ともに東京都立中央図書館所蔵）などによれば本丸の北側で、天守台と小天守台が南北に連なっています。

広島大学大学院の三浦正幸教授によれば、寛永天守は五重五階地下一階。重（層）とは外から見える階で階は内部の階のことですから、５階建て＋地下１階の６階建てになります。棟までの高さは約45メートル、天守台は約14メートル。合計すると高さは約59メートルとなり、現代の建物の階高を３～４メートルとすると15階建てのビルに相当します。さらに、本丸の標高は約20～21メートルありますから、江戸城下町から見上げれば80メートル近くに及びます。現存する天守で最大の姫路城大天守ですら、高さは46・３５メートル（天守台14・８５メートル、天守31・５メートル）です。

彦根城天守は約20メートル（天守台約４・５メートル、天守15・５メートル）ですから、比べてみればその差は歴然。興福寺五重塔は約50メートル、パリの凱旋門《がいせんもん》は49・５メートル、自由の女神が48メートルですから、寛永天守がいかに大きかったかわかります。

寛永天守は、白く輝く慶長天守や元和天守とは異なり、内法長押《うちのりなげし》より下部の外壁は銅板張りで、屋根は銅瓦葺《どうがわらぶ》き、それらが黒く彩色された真っ黒な天守だったようです。江戸城天守というとどうも真っ白な天守のイメージがありますが、それはおそらく、テレビドラマや映画が姫路城天守や彦根城天守をバックに撮影されているからでしょう。信長が築いた安土城、秀吉が築いた豊臣大坂城や秀吉が建造を許可した松本城天守、復元前の岡山城天守や広島城天守も黒壁ですが、これらは黒漆によるもの。三浦教授によれば、寛永天守の外壁は黒漆塗りではなく松脂《まつやに》と荏胡麻《えごま》油を調合し、松煙を混ぜて

天守の高さ比較

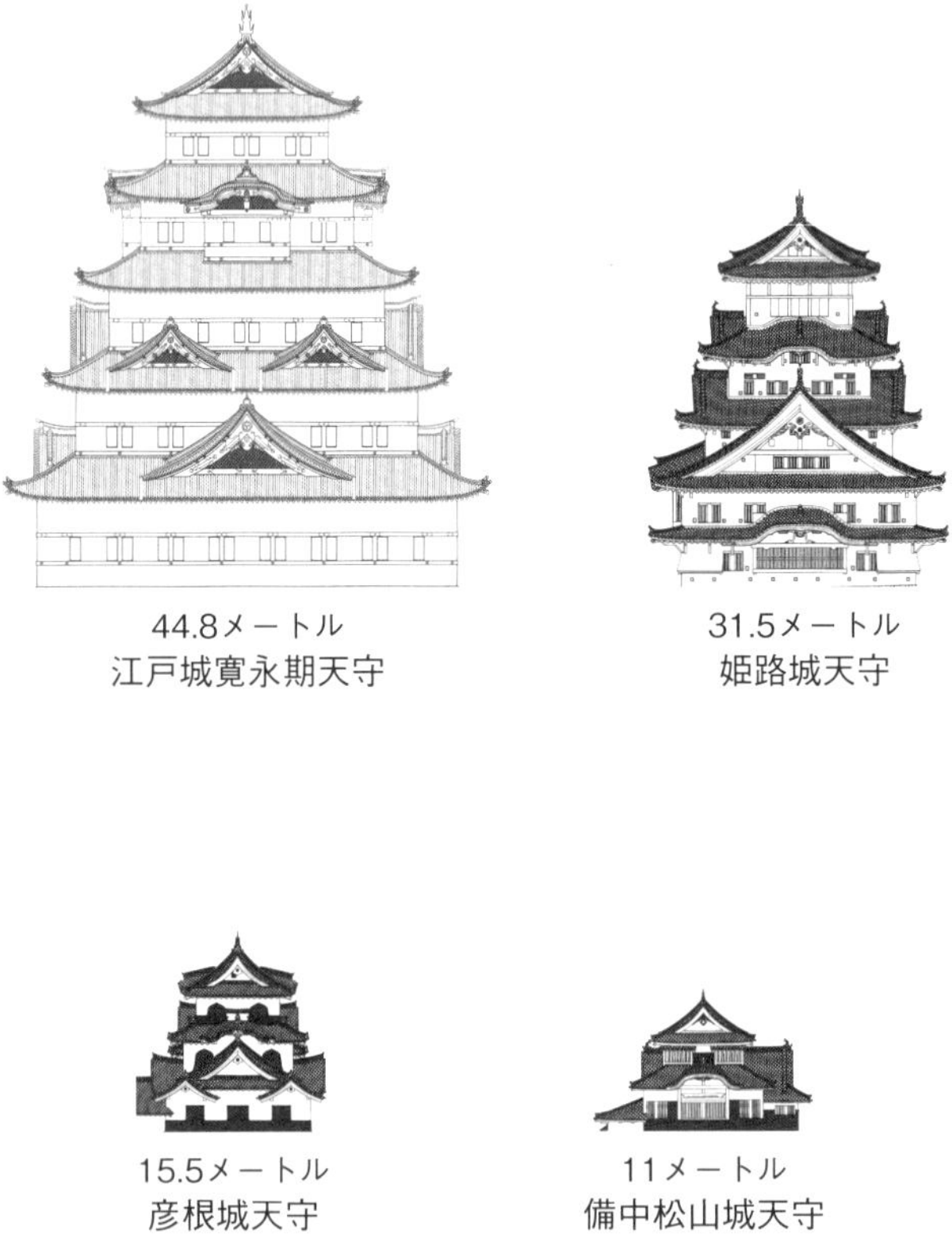

復元：中村泰朗（文化財学三浦研究室）

練った「チャン」と呼ばれる黒色塗料を錆《さ》び止めとして塗った銅板が張られていたようです。黒塗と比較すると安価で、熱や紫外線に強い特性があります。

真っ黒な天守、というと地味なイメージもありますが、江戸時代において銅は超高級素材で、銅板を建物の一面に張り付けるなど庶民のなせる業ではありませんでした。江戸幕府の財力と権力の誇示に、これ以上ない効力を発揮したでしょう。黒チャンも、当時は最新の塗料でした。

実用面でも、銅には意味があります。黒漆は太陽にさらされると1年もたず劣化してしまい、恒久的な建造物の外壁に用いるには現実的ではありません。黒漆が限られた時代にしか採用されていないのはそのためです。徳川家の城で一般的に使用されている白漆喰は風雨で傷《いた》みやすいため、格段に耐久性を高めるべく銅板が採用されたと考えられます。

屋根は、すべて木芯に銅板を張った銅瓦で覆《おお》われました。通常の瓦は100年もすれば割れてしまいますが、銅瓦は計量化がはかれ200～300年と耐久性が飛躍的に高まります。江戸幕府繁栄の証《あかし》、つまり天下泰平のシンボルであった天守ですから、300年後も健在することを前提にしていたのでしょう。もちろん銅瓦葺きも贅沢なことで、名古屋城天守ですら最上階のみしか葺かれていません。

屋根の銅板は、すべて青銅《せいどう》でした。青銅は褐色ですが、10～15年ほど経つと酸化され緑青《ろくしょう》というくすんだ緑色のサビが生成されます。サビといっても保護膜となって耐久性が高まりますから、天守には望ましいことです。同時に風合いも増していきますから、古来から神社仏閣で使われてきた青銅が、伝統建築としての重厚感を演出していたことは想像に難《かた》くありません。寛永天守の屋根は、完成時は赤褐色のような屋根で、しばらくすると現在の名古屋城天守と同じような緑色になっていたと考えられます。

「江戸図屏風」（国立歴史民俗博物館所蔵）

家光の事績を顕彰《けんしょう》すべく制作されたといわれる『江戸図屏風』（国立歴史民俗博物館所蔵）に、寛永天守とみられる荘厳《そうごん》な天守が色鮮やかに描かれています。天守の壁は上部が白で下部が黒に描き分けられていることから、上部は白《しろ》漆喰塗籠《しっくいぬりごめ》で、下部は銅板張りか板張りと推察できます。漆喰は耐水性に乏しいため、おそらく雨がかかるところは銅板にしたのでしょう。白と黒のコントラストに、将軍家の風格がみなぎります。

破風《はふ》を彩る金色の装飾にも目を奪われます。破風は三角形の斜辺部分につく破風板と内側の妻壁《つまかべ》でつくられ、大きさによってさまざまな懸魚《げぎょ》（三角形の頂点下部に施《ほどこ》される装飾）が取り付けられて棟《むな》木《ぎ》の木口《こぐち》（棟に使われた木材の断面）を隠しています。寛永天守は破風板にも懸魚飾りに金箔《きんぱく》を貼った金具が施され、今のところ出土例はないものの、屋根の軒先や鎧瓦《よろいがわら》（軒先に用いる丸瓦）と軒平瓦《のきひらがわら》（軒先に用いる平瓦）もすべて金箔を貼った瓦だったようです。重厚感ある銅板張りの黒壁と胴瓦が葺かれた屋根に繊細かつ豪華な金色の装飾がアクセントになっていたとなれば、ほかの城にはない威容を誇っていたことでしょう。葵の御紋などの飾り金具がつき、棟の上には金色の鯱《しゃちほこ》が載り、まばゆい輝きを放っていたと考えられます。

寛永天守の実態には、絵図『江戸城御本丸天守百分ノ壱建地割』『江戸城御本丸御天守閣建方之図』（ともに東京都立中央図書館所蔵）などで迫ることができます（↑Ｐ90）。

前者は寛永天守の作事方棟梁である甲良家に伝わる設計図で、天守の実像を示す貴重な資料。縦76・３センチメートル、横70・７センチメートルの絵図で、左下には「大棟梁甲良豊前扣」と「建仁寺流官匠甲良印」の朱角印が押されています。図に記されている造営の経過と大工・木挽の人数、各重の広さと柱の本数を見ると、大工・木挽の総計は約44万５０００人にも及んだようです。

後者は寛永天守の綿密な設計図。再建計画時の図ともいわれますが、瓦や壁を取り除いた木組みの状態で、一部は内部構造まで詳しく描かれ、軒や石垣の寸法なども書き込まれています。現代において、建造物はＣＡＤと呼ばれるコンピュータ支援設計などで設計されるのが常識ですが、精密器具もなかった江戸時代に、これだけ精巧《せいこう》で緻密《ちみつ》な設計図を起こすことは至難《しなん》の業《わざ》だったでしょう。この設計図を見るだけで、先人の仕事ぶりに心揺さぶられるものがあります。

図面からは、装飾が見てとれます。妻側は初重に大きな千鳥《ちどり》破風、二重目に千鳥破風を２つ並べた

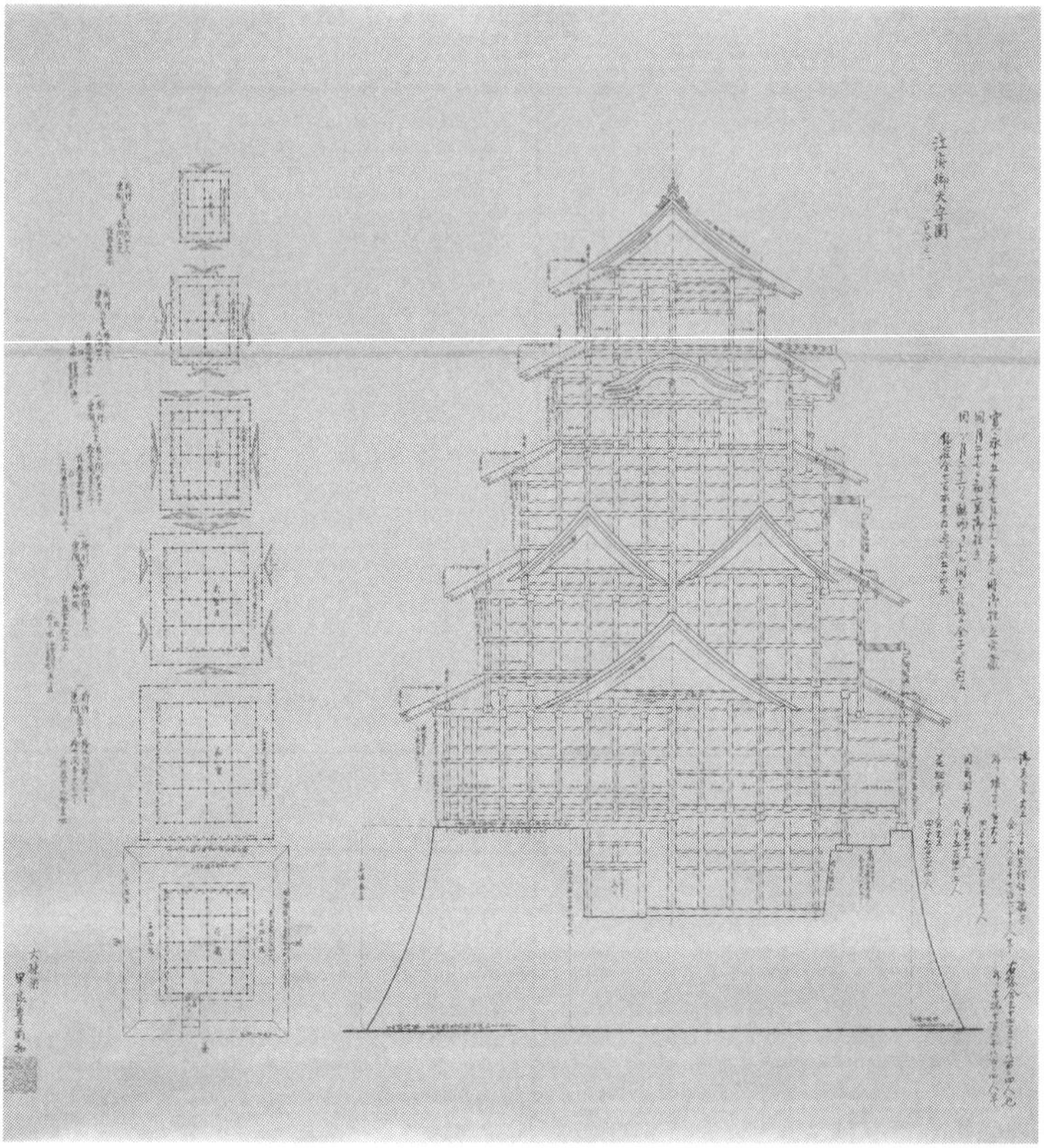

「江戸城御本丸天守百分ノ壱建地割」（東京都立中央図書館所蔵）

比翼《ひよく》千鳥破風があり、反対に平面の初重は比翼千鳥破風、二重目に大きな千鳥破風が見られます。対にすることで、遠くから見たときのバランス美を高めているのでしょうか。四重目に施されている唐《から》破風は、もともと寺社建築に用いられていた格式の高いもの。４面すべてに配することで、徳川家の威信を示しているように思えます。

天守台は寛永14年（１６３７）正月６日に着手され、同年８月15日には完成。黒田忠之《くろだただゆき》、黒田長興《ながおき》、浅野光晟《あさのみつあきら》、浅野長治《ながはる》が担当し、黒田忠之の事績を収めた『黒田続家譜』によれば、位置は元和天守とほぼ同じながら90度回転していると記されています。石材は東伊豆海岸の安山岩を中心に運ばれ、古くなった元和天守台の石材の一部は転用されたか、西の丸や本丸に充《あ》てられたとみられます。天守台は、慶長天守台よりも大きな石が用いられました。

おもしろいことに、天守は各重を別々の大名が担当したようです。旧川越藩の『松井家譜』によると、総奉行は松井重政で、一重目は水野勝成、二重目は永井尚政、三重目は松平康重、四重目は松平忠国、五重目は永井直清が担当したと記されています。

寛永天守の耐震性・耐久性

天守は構造上、旧式の望楼《ぼうろう》型と新式の層塔型に分かれます。望楼型は、大きな入母屋造《いりもやづくり》の建物に小さな望楼を載せた形式。これに対し、層塔型は五重の塔のように同じ形状の建物を規則的に重ねた構造で、各階の屋根を四方へ葺き下ろす形式です。望楼型は天守台が矩形でも築けることが利点ですが、古式ながら建築物としての構造は複雑です。一方の層塔型天守は上階が規則的に逓減《ていげん》するシンプルな構造ですから、用材が規格化でき工期も大幅に短縮できます。そのため、関ヶ原合戦以降は層塔型天守が主流となりました。寛永天守も層塔型です。

寛永天守の構造を見ていきましょう。まず、高層木造建築である天守にとって重要なのが、柱です。三浦正幸教授によると、寛永天守の1階の柱はすべて1尺2寸（約36センチ）角で、一般的な天守で用いられる7寸〜1尺（約21〜30センチ）角の柱と比べると太く立派です。現代の木造住宅は3寸5分（約10センチ）ですから、比べものになりません。三浦教授の計算では、断面積では13倍の大きさ、地震に対する強度は168倍に及ぶといいます。

しかも、用いられた材木はヒノキでした。一般的に天守に使われる木材として望ましいのは、柱はヒノキ、屋根や上階を支える梁《はり》はマツです。ヒノキは湿度にも強く、粘り強く折れにくいという特性があるからです。世界最古の木造建造物である法隆寺（奈良県生駒《いこま》郡）もヒノキで建てられ、130０年の時を経ていることは周知の事実でしょう。ヒノキの生産地は木曽《きそ》（長野県）を筆頭に、紀州《きしゅう》（和歌山県）、吉野《よしの》（奈良県）、土佐《とさ》（高知県）などに限られ、日本と台湾にしか分布しません。寛永天守には確保が難しい木曽ヒノキが集められ、贅沢に利用されました。1階だけでも、191本のヒノキの柱が使われたとみられます。

材木は、水路で運搬されました。家康が整備した江戸城の水運網を駆使《くし》し、膨大な資材を江戸城に運び入れたのです。ただし、陸揚げした巨材は人力で運搬しなければなりませんから、平面ではコロと呼ばれる細い丸太を並べ、斜面では滑車を利用して綱で引っぱりました。

天守にはよく通柱《とおしばしら》が用いられますが、梁で穴だらけになり耐久性が弱まるため、暴風対策には適切でも地震対策には不向きです。そのせいか、寛永天守には、地階と1階、1階と2階に通柱がありません。2階分を貫く均等な通柱が2階より上層階に完全対称配置されています。その数は、天守史上最多の計60本です。2〜3階の通柱は1尺7寸（約51センチ）角で、こちらの強度は６７６倍に及ぶそう。台風が直撃しても堪《た》えられる軸となり、この強い柱に梁や桁《けた》がかけられて各階がつくられます。基本的に釘《くぎ》を使わない木材接合ですから、継手《つぎて》（木材を継ぎ足して長さをもたせる手法）・仕口《しぐち》（木材を角度をもたせて接合する手法）といった木材に凹凸をつくる匠《たくみ》の技により完成していきます。

天守の壁は厚く頑丈で、鉄砲の弾や矢にもびくともせず、多少の火災でも延焼しません。小舞《こまい》という竹や貫木を縦横に編《あ》んだ骨組みに何層にも土を塗り重ねた土塀だからです。少なくとも1尺（約30センチ）、城によっては2尺（約60センチ）の厚みがありました。

寛永天守の壁は、表面を漆喰ですべて塗《ぬ》り籠《こ》めてありました。天守の壁の表面は漆喰か、もしくは松江城天守や岡山城天守のように、煤《すす》と柿渋《かきしぶ》を塗った黒い板を張った下見板張りで仕上げられます。いずれも土壁ですから防火・防弾性はさほど変わりませんが、漆喰は水分を通すため風雨に弱く、耐久性は劣ります。近年、姫路城大天守で漆喰の全面塗り直しがされたように、20〜30年で塗り直しが必要とされメンテナンス費用もかかります（新しくなった姫路城大天守は防腐剤塗布により50年の耐久性が見込まれる)。

雨に弱いが美しい漆喰、100年の耐久性を誇る下見板張り、下部だけを下見板張りとする併用、のいずれかが選択肢。そんななか、江戸城天守が採用したのが下見板に代わる銅板張りでした。漆喰に錆《さ》び止めのチャンを塗った銅を張り付けた、耐久性、防火・防弾性にすぐれた壁でした。

秀吉が築いた豊臣大坂城天守と江戸城寛永天守の決定的な違いは、豊臣大坂城が内部も外観も見せることを意識したのに対し、寛永天守はあくまで外観を見せることを意識している点です。その証といえるのが、壁面の狭間《さま》や石落としの有無です。

狭間とは、天守や櫓《やぐら》や土塀《どべい》などの壁面に開けられた○や□の小さな攻撃用の小窓のこと。天守の場合、各柱間の一間ごとに一つ設けられ、鉄砲や弓矢で迫る敵へと攻撃しました。石落としは床面に設けられた狭間で、下から迫り来る敵に頭上から攻撃します。驚くべきことに、寛永天守だけでなく現存する江戸城内の櫓や土塀の壁面にも、狭間や石落としはあまり見当たりません。江戸城が武威《ぶい》を誇《こ》示《じ》しない存在である表れといえるでしょう。

寛永天守が屋根に採用した銅瓦も、耐震性の高さが魅力です。家康の時代には、信長や秀吉が用いた土瓦に金箔《きんぱく》を貼った金箔瓦に代わり、軽量で劣化しない銅瓦や鉛《なまり》瓦などの金属瓦が用いられました。寛永天守に葺かれた銅瓦は鉛より軽く、よって地震による横揺れの重力加速度が抑えられ耐震性にすぐれます。とりわけ史上最大の広さを誇る寛永天守ですから、銅瓦の採用は合理的といえそうです。

明暦の大火により短命に終わった天守

日本最大規模を誇り、徳川家の栄華《えいが》をあますところなく示していた寛永天守でしたが、はかなくも完成からわずか19年後に終焉《しゅうえん》を迎えます。明暦《めいれき》3年（1657）の明暦の大火（振り袖火事）が江戸城を襲ったのです。江戸市中の6割が罹災《りさい》した大火事は江戸城内にも飛び火し、本丸は全焼。防火対策は万全だった銅板張りの寛永天守でしたが、激しい火災旋風により窓が吹き上げられ、内部へ炎が入り込んでしまいました。江戸幕府の威信《いしん》をかけ数百年の耐久性を熟考した寛永天守が没後わずか6年後に焼失するなど、家光も想像していなかったでしょう。

当時の将軍、4代家綱《いえつな》が天守再建を計画したものの、補佐役の保科正之《ほしなまさゆき》の「実用性に乏しい天守建築は無駄」という鶴《つる》のひと声で見送られたのは有名な逸話です。甚大な被害を出した江戸の立て直しを考えれば、どう考えても財政難に陥《おちい》るのは必至。権力誇示にすぎない天守は、当時の江戸幕府にはもはや無用だったのでしょう。

以後、再建計画は持ち上がったものの江戸城に天守が再建されることはなく、幕末を迎えることになりました。家康、秀忠、家光の3人の将軍が次々に築いた江戸城の天守は、3代でその歴史に幕を降ろしたのです。264年の長きにわたり江戸幕府の本城として君臨した江戸城ですが、天守が存在したのはわずか50年ほど。しかも、その50年のうちに三度も建てられ、いずれも短命に終わった電光石火の存在でした。

天守台

本丸に残っている天守台は、明暦の大火後に積み直されたものです。もともと天守再建計画はありましたから、天守台はいち早く再建されました。修築を命じられたのは、加賀藩5代藩主の前田《まえだ》綱紀《つなのり》です。前田家といえば、居城の金沢城（石川県金沢市）が現在では石垣の博物館と称されるほど、全国屈指の石垣築造技術を持つ一族です。

明暦3年9月に天守台修復を命じられた前田綱紀は、正月には態勢を整え、翌年3月14日には神田橋脇の石垣を崩して臨時の船着場（陸揚場）を修築し、石材を引き上げる準備をしています。また、築石《つきいし》（石垣を積むための石）を二の丸梅林坂から本丸へ上げるため、天神濠の下梅林坂門手前に復旧用の船着場を設置。本格的な修築は5月から開始され、7月1日に最初の根石（石垣のいちばん下に積む石）が据《す》えられたとみられます。

万治《まんじ》元年（1658）9月24日には修築が完了し足場を撤去したとされますから、2ヶ月たらずで積み終えたことになります。明暦の大火以前の天守台は約14メートルありましたが、遠くからの見映えを配慮し2メートルほど低く積まれたようです。現在は約11メートル近く埋め立てられているため、実際に見えるのは約11メートルです。下部で東西は約41メートル、南北は約45メートルとなります。

天守台の石材を見ると、城内にみられる黒い石ではなく、全面が大きな白い石です。史料によると、それまでの伊豆石ではなく御影石《みかげいし》で築くよう命じられ、瀬戸内海沿岸の犬島や小豆島で採石し、はるばる運んだようです。石材の大きさは、面が１６０メートル四方、控え（奥行き）が３・７５メートルでほぼ統一されていますが、加工した小さな石をちりばめるなど、技とセンスが光ります。

前田綱紀によって積み替えられた天守台と小天守台のうち、小天守台はところどころに黒い石が交ざり、御影石と安山岩が混在しています。また、天守台の内側も黒い安山岩が積まれています。これが寛永天守を支えた天守台の石材だったかは判明していません。

明暦の大火で焼けただれた天守台の石垣は、本丸への入口である御書院門《ごしょいんもん》（中雀門《ちゅうじゃくもん》）へ転用されたという説もあります。表面の火災痕を削り取って整形したのでしょうか。ただし、本丸側の渡櫓《わたりやぐら》門の石に見られる火災痕《あと》は文久《ぶんきゅう》の大火で焼けたものです。現在の天守台南東隅部に残る火災痕は、安政《あんせい》６年（１８５９）の大火によるものです。

明暦の大火の55年後、正徳《しょうとく》年間に幻の天守再建計画が持ち上がりました。史料によれば、万治元年に再建された天守台の上に寛永天守を基本設計とした天守を載せるものです。正徳《しょうとく》2年（１７１２）に描かれた『江戸城御天守絵図』（国立公文書館所蔵）は正面・側面・各重の3点から成る再建案平面図（↓Ｐ98）。鯱と破風の飾りは金色、屋根は銅色、壁は淡墨と白の2色で彩色されています。彩色は違うものの、『江戸図屏風』に描かれた寛永天守と同じ構造です。

二の丸や紅葉山、日比谷から北の丸田安門にかけての石垣に被害を及ぼした慶安《けいあん》2年（1649）6月21日の地震では天守台も破損したようで、承応《じょうおう》2年（1653）に天守と天守台が修造された記録が残ります。また、小天守台は安政《あんせい》6年（1859）に全焼した本丸造営の際に万延《まんえん》元年（1860）に改造されて、大幅に縮小したようです。

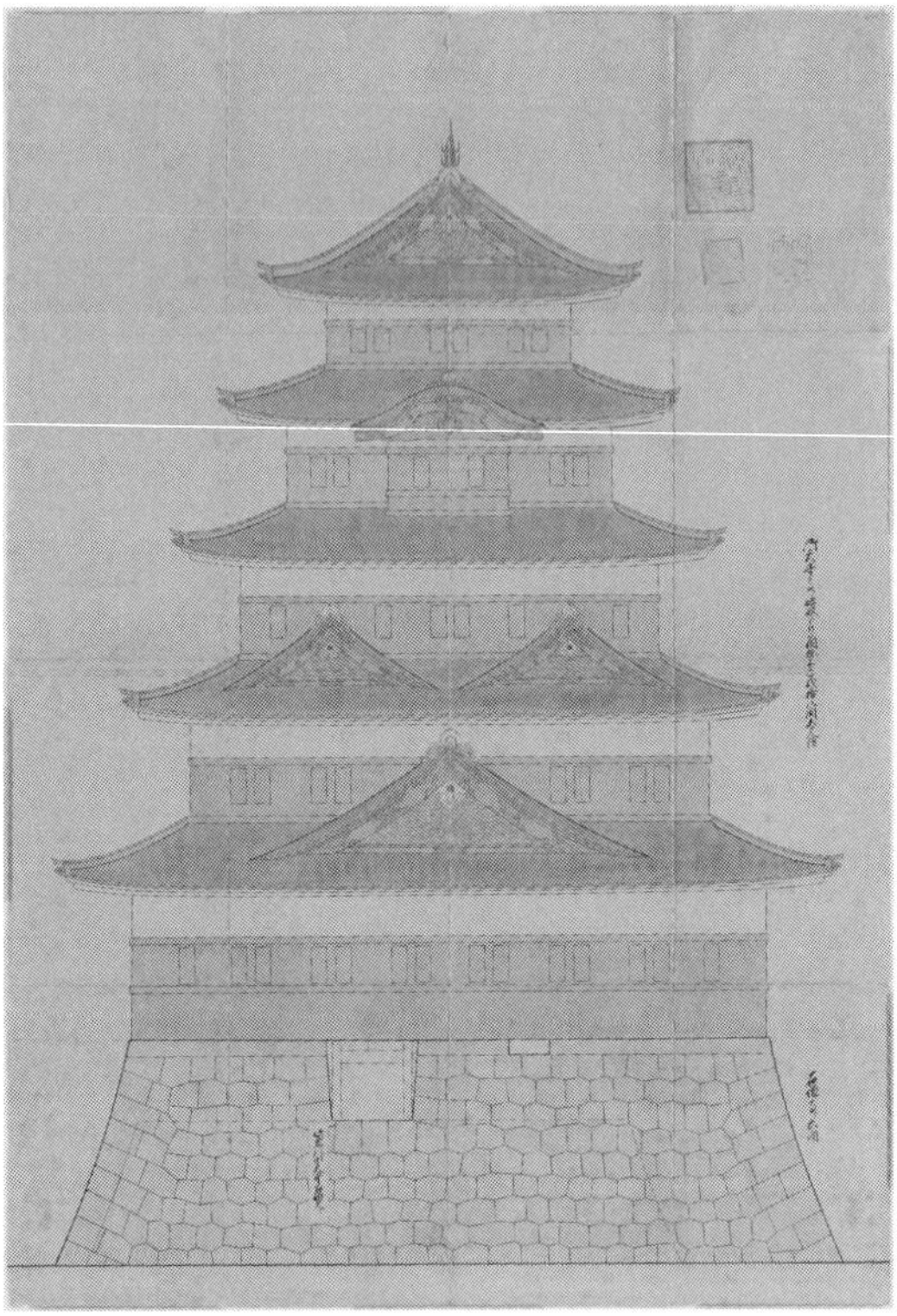

「江戸城御天守絵図」（国立公文書館所蔵）

第4章　江戸城の御殿

御殿とはなにか

城主は天守ではなく、御殿《ごてん》と呼ばれる住居用の館に住んでいました。全国の城を訪れると、天守の前はたいてい広場のようになっているでしょう。ここが、本丸御殿が建っていた場所です。城主をはじめとした一族や家臣は、この場所に建てられた御殿で生活し、政務を行っていました。本丸に築かれた御殿は本丸御殿、二の丸に築かれた御殿は二の丸御殿、西の丸に築かれた御殿は西の丸御殿と呼ばれます。

御殿は現存例が少ないため目にする機会がなかなかなく、また複雑な構造をしているため想像するのも説明するのも難しい存在です。現存例は、二条城二の丸御殿（京都府京都市）、掛川城二之丸御殿（静岡県掛川市）、高知城本丸御殿（高知県高知市）、川越城本丸御殿（埼玉県川越市）の4棟だけ。そのうち大規模なものは二条城の二の丸御殿のみです。川越城近くの喜多院の客殿は、江戸城の本丸御殿の一部である春日局《かすがのつぼね》の殿舎を移築したものといわれています。

最近では、平成20年（２００８）に熊本城本丸御殿の一部が復元されました。現在は、平成30年（２０１８）度の公開を目指して名古屋城本丸御殿が復元工事中です。名古屋城本丸御殿は空襲で焼失してしまいましたが、昭和20年（１９４５）まで現存していたため外観復元の資料となる古写真が豊富で、尾張徳川家の本城という由緒正しき城であるため管理が行き届き文献史料も多く残ります。

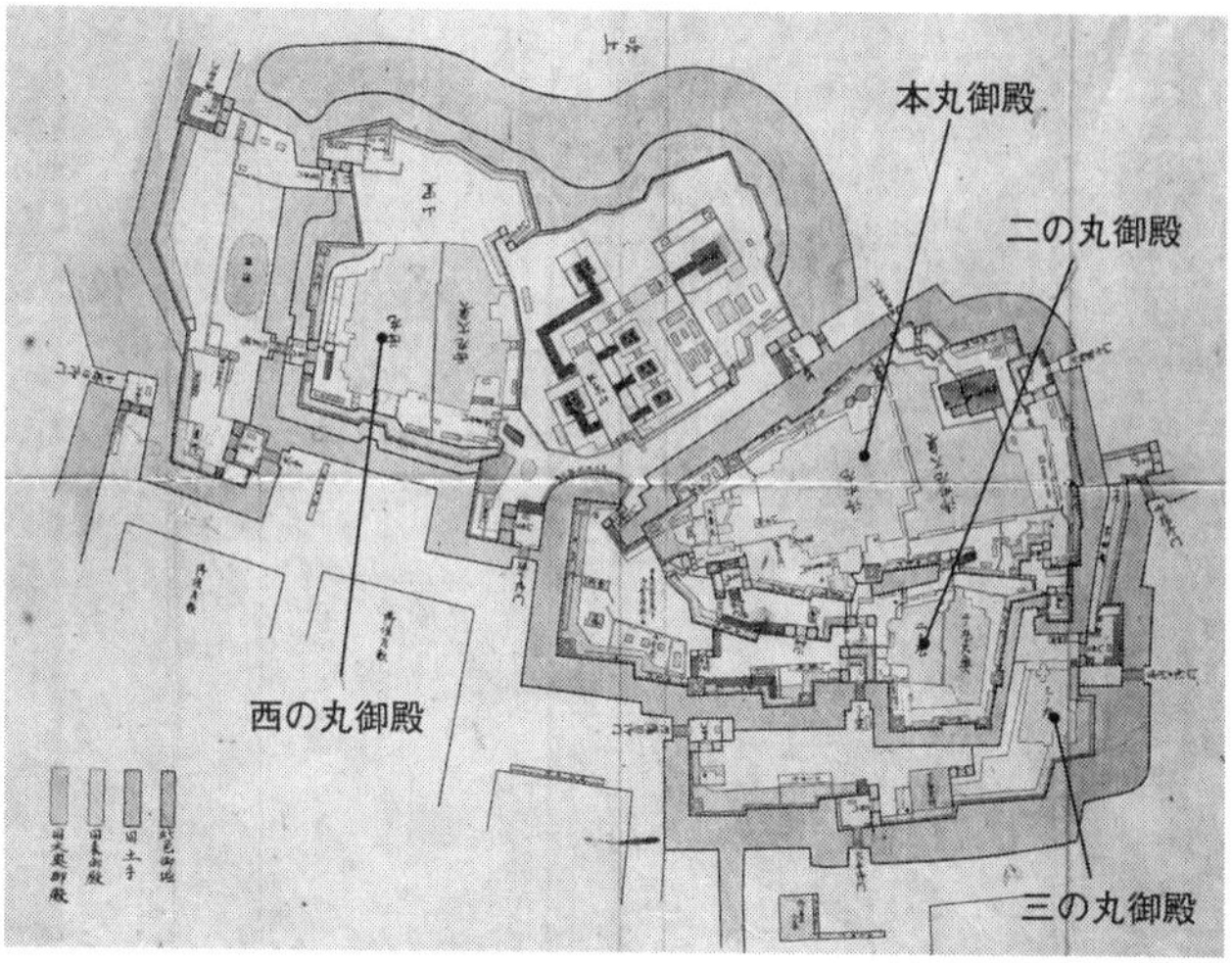

「江戸御城之絵図」
（東京都立中央図書館特別誌料文庫所蔵に加筆）

空襲で難を逃れた計１０４７面の襖絵《ふすまえ》や天井板絵が国の重要文化財に指定されており、復元模写という忠実な復元作業の原本となっています。名古屋城本丸御殿は二条城二の丸御殿と並ぶ城郭御殿建築の双璧《そうへき》で、将軍が上洛時に宿舎としたため、徳川家の威光《いこう》を示す当時最高峰の技術と芸術が投じられていました。

御殿は藩主の住居でもあり、庁舎の機能を併せ持つ藩庁でもありました。生活をするための自宅でもありながら、仕事をこなす職場でもあるのです。といっても東京都庁のようなタワーを建てて各階に部署を分散させるのではなく、長屋のような平屋建ての部屋を何十もびっしりと並び建てていました。多種多様な目的の殿舎や部屋が、ところ狭しと並ぶ建物群です。

江戸時代の武家にとって、将軍や藩主に従者が対面すること、それにともなう儀式や行事はもっとも大切でした。そうした意味では、対面の場となる御殿は天守よりも重要な建物だったといえます。

作事大棟梁の甲良家が所有していた18世紀前半の江戸城内郭（吹上《ふきあげ》を除く）を描いた絵図『江戸御城之絵図』（東京都立中央図書館東京誌料文庫所蔵）を見ると、江戸城内には本丸御殿、西の丸御殿、二の丸御殿、三の丸御殿、五の丸御殿が築かれています。本城の本丸御殿は政庁であり将軍一家の住居、西城の西の丸御殿は隠居した大御所や次期将軍となる世子の住居でした。

天守と同じく、御殿もたびたび火災により焼失と再建が繰り返され、本丸御殿は5回、西の丸御殿は4回も焼失しています。この章では、3つの御殿（本丸御殿、西の丸御殿、二の丸御殿）の変遷《へんせん》を簡単に追うとともに、本丸御殿の構造や特徴に迫ってみましょう。

焼失と再建を繰り返した御殿

家康《いえやす》は江戸城入城後、西の丸の造営に着手します。しかしこのときは、荒廃し雨漏《あまも》りしていた御殿の修復程度で、本格的な造営は文禄《ぶんろく》3年（1594）頃といわれます。慶長《けいちょう》8年（1603）2月12日に征夷大将軍の宣下を受けると、江戸城の本格的な築城を開始。本丸御殿は、慶長11年（1606）9月23日に完成しました。慶長16年（1611）7月には、西の丸御殿も新造されたようです。その後、2代秀忠《ひでただ》が本丸の拡張工事を行い、元和《げんな》8年（1622）に天守を本丸北側に移動して本丸御殿を拡張。家康や秀忠が築いたこの頃の御殿は、絵図などがないため詳細はわからないものの、まだ小規模だったとみられます。

江戸城の御殿は、３代家光《いえみつ》の代に完成をみたようです。寛永《かんえい》期には、寛永元年（１６２４）９月に西の丸御殿、寛永12年（１６３５）の二の丸拡張工事にともない寛永13年（１６３６）６月に二の丸御殿、寛永14年（１６３７）９月に本丸御殿、寛永20年（１６４３）７月に三の丸御殿が築かれました。この寛永14年に築かれた本丸御殿は『御本丸惣絵図』（大熊喜英氏所蔵）、『御本丸寛永度絵図』『寛永度絵図 大奥』（ともに東京都立中央図書館所蔵）などから実態を知ることができます。

寛永14年に築かれた本丸御殿は寛永16年８月に奥の台所からの出火で焼失したため、翌寛永17年４月にすぐさま建て直されました。前述の川越喜多院に移築された江戸城本丸御殿の一部は、このときのものです。また、寛永13年６月に築かれた二の丸御殿も寛永20年７月に新造され、寛永元年９月に築かれた西の丸御殿も寛永11年閏７月に焼失したため寛永13年11月に新造されています。

ところが明暦《めいれき》３年（１６５７）の明暦の大火により、再建された本丸御殿を含め西の丸御殿を除いた３棟の御殿（本丸御殿・二の丸御殿・三の丸御殿）が焼失してしまいます。これを機に危機管理意識が高まり、御殿の新造と維持管理に大きな影響を及ぼしたようです。その証拠に、焼失から2年後の万治《まんじ》2年（１６５９）９月に新造された本丸御殿は、天保《てんぽう》15年（１８４４）５月に焼失するまで１８５年間、改造や修理にとどまっています。

幕末には再び火災が多発し、御殿は焼失と再建を繰り返すことになります。そのたびに江戸幕府の財政を逼迫《ひっぱく》させることになり、幕府権力の衰退に歯止めがかからなくなっていきました。

天保15年5月10日、本丸御殿大奥の広敷向一ノ側から出火した火災により、本丸御殿は櫓以外の建物が焼失してしまいます。当時の将軍12代家慶《いえよし》は西の丸御殿に移り、本丸御殿は即座に新造されて弘《こう》化《か》2年（1845）2月に完成しました。

安政《あんせい》6年（1859）10月には本丸御殿が再び焼失し、万延《まんえん》元年（1860）11月に新造されました。焼失と再建を繰り返した本丸御殿は、この3年後の文久《ぶんきゅう》3年（1863）11月に再び焼失すると、再建されることはありませんでした。二の丸御殿も文久3年に焼失しますが、こちらは慶応《けいおう》元年（1865）4月に再び新造。しかし2年後の慶応3年（1867）12月に再び焼失し、その後は再建されず幕末を迎えました。

西の丸御殿は嘉永《かえい》5年（1852）5月に焼失するも、12月には新造。文久3年6月に再び焼失すると、翌元治《げんじ》元年（1864）7月に新造されました。この御殿が江戸城にとって最後の御殿となりましたが、明治6年（1873）5月5日に焼失し姿を消しました。

江戸城の本丸御殿

P107の「江戸城御本丸御表御中奥御大奥総絵図」（東京都立中央図書館特別誌料文庫所蔵）は、万治2年に再建された本丸全体を描いた平面図とされます。このように、江戸城の本丸御殿は南から「表（表御殿）」「中奥（中奥御殿）」「大奥（大奥御殿）」の3区域で構成されていました。塀で区切ら

本丸御殿・二の丸御殿・西の丸御殿の変遷

	本丸御殿	二の丸御殿	西の丸御殿
慶長11年　（1606）	9月23日新造		
慶長16年　（1611）			7月10日新造
元和8年　（1622）	11月10日新造		
寛永元年　（1624）			9月22日新造
寛永11年　（1634）			閏7月23日焼失
寛永13年　（1636）		6月21日新造	11月26日新造
寛永14年　（1637）	9月19日新造		
寛永16年　（1639）	8月11日焼失		
寛永17年　（1640）	4月5日新造		
寛永20年　（1643）		7月25日新造	
慶安3年　（1650）			9月20日新造
明暦3年　（1657）	1月19日焼失	1月19日焼失	
		8月12日移築	
万治2年　（1659）	9月5日新造		
延宝9年　（1681）		9月11日移築	
延享4年　（1747）		4月16日焼失	
宝暦10　（1760）		5月13日新造	
天保4年　（1833）		3月28日新造	
天保9年　（1838）			3月10日焼失
天保10年　（1839）			11月27日新造
天保15年　（1844）	5月10日焼失		
弘化2年　（1845）	2月28日新造		
嘉永5年　（1852）			5月22日焼失
			12月21日新造
安政6年　（1859）	10月17日焼失		
万延元年　（1860）	11月9日新造		
文久3年　（1863）	11月15日焼失	11月15日焼失	6月3日焼失
元治元年　（1864）			7月朔日　新造
慶応元年　（1865）		4月29日新造	
慶応3年　（1867）		12月23日焼失	
明治6年　（1873）			5月5日焼失

野中和夫『江戸城―築城と造営の全貌』をもとに作図

れ、御鈴廊下《おすずろうか》という通路のみでつながっています。表は公邸で、諸大名が将軍に謁見《えっけん》したり、江戸幕府の役人が職務を行う場。中奥は将軍が生活する私邸で、政務を行う部屋もありました。大奥は完全なプライベート空間で、テレビドラマや映画で知られる男子禁制のエリアです。ひとくちに本丸御殿といっても、下層階はオフィスで上層階は居住用、パーティースペースやスポーツジムも併設する高級マンションさながらに、さまざまな部屋や施設がありました。

現在、皇居東御苑の芝生広場を中心に南北約400メートル×東西約120〜220メートルの範囲が、本丸御殿のあった場所です。寛永期以降はここに、南側に表、中央に中奥、北側には天守台東側まで大奥が建っていました。それぞれが複数の建物群から成ります。建ち並ぶ殿舎の戸数は時代により異なりますが、総数は合計130棟余と考えられます。万延元年の再築に関する『甲良家文書』によれば、表御殿は3877坪、中奥は1284坪とありますから、大奥を除いても合計5161坪で、かなり壮大だったと思われます。

前述の通り、江戸城の本丸御殿は5度焼失し、7度建造されました。働く人や生活する人の数も増え、再建のたびに中奥と大奥を中心に増改築が行われました。そのため規模や構造が変化しますが、史料がよく残る万治2年（4代目）と弘化2年（5代目）の御殿から、実態に迫ってみましょう。

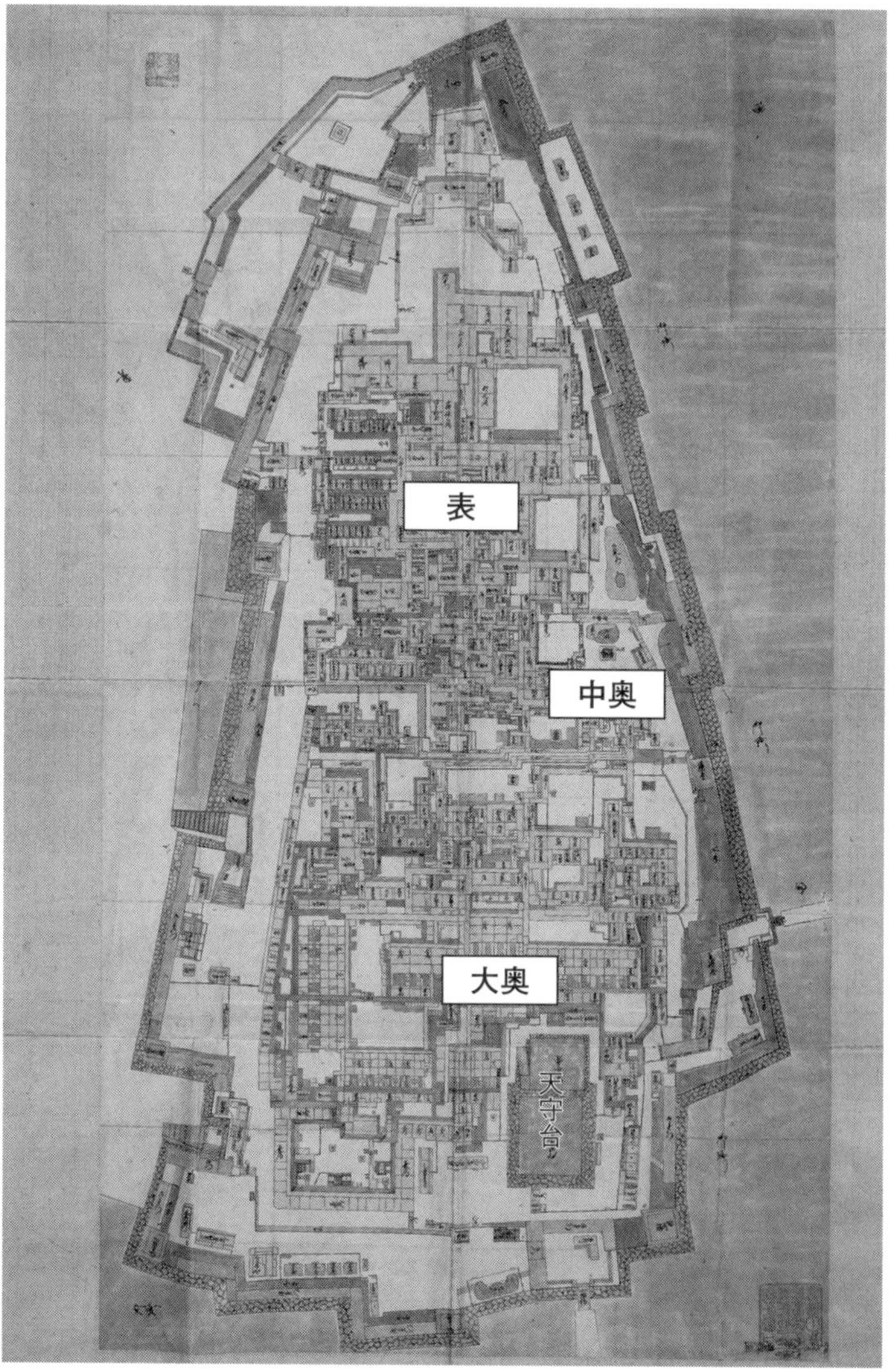

「江戸城御本丸表御中奥御大奥総絵図」
（東京都立中央図書館特別誌料文庫所蔵に加筆）

江戸城本丸御殿の構造①表

表はいわば江戸時代の国会議事堂や官公庁にあたり、江戸幕府の政庁です。江戸幕府の役人が毎日通勤し、また諸大名が将軍に謁見する際もここを訪れます。中心的な殿舎が表御殿《おもてごてん》で、江戸幕府の公的行事と幕府政治の執行機関の空間でした。表御殿といってもひとつの建物ではなく、さまざまに分割された小さな部屋の集合体です。形成するのは主に遠侍《とおざむらい》、広間、書院の3棟。中之門から御書院門《ごしょいんもん》（中雀《ちゅうじゃく》門）を経て本丸に入ると、表御殿の車寄《くるまよせ》と玄関から構成される正式な入口がありました。

諸大名は、本丸玄関から表御殿に上がり玄関内の控室にあたる遠侍に入ります。遠侍の正面に突き出した式台《しきだい》という低い板敷が、諸大名などが登城時に使用する正式な玄関です。玄関といっても家の玄関のようなスペースではなく、複数の部屋がある書院造りの独立した殿舎です。遠侍はこの先にある対面所への控えの間として使われることもあれば、身分の低い家臣との対面の場になることもありました。諸大名は、まずここで登城の理由などを奏上します。式台之間である大部屋と御次間、奥に上段之間、下段之間があり、虎之間へと続きます。

遠侍から続く大広間は、将軍との対面や幕府の上使の饗応《きょうおう》などを行う重要な殿舎です。朝鮮や琉球など外国からの賓客や朝廷からの勅使《ちょくし》も、大広間で将軍と対面しました。大広間は西側奥に将軍の御座所となる上段之間があり、中段之間と下段之間の3部屋が北から南方向に連なります。下段之間の東側に二之間、三之間が東方向に並び、三之間の北側に四之間が並び、その北側に廊下を兼ねた溜の次之間と入側《いりがわ》（濡《ぬ》れ縁《えん》と座敷の間にある1間幅の通路）と中門がありました。天井は上段が二重折上《おりあげ》格天井《ごうてんじょう》、中段が折上内天井、下段と二～四之間は格天井と格差があります。

博物館や美術館で御殿に関する展示や資料を見るとき、もっとも目にするのが大広間のものでしょう。きらびやかな障壁画《しょうへきが》や襖絵の出典を見ると、たいてい大広間と記載されているはずです。大広間は対面という儀式を通して主従関係を明確にするため、鮮やかな金碧《きんぺき》の障壁画を飾るなど、最高級の空間にしてあります。

もっとも奥の上座が城主の着座する場所で、床を一段高くして上段之間とします。上段之間は、床・2つの違棚・付書院・納戸構《なんどがまえ》からなる豪華な座敷飾りで、城主の威厳《いげん》を高めています。4種類5つから構成される座敷飾があるのは、江戸城の本丸御殿のみです。段差や仕切りで身分ごとのスペースをつくったり、上座になるにつれて装飾や障壁画の格式が上がるなど、間取りを見ていくと江戸時代の封建主義も垣間見えます。大広間棟の東南には伝統的な主室建物の証である中門廊という出張り空間があり、大広間東側には貴賓《きひん》が使用する塀重門がありました。

大広間の南側、下段の正面には勅使下向・将軍宣下・婚礼や法事などの際に能楽が行われる能舞台がありました。町人が見学を許されたのが「町入能《まちいりのう》」（↓Ｐ２５３）です。

将軍が政務《せいむ》を執《と》り、諸大名や勅使と対面したり所作事を行うのが白書院です。白書院は大広間の西北側に続く松の廊下を通り抜けた北側にあり、上段之間と次之間、帝鑑《ていかん》之間などから構成されます。

広間の背後に建てられる書院は、広間を小型にした構造です。最奥の部屋を上段之間とするなど広間とつくりは似ていますが、格式は書院のほうが上。広間と同じように障壁画や襖絵が飾られますが、私的な空間でもあり、重臣や親族との対面が行われる場にあたるため、権力誇示を目的とする広間のように派手さは追求されません。襖絵も極彩色は使われず、落ち着いた淡彩のものや水墨画が選ばれ、やすらぎの空間がつくられています。

白書院の北側にあり、将軍が譜代大名と対面したり幕閣と協議する空間が、黒書院です。白書院の西北側に続く竹の廊下を通り、いくつかの棟を経た先にあります。上段之間や下段之間など4つの部屋から構成されます。

本丸御殿といえば有名なのが、元禄《げんろく》14年（1701）に浅野内匠頭《あさのたくみのかみ》が起こした刃傷事件です。事件現場となった松の廊下は、表御殿の大広間と白書院を結ぶ廊下で、もともとは大廊下といい、絵図などにも松之廊下とは描かれていません。大廊下の襖に、海辺の浜に植えられた松と、その間を千鳥の群れが舞うようすが描かれていたことから松の廊下と呼ばれます。

弘化度の表御殿は、大きく東西に機能が分かれています。西側が公的な空間であるのに対し、表御殿の東側は、幕府政務部屋及び幕府政治の必要な機能、書類保管室、台所や配膳《はいぜん》を行う場などがびっしりと配されていました。幕閣および要人、役向旗本らは、玄関・遠侍を経て表御殿に入るのではなく、御書院門から本丸に入り玄関東側を通り、中之口御門である長屋門を入り、表御殿中之口より御殿内に入り、各詰所で執務にあたりました。

江戸城本丸御殿の構造②中奥

表が公式行事と幕府の政庁であるのに対して、中奥は将軍が日常生活を送り、また大老《たいろう》や老中《ろうじゅう》と政務を話し合う場です。幕末の『幕儀参考稿本』によれば、黒書院の裏に錠口《じょうぐち》というところがあり、開閉する役人がいたようです。ふだんは杉戸によって閉鎖され、将軍が中奥から表へ出向くときや、御三家などが訪れるときにだけ開かれました。将軍が表と中奥を行き来するときは、黒書院北入側の杉戸から御成廊下を通りました。

表との境目は絵図を見る限りでは判別しにくいのですが、実は厳重に仕切られていて、将軍とその親族、高位の者以外が中奥に入ることは許されませんでした。表と中奥とは出入りする役人や医師なども違い、両方を行き来することはできなかったようです。

中奥の西側一帯が、将軍の生活空間です。おもに日常の対面所として使われる御座之間、将軍の寝室や居間として使われる御休息之間、そのほか御小座敷や茶室などの部屋から構成されます。将軍は奥に入るとき以外はここで安息の時間を過ごし、御側衆《おそばしゅう》、御小姓《おこしょう》、小納戸《こなんど》と呼ばれる世話役に囲まれて暮らしました。

御座之間から茶室までの南側一帯には、築山《つきやま》と池を配した将軍専用の庭がありました。北側にあったのが、風呂や能舞台などです。風呂といっても現在のような浴槽《よくそう》があるわけではなく、当時はサウナ式の蒸し風呂でした。

江戸城本丸御殿の構造③大奥

大奥は、将軍の正室である御台所《みだいどころ》をはじめ、女性だけが生活する男子禁制の世界です。中奥と大奥とは銅塀《あかがねべい》で厳重に仕切られていて、原則的に将軍以外の男性は入ることができませんでした。中奥と同じように居間と寝間の2棟で構成され、こちらは奥居間、奥寝間と称されます。中奥とは異なり城主の完全なプライベート空間ですから、表の役人の立ち入りは厳禁で、城主の身辺警護までのすべては御殿女中《ごてんじょちゅう》と呼ばれる女官《にょかん》が行いました。

大奥は、御台所や側室などが暮らす「御殿向《ごてんむき》」、将軍や御台所、側室に仕える人々が暮らす「長局向《ながつぼねむき》」、大奥での事務などを行う役人たちの職場である「広敷向《ひろしきむき》」の3区画から構成されます。大奥の総面積は表と中奥を併せたものに匹敵《ひってき》するほど広く、本丸御殿の約半分を占めていました。大奥が成立するのは3代将軍家光《いえみつ》が寛永14年に築いた寛永期の御殿からで、慶長期には存在しません。寛永期にはさほど建築棟が複雑でなく、北側に長局、南側に書院や対面所が整然と建ち並んでいたようです。万治2年の再建以降、複雑になったとみられます。

将軍が行き来するときは、御鈴廊下と呼ばれる専用通路を通りました。御鈴廊下は弘化2年造営の御殿で2本に増やされ、上之御鈴廊下と下之御鈴廊下のうち、通常は上之御鈴廊下が使用されました。いずれも中奥側と大奥側には番所が置かれ、役人や奥女中により厳重に警備されました。将軍が奥入りするときは、鈴を鳴らして合図すると奥女中が出入口の御鍵口を開鍵するしくみでした。

男子禁制といっても、御広敷の役人だけはすべて男性でした。役人たちは大奥東側に詰めて事務的な業務を担当し、大奥御用達の商人から大奥での購入品をチェックして受け取るなどもしていたようです。忍者が御広敷を詰所にし、将軍や大老に極秘情報を伝えていたという説もあります。

大奥の南西側一帯が、御台所が日常を過ごす新御殿（弘化造営の大奥では新御殿、万延造営の大奥では松御殿）です。すぐ後ろには、天守台が建っていました。将軍の家族構成によって増改築が行われ、部屋の配置や役割には違いがありますが、儀式や対面用の部屋、御台所や生母、将軍の子を産んだ側室が過ごす部屋、奥女中の詰所のある部屋などを廊下でつないだ複雑な構造だったようです。

御座之間が、大奥での将軍の居場所です。北側の御上段、南側の御下段を中心に、御小座敷、御二之間、御三之間が続き、入側がまわりを囲み、壁面には狩野《かのうは》派の絵師による障壁画が飾られていました。上之御鈴廊下を渡ったところにある御小座敷も、将軍のための部屋です。

大奥のほぼ中央に位置する対面所は、大奥では最高格式の空間です。７部屋で構成された正式な書院造りで、年中行事の儀式に使用されました。安政年間の記録である『徳川礼典録巻之二十六』によると、正月元旦、五節句、嘉祥《かしょう》、中元《ちゅうげん》、八朔《はっさく》には将軍がここを訪れ、祝の儀を執《と》り行っています。

大奥で働く御殿女中たちの住まいが、長局向です。いわば女子社員寮のようなもので、膨大な数の女中が集団生活を送っていました。アパートのように長大な建物で、大きな部屋に侍女を従えるものもいれば相部屋で暮らすものもいるなど、位によって生活の様子はさまざまでした。

天守の東側には、一の側・二の側・三の側・四の側と、2階建ての長屋が4棟並び建っていて、東西に長い主棟の東側には横側と呼ばれる付属棟が3棟続き、中央に一〜四の側の4棟をつなぐ廊下が貫きます。廊下の西・東側には数戸の部屋列が並び、台所や囲炉裏《いろり》もありました。縁を挟んで湯殿、便所、物置もあり、2階には女中たちが自身で雇う、身のまわりの世話をする部屋子《ご》がいました。

女中たちは厳しい身分制によって階級や身分ごとに住む棟を決められていました。もっとも広い一の側は、年寄など御台所に仕える高位の女中の住居。ひとり一部屋ずつ住み、床を備えた座敷や専用の湯殿など設備も充実していました。順次小規模になりますが、いずれも2階への上がり口があり、炊事場や湯殿、便所などがありました。四の側は部屋数が少なく、3〜5人の相部屋でした。

奥女中の数は800人超といわれ、活気のなかった14代家茂《いえもち》の時代でも400人ほどいたようです。それぞれの部屋子を含めると、相当数の女性が長局向に住んでいたことになります。

本丸御殿内での将軍の生活

明治時代に公にされた回顧録『旧事諮問録』などによると、将軍は決められたスケジュールで多忙な毎日を送っていたようです。将軍側近職である御側御用取次を務めた幕臣の証言をもとに一日を追ってみると、将軍の起床時間は明け六ツ（午前6時頃）。寝室は中奥の御休息之間で、目覚まし時計の代わりに、将軍のお世話係が「もう」という触れ声をかけました。

起床後は、小納戸《こなんど》と呼ばれる係が準備をし、鍋島緞通《なべしまだんつう》という絨毯《じゅうたん》の上で洗顔と歯磨きをします。朝食は、御髪番に顔と月代《さかやき》を剃ってもらいながらとるという慌ただしいものでした。魚は毎朝、日本橋の魚河岸から献上魚が届けられていたといいます。朝食のお膳《ぜん》が下げられると、奥医師の診断を受け、その間に御髪番が髪を結《ゆ》いました。朝五ツ半（午前9時頃）になると大奥の御仏間へ出向き、裃に着替えて歴代将軍の位牌《いはい》に拝礼。朝四ツ（午前10時頃）には、御小座敷で御台所をはじめ御目見得《おめみえ》以上の奥女中全員による挨拶（朝の総触れ）を受けました。

将軍の一日のスケジュール

時刻	行動
6：00頃（明け六ツ）	起床
8：00頃（朝五ツ）	髪結・診察・朝食
9：00頃（朝五ツ半）	自由時間（学習、剣術など）
10：00頃（朝四ツ）	朝の総触れ
12：00頃（昼九ツ）	昼食
午後	政務（余暇）
16：00頃（夕七ツ）	入浴
18：00頃（暮れ六ツ）	夕食
20：00頃（夜五ツ）	奥入り
22：00頃（夜四ツ）	就寝

　中奥の御小座敷で昼食をとると、午後は政務の時間です。老中から差し出された未決裁書類を数人の御側取次に読ませ、決裁していきます。大名との謁見《えっけん》があれば、正装して表の白書院へと出向きました。

　公務が早く片付けば、余暇の時間となります。散歩や読書に勤《いそ》しんだり、表で弓や槍《やり》、剣術の稽古にも励《はげ》みました。気が向けば大奥に顔を出すこともあったようです。娯楽として能を楽しむのもこの時間でした。

　夕方に入浴を済ませてから、中奥で夕食をとります。大奥で食べることもありましたが、大奥に泊まる場合は暮れ六ツ（午後6時頃）までにその旨を事前申告しなければならず、食後に気の向くまま大奥に残ることはできませんでした。大奥へ出向かない日の夜は、中奥で御小姓を相手に囲碁や将棋、雑談をして過ごし、夜四ツ（午後10時頃）に就寝。奥入りする場合は、夜五ツ（午後8時頃）に着流しで入り、相手の女中と夜を共にしました。いつでも自由に大奥に入れるわけではなく、東照宮参詣の前日や、歴代将軍の命日は奥入りは禁止でした。

一方で、御台所も慌ただしい1日を送っていました。将軍の妻としてさぞかし優雅な生活を送っていたかと思いきや、最大1０００人超の女中の頂点に君臨する存在にもかかわらず、決められた日課をこなす窮屈な籠《かご》の鳥でもあったようです。

明け六ツ半（午前7時頃）に起床し、朝の総触れに間に合うよう入浴、化粧、髪結いを済ませます。挨拶だけとはいえ、準備に1時間半はかかる大仕事です。総触御召と呼ばれる衣装での朝の総触れ後、普段着で昼食。昼食後は自由時間となり、女中を相手に和歌や香、茶の湯や生け花を嗜《たしな》みました。しかし午後には将軍が大奥を訪れることも多いため、昼御召と呼ばれる衣装に着替えてお出迎えしなければなりません。夕方には夕御召、就寝時には御寝御召などがあり、着替えに明け暮れる日々といっても過言ではないほどでした。

大奥で働く女中の役職は、御台所の世話役をする上級女中から力仕事をこなす下女までさまざまで、職務内容にも給金にも雲泥《うんでい》の差がありました。身分もまちまちで厳然《げんぜん》たる格差社会でしたが、器量と芸で出世も可能な世界。立身出世を目指し、過酷な労働に耐えていた女中も多くいたことでしょう。

第5章　江戸城の石垣

江戸城が誇る石垣の美

石垣は技術や造形美を楽しめるだけでなく、積まれた時期、積んだ人物を教えてくれる城の代弁者です。天守や御殿が現存する城は限られますが、石垣が残る城は多くありますから、城鑑賞においての重要なアイテムともいえるでしょう。

江戸城は、石垣の鑑賞だけでも飽《あ》きることなく歩ける城です。天下普請《ぶしん》によって遠方からはるばる石が運ばれ、全国最高峰の技術による石垣が広範囲に積まれているからです。江戸城の石垣には、徳川家の本城たる特別感がもっとも反映されています。

幕府の本拠地であるため武家諸法度後も修築や改築の制限がなく、江戸時代を通じて適切なメンテナンスが行われていることもポイントです。崩れてしまったらそのまま、あるいは応急処置をしただけの諸大名の城とは違います。江戸の粋《いき》ともいえる、美意識を感じる美しい石垣も多く見られます。

第5章では、江戸城の石材がどこから運ばれ、誰が積み、どう変化したのかという石垣築造のドラマに迫るとともに、江戸城が誇る石垣の美を探っていきましょう。

石垣の色と種類

石垣の材料は石ですから、石垣は一面が灰色をしています。しかし、灰色といっても濃淡はさまざま。江戸城の石垣の色に注目してみると、黒い石が積まれた石垣もあれば、白い石が積まれた石垣もあります。石のひとつひとつを観察してみると、白い石にも真っ白もあれば少し黄味がかった白があり、黒い石よりも白い石のほうがひとつの石が大きめだったり、断面の質感も微妙に違うことに気づくでしょう。それは、石の材質が違うからです。

地域によって採れる石材は異なりますから、石垣の表情にも地域性が生まれます。たとえば、徳川大坂城や岡山城などの石垣に使われている白い石は、瀬戸内海沿岸の小豆島《しょうどしま》や犬島、大島などから運んだ花崗岩《かこうがん》です。花崗岩は火成岩《かせいがん》の一種で、緻密《ちみつ》で硬《かた》いことから城の石垣によく使われます。石材の産出が多く、上質な花崗岩の産地として現在も有名な小豆島には徳川大坂城築城時の採石場がいくつか残っていて、大坂城石垣石切丁場跡という国指定の史跡になっています。

もちろん、花崗岩以外にもさまざまな石があります。金沢城（石川県金沢市）の石垣に見られる赤と青の石は、近隣の戸室山から採石される戸室石という安山岩《あんざんがん》。花崗岩より加工しやすく凝灰岩《ぎょうかいがん》より強度が高い石で、硬石と軟石の両方の利点を兼ね備えた石です。溶岩が冷える際の条件の違いで赤または青に変化するといわれます。青戸室石のほうが石質が緻密で硬さがあります。

和歌山城（和歌山県和歌山市）の石垣が緑色なのは、緑色片岩と呼ばれる結晶片岩を用いているせいです。徳島城（徳島県徳島市）の石垣も緑色ですが、和歌山城は紀州《きしゅう》青石と総称される石なのに対し、こちらは阿波《あわ》青石と総称される緑色片岩。微妙に色や質が異なり、積まれたときの顔色や表情も異なります。首里城（沖縄県那覇市）などの沖縄県のグスクに用いられているのは、琉球石灰岩《りゅうきゅうせっかいがん》という沖縄の特産品。中・新世層の上を覆《おお》う真っ白なサンゴ石灰岩で、加工しやすいのが特長です。そのため、たなびくカーテンのようにゆるやかなカーブを描く石垣を積めます。

石は色だけでなく硬さなども異なりますから、加工しにくい石もあれば脆《もろ》い石もあり、積まれたときの印象や断面の質感なども違ってきます。表情を見るだけでも楽しいものです。

石垣のふるさと

江戸城内の石垣のほとんどの石は、伊豆《いず》半島から切り出されました。江戸では石垣に使える石が産出されないからです。

伊豆半島は本州でただひとつ、フィリピン海プレート上にある島です。およそ60万年前、かつて南洋にあった火山島や海底火山がプレートの北上とともに火山活動を繰り返しながら本州に衝突《しょうとつ》して、現在のような半島の形になりました。それから約20万年前まで噴火を繰り返しながら大型の火山がつくられ、その後は単成火山群の活動がはじまりました。

伊豆半島で産出する石は伊豆石と呼ばれ、耐火性にすぐれ風化しにくい硬質の安山岩系と、比較的軽く加工しやすい軟質の凝灰岩系の2つに大別されます。約2000万~1500万年前の仁科層群や1500万~1000万年前の湯ヶ島層群を基盤に、伊豆半島は凝灰岩で構成される白浜層群、安山岩や玄武岩《げんぶがん》などで構成される熱海《あたみ》層群で形成され、長い年月をかけて活動する火山が豊富な岩石をつくり出してきました。中・北部に伊豆堅石と呼ばれる安山岩、西部一部と南部に伊豆軟石と呼ばれる凝灰岩が分布します。

伊豆半島の火山と石丁場分布図

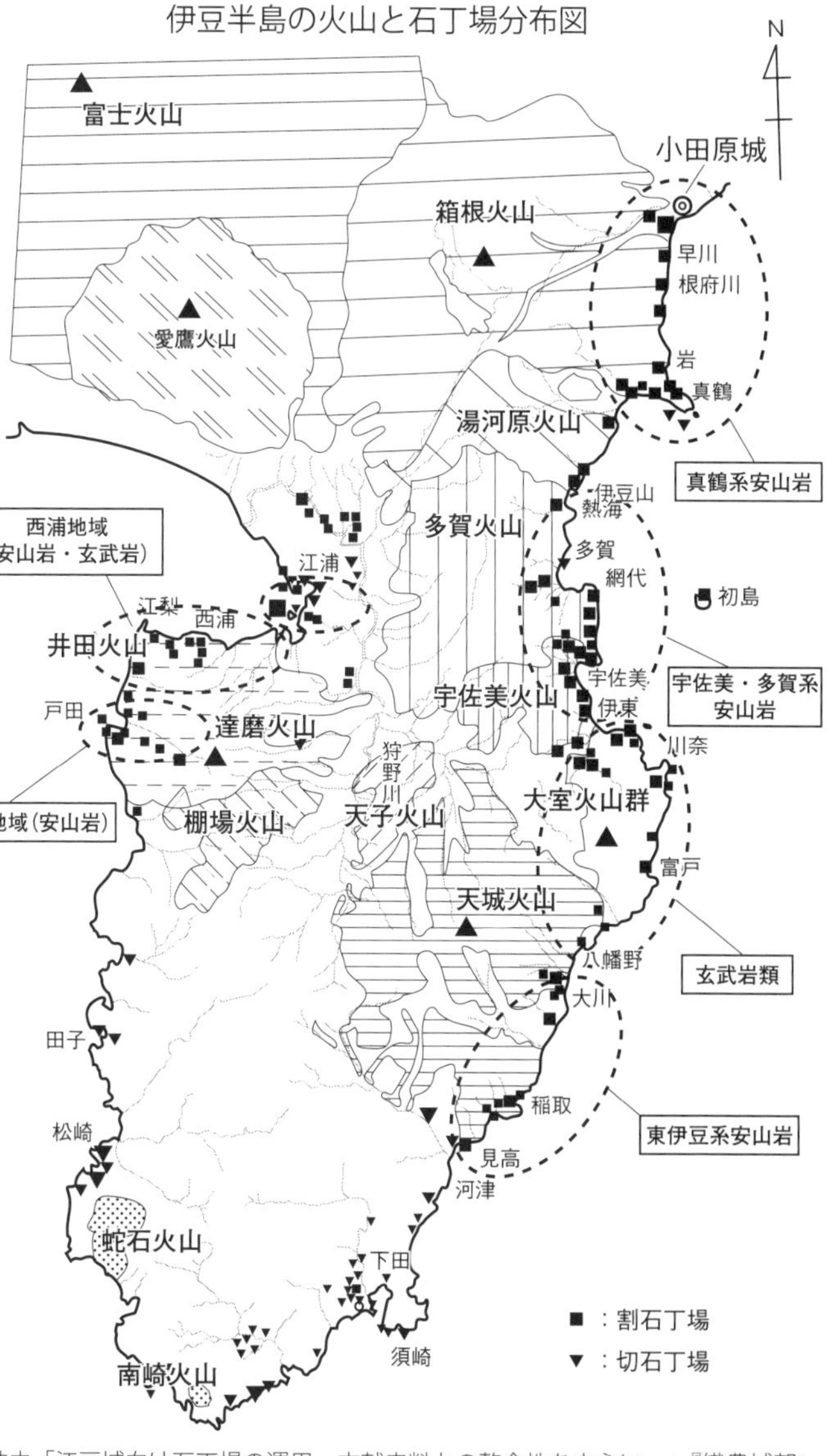

金子浩之「江戸城向け石丁場の運用―文献史料との整合性を中心に―」『織豊城郭』第15号所収論文掲載図、及び「第四期火山分布図」を参照し作図

江戸城や大名屋敷に用いられた石は、多くが箱根や伊豆半島東海岸から運ばれた安山岩系の伊豆石です。安山岩は日本の火山に多く産する火山岩の一種で、火山岩の中では玄武岩と流紋《りゅうもん》岩の中間的な組《そ》成《せい》を持ちます。耐火性にすぐれ、風化しにくいのが特徴です。

　運ばれた安山岩は小田原から真鶴《まなづる》にかけての真鶴系安山岩（箱根火山の外輪山に由来）、熱海から伊《い》東《とう》にかけての宇《う》佐《さ》美《み》・多賀系安山岩（多賀火山・宇佐美火山に由来）、大川から稲取《いなとり》にかけての東伊豆安山岩（天城火山に由来）などで、産地によって真鶴石・小松石・根府川石《ねぶかわいし》などと呼ばれることもあります。小田原から熱海の海岸一帯は安山岩を多く産出する石の産地で、鎌倉時代にはすでに関東地方の石材主産地となっていました。そのほか、伊豆東部単成火山群に由来する玄武岩類も認められています。

　一方の凝灰岩系伊豆石は、伊豆御影石《みかげいし》・伊豆青石・沢田石などと呼ばれます。耐久性にすぐれ、軟らかいため加工しやすく比較的軽いのが特徴ですが、風化しやすいのが難点。加工が容易で耐熱性にすぐれた凝灰岩系の伊豆石は、角柱・厚板・正方形状の切石に加工され、古くから建築や土木資材としておもに使われてきました。6世紀（古墳時代後半）のものと推定される賤機山古墳《しずはたやまこふん》（静岡県静岡市）の石棺《せっかん》にも、伊豆で産出された凝灰岩が使用されていると考えられています。

　採石された石は、廻船《かいせん》により江戸へ運搬されました。江戸幕府が伊豆や相模《さがみ》から石を運ばせたのは、石材が豊富に採れることに加え、採石場が江戸に近く、相模湾を経由して石船で運搬ができたからでしょう。伊豆が幕府直轄《ちょっかつ》の天領だったこと、相模は江戸城石垣修築時期と番城時代（城主を置かず幕府からの派遣者で管理される）が重なるときがあり、かつ藩主が譜代《ふだい》大名であることから採石しやすい環境にあったことなども理由と考えられます。

第２章で述べたように、多いときには３０００艘《せき》もの石船が月２回往復し、膨大《ぼうだい》な数の石が約30年間、石船で江戸の石川島へ運ばれました。運ばれた石の数は不明ですが、寛永《かんえい》13年（１６３６）の外濠普請では２尺（60センチ）四方の石で計算すると81万個が伊豆半島から運ばれたことになり、熊本藩だけでも５０２回、総数１万３４５２石を運んだ記録があります（千代田区教育委員会『江戸城の考古学』）。おそらく１００万個を超える石が、伊豆から江戸に海上輸送されたと考えられます。

神奈川県逗子《ずし》市や三浦市の海岸などでは、江戸に運搬中に船が沈没して海岸に打ち上げられたとみられる石材が少なからず見つかっています。また、東京都江東区の東京海洋大学越中島キャンパスには数多くの石材があり、近くに古石場という地名も残っていることから、江戸湾へ運び込まれた石材を荷揚げして集積した施設があったと考えられています。石はいったん陸揚げされて保管場所に移された後、小舟に積み替えて濠伝いに江戸城へ運ばれたようです。

採石場のことを、石丁場または石切場といいます。膨大な石材をひとつの石丁場でまかなうのは到底不可能ですから、石丁場は東伊豆を中心に、広範囲にわたりかなり多く分布しています。現在も数多く残っていて、相模では小田原市だけで10地点７ヶ所、熱海市内で29ヶ所、伊豆では伊東市内だけでも85ヶ所も確認されています（江戸遺跡研究会編『江戸築城と伊豆石』）。分布調査されている数ですから、この数がすべてではありません。真鶴や根府川、熱海、宇佐美、伊東、川奈《かわな》、稲取までの東伊豆を中心に、河津《かわづ》、下田《しもだ》、南伊豆、松崎《まつざき》、西伊豆、静浦《しずうら》や徳倉《とくら》まで、伊豆半島のほとんどの海岸線で石丁場が確認されています。海岸線に石丁場が多いのは、切り出した石をそのまま船で運びやすいからでしょう。東伊豆の海岸を歩いていると、石が採れそうなところはすべて石丁場の気配を感じさ

早川石丁場群関白沢支群に残る石

石曳道(早川石丁場群関白沢支群)

せるほどで、ありとあらゆるところからかき集められた印象があります。

石は崖面から切り出すこともあれば、番場浦海岸採石場跡（神奈川県足柄下郡真鶴町）のように、海に面した岩山をくり抜くように採石されることもありました。また、海沿いの山上からも運ばれた痕跡《こんせき》があり、切り出した石垣用材を山から運び降ろすための通路（石曳道）もたくさん検出されています。早川石丁場群関白沢支群（神奈川県小田原市）では石丁場と石曳道が見学できるよう整備されていて、まるで昨日まで作業されていたかのような状況が見られます。かつての作業現場を想像すると、感慨深いものがあります。

室岩洞

石は西伊豆からも運ばれ、沼津市内にも尾張徳川家・紀州徳川家・水戸徳川家・細川家・鍋島家・蜂須賀家などのものと推察される石丁場が数多く確認されています。駿河《するが》湾が湾入する沼津市南部は駿河と伊豆の国境でもあり、おおまかに北部は凝灰岩系、南部は安山岩系の地帯に分かれます。

観光地として整備されている室岩洞《むろいわどう》（静岡県賀茂郡松崎町）も、石丁場です。江戸時代から昭和29年（１９５４）まで稼動していました。マネキンによって作業の様子が再現され、解説板も設置されていますから、当時を想像しやすいでしょう。洞窟のような採石場は明らかに人の手が入っていて、ノミなどで岩盤《がんばん》が生々しく削《けず》られています。手作業でよくここまで掘り込んだものだと感心するはずです。石丁場はすぐ海に面していて、ここから切り出した石を江戸へと運び出していたことも連想できます。

下田などの南伊豆では凝灰岩系の伊豆石が切り出され、多くの採石場が確認されています。下田旧市街西側の通称・敷根山とその周辺も石丁場群で、さまざまな採掘形態で切り出された痕跡が認められ、作業道も残ります。

南伊豆の石丁場は、東伊豆の石丁場と比較すると様子がまるで違います。この地域の石は、房州《ぼうしゅう》石(千葉県房総半島産の砂質凝灰岩)のように縞《しま》模様のような線(斜交層理)のある火山礫《れき》凝灰岩や、白い流紋《りゅうもん》岩質、明るいグレー系の凝灰岩などです。東伊豆産の石とは質も色も違い、古代遺跡《いせき》のように柱を残しながら採掘され、縞模様が表面に露出しています。敷根・岩下地区をはじめ中村石丁場群、大賀茂石丁場などは、ペトラ遺跡かパルテノン神殿かのような様相。大賀茂石丁場は標高280メートルの丘陵地帯にあり、尾根部には高さ10メートルはあろうかという切通状の作業道もあります。刃物を入れたかのように垂直になった斜面、採光用の小窓がつくられた採石場も残ります。

石丁場は古代遺跡のようでもあり、映画「インディ・ジョーンズ」さながらのエキゾチックな世界です。しかし遺跡と違うのは、完成品ではなく残骸《ざんがい》であること。美しく残す発想などみじんもなかったこの場所では、人の息吹《いぶき》がより近くに感じられます。自然が長い年月をかけてつくりだしたオブジェのような壮大さもあり、既製品とは違う、自然が生み出す不完全の美も感じられます。

私が子供の頃から訪れている下田市吉佐美《きさみ》のホテル地階にある洞窟《どうくつ》風呂は、なんと石丁場を活用したものです。ホテルは海に面して両翼に砂浜を携《たずさ》えて海に突き出すような岩盤上に建ち、ちょうど突き出したところに、洞窟風呂があり温泉が湧《わ》き出しています。海岸までは目と鼻の先ですから、切り出された石はすぐに船に載せられ運ばれたのでしょう。

広大な石丁場の一部をホテル内の地下通路としていて、延々と歩くと洞窟風呂に到着します。周囲には、採石跡がたくさん。掘り下げてエレベーターを建造していることを考えると、加工しやすい材質であるのでしょう。地下通路は湿《しめ》っぽくて薄暗く、音が遮断《しゃだん》されるため異様な静けさがあります。子供の頃は探検のようでわくわくしながら歩いたものでしたが、暗いところが苦手ではない私もひとりではそこそこ怖く、また違う場所に出てしまったりと、迷路のように複雑だった記憶があります。電気などなかった江戸時代、石丁場での作業は気が滅入《めい》ることもあったのではないでしょうか。

石材のサイン、標識石と境界石

江戸城内の石垣や石丁場に残された石の表面を見ると、なにやらノミで刻まれた家紋《かもん》や家印《いえじるし》、符丁《ふちょう》などのマークがたくさんあります。これを刻印《こくいん》といい、刻印が刻まれた石を刻印石といいます。刻印は、その多くが石丁場を運営していた大名や石を切り出していた職人集団を示す記号で、いわば所有者を示すロゴマークのようなもの。年号や番号が刻まれているものもあり、採石時期や積み方を特定する有力な手がかりにもなります。

石丁場や石垣普請《ぶしん》現場で掘り入れた刻印は、諸大名が集結する天下普請において、石材の取り違いや盗難のトラブルを未然に防ぐ策でした。ですから徳川大坂城、名古屋城、駿府《すんぷ》城など、天下普請で築かれた城に多く見られます。

伊豆半島の石丁場における刻印の種類は膨大で、たとえば伊東市内の主要な石丁場だけでも100種類以上が確認されているといいます。江戸城内の石垣にも膨大な種類の刻印石が見られ、宮内庁が平成25年（2013）に刊行した『特別史跡江戸城跡 皇居桔梗濠沿い石垣修復報告書』によれば、該当範囲内だけで905個の築石のうち、なんと約300個で刻印が確認されています。

石丁場に残された刻印石の年号や大名を分析すると、加藤、細川、京極、有馬、山内、鍋島といった慶長年間に石材調達を命じられた有力外様大名を主体としていることがわかります。尾根や谷ごとに同じ刻印が分布することから、小藩の大名が大大名の石丁場内で作業していたことも考えられます。

石丁場での刻印石について見ていきましょう。刻印石には石丁場の中央を示す「標識石」、石丁場の境界を示す「境界石」などに分類されます。標識石と境界石の定義は見解がまちまちで、採石に関わった大名や家臣・藩を判別できるものを標識石、石丁場の範囲や距離などの位置情報が特定できるものを境界石とする考えもあります。刻印にはさまざまなケースがあり文字情報だけで判別するのは難しいようですが、いずれにしても石に刻まれたマークや文、人名から関わった大名や石丁場の範囲を推察できるのは興味深いところです。

たとえば川奈《かわな》石丁場群（静岡県伊東市）には、寺沢家を示すひらがなの「て」のような刻印と毛利家を示す「一〇」のような刻印があり、文献にも両者の石丁場だったと記されています。

大浦丁場（静岡県沼津市）の牛ケ《うしが》洞《ほら》側の斜面には大量の割石があり、表面に「九」の文字のような刻印をはじめ、「田」のようなものや「卍」、串団子のようなものや「〇」に「・」、「〇」に「二」が入ったものなど多種多様な刻印が見られます。大坂城の石垣刻印調査の類例から「九」は細川家の九

「羽柴右近」と刻印された石（中張窪・瘤木石丁場）

九曜紋が刻印された石（御石ヶ沢石丁場）

曜紋のことと考えられ、ここが細川家の石丁場だと推察されています。

江梨《えなし》西谷丁場（静岡県沼津市）に残る「尾」が刻まれた石は、尾張徳川家を示すものです。加藤家文書と徳川林政史研究所所有の西谷石丁場絵図には石丁場の範囲が記され、その境界にあたる5ヶ所の石に「尾之字切付置」と記入されています。このうちひとつが、実際に現地で確認されています。

中張窪《ちゅうばりくぼ》・瘤木《こぶき》石丁場（神奈川県熱海市）に残るのは、「羽柴右近」と書かれた石。これは慶長19年に助役を命じられた津山城主・森忠政《もりただまさ》の名で、このあたりが森忠政の丁場だった可能性を示します。同じ刻印の石が谷尾根筋に並んでいたことから、石丁場の境界線を示す石のようです。同じく中張窪・瘤木石丁場にある「是ヨリにし 有馬玄蕃 石場 慶長十六厂七月廿一日」「有馬玄蕃石場 慶十六」と刻まれた石も尾根筋に並んでおり、これを起点として石丁場の範囲を示す境界石と考えられます。

熱海市内に残る「羽柴丹後守 慶長九年」と刻まれた石は、慶長11年からの普請に先立ち、京極家が確保していた石丁場を示すものと解釈されています。

田代山丁場（静岡県沼津市）南の区分される2つの斜面の境にある尾根には「これよりにしほそかわ越中守石場」と刻まれた境界石があり、その西側が細川家の石丁場と推定されています。さらにその南西方面の山頂近くには「〇」に「一」を貫通させた刻印と「ほそ川越中守石場」と刻まれた標識石があり、2つの石に挟まれた範囲が細川家の石丁場であると考えられています。

石を割る道具と矢穴

江戸城内の石垣や石丁場に残された石垣の表面には、ときおり切り取り線のように連続した穴や、歯型のような工具痕《あと》があります。これは矢穴という石を割るときにつくる穴です。割りたい石の表面に長方形の穴を切り取り線のように連続して開け、そこに楔《くさび》を入れて叩き割ります。

矢穴が残る石

植物や生物に繊維があるように、石にも繊維のような〝目〟があります。ですから、適当に矢穴を掘り力まかせに割ろうとしても割れません。矢穴の大きさや間隔は丁場や時代によって異なります。それが時代判別のヒントにもなります。

石を割るときは、矢穴に楔とせりがねと呼ばれる薄い鉄板を差し込みます。その上から、げんのう（ハンマー）でまんべんなく叩《たた》き、石をパカッと分割します。歯型のような痕は、矢穴の断面。石が割られずに矢穴が穿《うが》たれたまま残る石もよく見受けられますが、これは矢穴を彫《ほ》ったまま割られなかった石です。全国の石丁場を歩いていると、石材の表面に縦横無尽に何本も矢穴が彫られた巨石が放置されていることがよくあります。いくら叩いても割れず、断念してその場所に放置したのでしょう。

なかには矢穴の位置を定めて四角く縁《ふち》取りしたまま、それ以上彫り下げられることなく放棄されたものもあります。石

石割りの手順

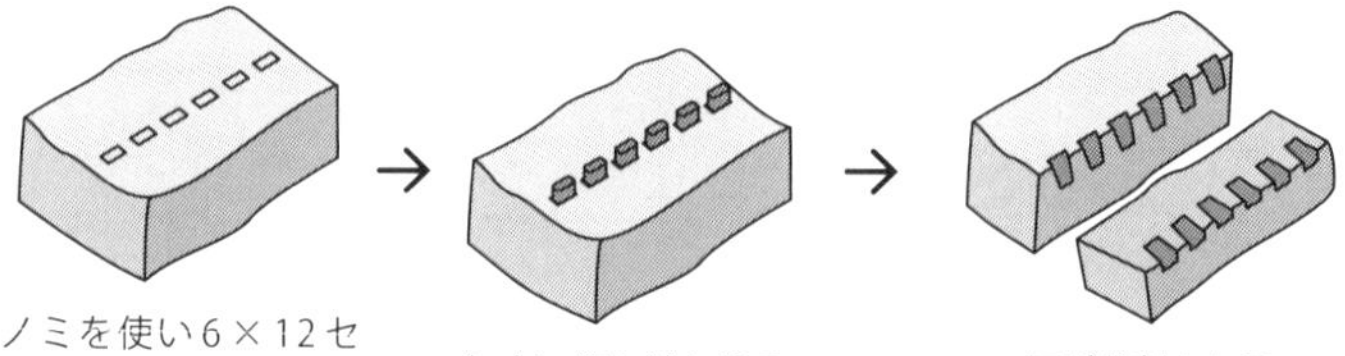

ノミを使い6×12センチ程度の輪郭を3ミリ幅で線刻し、深さ2センチで掘っていく

矢穴に楔を差し込み、げんのうで叩く

石が分割される

の〝目〟が違うと感じ取り作業を中断したのでしょう。いずれにしても、石垣の表面に矢穴が見えてはいけないわけではありませんし、矢穴をあけてしまったからといって石垣の石材に不適切というわけでもありませんから、時折こうした石が紛《まぎ》れ込《こ》んでいます。

ノミやげんのう、楔、金てこなどの道具にはさまざまな種類があり、工程に応じて使い分けられていたようです。真鶴町民俗資料館所蔵のノミをはじめ、江戸城の石材を切り出したり割ったりした道具が確認されています。徳川大坂城の拡張・修復工事の際に石が産出された小豆島の大坂城残石記念公園には、当時使われた道具が数多く展示され、矢穴を穿つためのノミ、石割りや荒取りをするげんのうやヤジメ、調整や成形に用いるビシャン、チョウナ、コヤスケなど道具の違いや使い方、石の割り方や運搬の様子が解説されています。

小豆島では岩盤に煙硝《えんしょう》ノミという道具で火薬を入れる深い穴を掘り、火薬を詰《つ》めて爆発させる方法もとっていたようです。これは岩盤があまりに巨大であるからでしょうから、伊豆半島の石丁場では行われていなかったとみられます。

石丁場を歩く

平成28年（２０１６）３月、宇佐見北部石丁場（静岡県伊東市）、中張窪石丁場、早川石丁場群関白沢支群の３ヶ所が「江戸城石垣石丁場跡」として国の史跡に指定されました。家康からはじまる江戸城築城という一大国家プロジェクトの関連史跡として、その大きな価値が認められたのです。

宇佐美北部石丁場群は標高３５２・７メートルのナコウ山を中心として、御石ヶ沢《おいしがさわ》地区、洞ノ入《とうのいり》地区でいくつもの石丁場が確認されています。御石ヶ沢という地名から察することができるように、このあたりは多くの御石を献上した産地として古くから知られる場所。ナコウ山へは宇佐美江戸城石丁場遺跡保存会により登山道の整備が進んでいて、その道中にも刻印石や矢穴のあいた石を多く見ることができます。刻印石も多く、探しながら歩くだけでも楽しめます。

ナコウ山という名の由来は、山奥で日々重労働を強いられていた石工たちが「泣こうではないか」と励まし合った、ともいわれます。強制労働させられていたわけではなく、別の由来があるため言い伝えにすぎませんが、そんな逸話が生まれるほど、現場での作業は大変だったのかもしれません。

ナコウ山山頂付近の石丁場にあるのが、「羽柴越中守石場」と刻まれた石です。約１９０×２８０センチに及ぶ巨石の断面に、肉眼で識別できるほどはっきりと文字が彫られています。羽柴越中守とは、細川忠興《ほそかわただおき》のこと。文献では慶長11年と19年に助役を命じられており、この石丁場は慶長期に使われたものと推察されます。

実は、「羽柴越中守」と刻まれた石は、平成14年（2002）の江戸城汐見多聞《しおみたもん》櫓台石垣の解体修理にともなう発掘調査でも見つかっています。汐見多聞櫓は宝永《ほうえい》元年（1704）の修築と判明していますから、文献だけでなく考古学的にも整合性がとれます。豊臣家が存続していた時代に使われていた羽柴姓が刻まれているということは、この石が採石された時期は、やはり豊臣家が存続していた元和《げんな》元年（1615）以前の慶長年間ということになります。

山麓《さんろく》だけでなく、かなり標高が高い山中でも採石されていたことに驚きます。山麓まで石を運び降ろす方法や詳しいルートはわかっていませんが、現在でも登山靴が必須の危険な山道ですから、大変な作業だったことは間違いないでしょう。刻印は割り残された母岩の断面に刻まれていますから、割られた片方の石は、江戸城内のどこかに積まれているのかもしれません。

「羽柴越中守石場」と刻まれた標識石の周囲は平場になっていて、作業スペースとわかります。この石丁場に限らず、各石丁場にはこうした平場が確認できます。平場は1ヶ所ではなく山の斜面を利用して段々畑のようにテラス状にいくつも設けられていて、それなりの人数での作業風景が想像できます。山頂だけでなく、全山のいたるところに作業場が点在していることにも驚きます。

ナコウ山の山頂付近には、ほぼ割り落としたままの状態とみられる巨石が大量に集められた作業場もあります。ここで成形して運び出す予定だったのでしょう。しかし一方で、海側に突出した標高154メートルの離山にはあまり石が残っていないのが興味深いところです。海岸沿いにも採石跡がありますから、搬出しやすい海岸沿いから採石をはじめ、海岸沿いの離山へ移り、それでも石材が足りず、ナコウ山からも切り出されたのかもしれません。ナコウ山は慶長期の石丁場とみられますから、築城時期を考えると早い段階での採石になりますが、すでに山中からもかき集めなければならない状況だったことも考えられます。

「羽柴越中守石場」と刻まれた母岩（宇佐美北部石丁場）

富戸海岸に残る刻印石

御石ヶ沢にある石に刻まれた「松平宮内少石場」とは池田忠雄《いけだただかつ》のことで、元禄《げんろく》6年（1693）に角石や平石などの献上記録があるため、そのときのものと考えられます。その近くにあるのが細川忠興の石丁場で、切石の大半に「〇に中」の刻印が太く大胆に刻まれています。

中腹の洞ノ入地区では、2つの刻印が尾根を隔《へだ》てて分かれ、豊後臼杵藩稲葉家と豊後佐伯藩毛利家であることが判明しています。ともに寛永13年の外濠普請では細川越中組に属していることから、細川家の丁場で両家が分担して採石をしていた可能性が指摘されています。

石丁場を歩いていると、さまざまな気づきと感動があります。はじめは放置された矢穴石や刻印石を発見するだけで宝物を見つけたようにうれしく、その数と種類の多さに感嘆するのですが、そのうちに断片的な遺構《いこう》ではなく一連の作業が見えてきます。石を切り出そうとする痕跡、切り出した石を成形する作業段階、仕上がった石を1ヶ所にまとめてある状況、石を運搬する石曳道など、さまざまな作業場がそのまま時を止めたように残るのです。今にも作業が再開できそうな空間が存在します。

効率のよい分担作業の様子も垣間見られます。矢穴をあける箇所を指示した線が残る石もありますから、おそらくは指示を入れる職人と、それに沿って彫る作業員は別だったのでしょう。指示に沿って矢穴を削り込むのは誰でもできる単純作業ですから、農民が担当することもあったのかもしれません。近隣の石丁場でも山によって石の種類が異なり、たとえば朝日山石丁場（神奈川県熱海市）に残る割石は断面が鋭《するど》く石が尖《とが》っていますが、すぐ近隣の御石ヶ沢の割石はすこし丸みがありやわらかな印象です。安山岩は火山岩ですから、火山単位で質が異なるのです。

矢穴をヒントにして、どのように石を切り出そうとしたのか推察するのも楽しいものです。なかには表面に仕上げ加工まで施《ほどこ》しながら、不合格となったらしい石もあります。石垣の石は3種類に分かれ、隅角部（屈曲部）に積む隅角石は直方体ですが、築石《つきいし》となる平石は四角錐《すい》のような形です。石垣の強度を保つためには控え（奥行き）に一定の長さが必要ですから、基準値より短いものは不採用になったとみられます。なかには平石とわかるほど成形されながらも、放置された石があります。隅角石を切り出した残りの石から平石をもうひとつ切り出そうとしたらしい矢穴があったりと、矢穴の開いた石はまるでパズルのよう。職人の思惑《おもわく》と試行錯誤《しこうさくご》を伝えてくれます。

そうして残された石を見ていくと、1段階でなく、2～3段階の採石と気づきます。江戸城の築城は長期に及びますから、はじめは不採用となった石が後に部分的に切り取られて運び出されることもあったのでしょう。

江戸初期と江戸後期の石丁場の違いもあります。大きな違いは、石丁場の残骸《ざんがい》です。江戸後期のものらしい石丁場には木っ端石と呼ばれる成形の際に削り落とした破片《はへん》が散乱しています。どうやら江戸初期には、木っ端石も現場に残さず石垣内部に詰め込む裏込石や栗石として運ばれたようです。江戸後期は新造ではなく修復のための石になりますから、木っ端石は必要なかったのでしょう。ちなみに、裏込石や栗石は各大名が石問屋から購入していたともいわれ、栗石は利根《とね》川や渡良瀬《わたらせ》川水系、荒川水系、房総半島や三浦半島からも集められたとみられます。

伊豆以外からの石と政権交代の背景

江戸城の石垣を注意深く見ると、隅部（隅角石）に白い石が用いられている石垣が多くあります。これは伊豆石ではなく、瀬戸内海沿岸から運ばれた花崗岩です。百人櫓台石垣の隅角石には花崗岩が用いられ、慶長19年に動員された福島正則《ふくしままさのり》を示す「羽柴左衛門太夫」が刻まれていることから、少なくとも慶長19年までには花崗岩が江戸城に運ばれていたと考えられます。花崗岩は慶長期から寛永《かんえい》13年（１６３６）までの天下普請全般で確認できます。花崗岩の配置は明暦期の本丸（大手門・下乗門・中之門）を除いて隅角石に限定されていて、大名の献上石であった可能性も否めません。

皇居東御苑内でもっとも古い石垣は、慶長11年に築かれた白鳥《はくちょう》濠に面する本丸台所前多聞櫓台の石垣です。緩《ゆる》やかな勾配《こうばい》のある積み方や石の加工も古式ですが、石の色がすべて黒いことが最大の特長です。同時期に積まれた富士見櫓台や乾《いぬい》櫓台も同じです。次に古い石垣は慶長19年または元和《げんな》６年（１６２０）の築造で、乾濠から平川濠に沿った北桔橋《きたはねばし》門から竹橋《たけばし》にいたる石垣、二の丸や内桜田門の枡形などが該当します。

比較すると、築石の大きさがある程度規格化されていて、とくに隅角石が直方体に成形されています。もっとも目立つのは、その隅角石が白い花崗岩であることです。この時期は、ちょうど大坂の陣で豊臣家が滅亡する時期ですから、大大名が徳川家に献上したのではないでしょうか。世が徳川の時代に移り変わる様子も垣間見えます。

江戸城は大坂城や名古屋城と違い普請丁場図が残されていないため、大名の石丁場と刻印の関連性を読み解くのが困難です。元和期に完成した内郭の石垣には、同じ場所に数名の大名を示す刻印があります。これは寛永13年以前には石材を調達する大名と石垣を積む大名が別々だったからとみられて

富士見櫓台の石垣

吹上から見た北桔橋門と周辺の石垣

います。寛永13年に積まれた外濠石垣では、石垣を積んだ大名を示すらしき刻印が大名の石丁場ごとに分かれていますから、こちらは石材の調達から構築までを一貫して行っていた可能性が浮上します。

伊豆半島の石丁場から推察すると、刻印は慶長期に石材の調達を請《う》け負った大名を示すものがほとんどで、寛永期以前は大名がそれぞれに石材調達を行っていたとみられます。しかし、寛永13年に普請を請け負った毛利や稲葉などの小大名を示す刻印石が尾根ごとにそれぞれ分布している洞ノ入丁場の例などからは、寛永13年には組編成で切り出しを行っていたことが推定されます。

江戸城外濠鍛冶橋付近の石垣普請現場のように、池田光政を組頭とする普請組において、岡山藩池田家を示す「◇」の刻印が丁場を越えて分布し、◇と普請大名を示す刻印の両者が付されている例もあります。大藩の大名である組頭は、石丁場での石材の調達において多くの役割が課せられていたものと考えられます。

石材の採石・運搬

石は、どんな方法で採石され、どのようなルートで江戸に運ばれたのでしょうか。文献のほか、『石曳図屏風』（下田愛子所蔵）や『石切図屏風』（小田原市郷土文化館所蔵）にも、採石、運搬、検収、船積、出航という一連の流れが描かれています。

『石曳図屏風』には、採石の場面が2つ登場します。ひとつは雨の中で築石を割り出す場面で、巨岩をツルハシやクワで掘り出す人、掘り返した土を天秤棒で運び出す人、げんのうとノミで矢穴を穿《うが》つ人などが描かれています。もうひとつは崖面で採石する場面で、高層ビルの窓拭き清掃で使われるような吊し籠《つるかご》を使って断崖絶壁《だんがいぜっぺき》の岩場で作業しています。伊東市の富戸海岸の背後にある石丁場はこの絵のような急峻《きゅうしゅん》な崖《がけ》。このような命懸けの方法での作業も実際に行われていたのでしょう。

切り出された石は、牛車などによって湊《みなと》まで運ばれたようです。木材に括《くく》りつけて吊るし、お神輿《みこし》のように数人で運搬したと考えられますが、重さ数トン～数十トンもある巨石は人力では運べませんから、修羅《しゅら》と呼ばれるソリ状の運搬具が使われたとみられます。

『石曳図屛風』には、運搬の場面も２つ描かれています。ひとつは修羅が急峻な斜面を暴走する様子です。修羅と逃げ惑う人夫たちの描写が、命懸けの作業を物語ります。このような事故は珍しくなく、修羅や石の下敷きになって負傷する人も多かったようです。もうひとつは大きな石を修羅に積み、枕木《まくらぎ》を敷《し》いた修羅道を運搬する様子です。修羅の前端に取りつけられた鉄環《てっかん》に結ばれた太い綱を70人ほどで引っぱり、前方には白旗を持つ人や大扇を振りかざす人が１５０人に及ぶ人夫を鼓舞《こぶ》しています。江戸城の築石に描かれているほどの巨石はないため誇張《こちょう》と思われますが、運搬の様子としては信憑性《しんぴょうせい》が高いものといえそうです。

ちなみに、石を落とす＝城が落ちる、という考えがあり、石は落としたら拾《ひろ》えばよいというものではなかったともいわれます。東伊豆町の旧下田街道沿いの石曳道を兼ねた道脇に福島正則が切り出した石が残されているのですが、なんらかの理由で湊に到着することなくここに放置されています。こうした出番を失い残された石は残念石とも呼ばれます。

無事に湊に運ばれた石はそのまま石船に積まれず、海岸近くの検収所に集められたようです。『石切図屏風』には、脇差し姿の役人に報告する様子や、整然と並べられた築石を役人が検収する様子が描かれています。検収後は、枕木を等間隔に並べて石を載せた板をスライドさせ、石船と波止場を結ぶ「はしけ」という小舟に修羅ごと移動させています。

沖合では帆《ほ》をたたんだ2艘《せき》の補助船が待ち構え、石は小舟と補助船に挟まれた真ん中の本船に積まれます。ろくろと呼ばれる巻き上げ機を搭載《とうさい》し、これに修羅に結んだ綱をかけて引き上げます。石を積み上げた後に補助船は離脱し、石船は江戸へ向け出航していくしくみです。

第2章で述べた通り、ようやく出航しても難破や沈没事故は免《まぬが》れず、江戸城への道のりは前途多難でした。こうした大名や作業に携《たずさ》わった人々の血と汗と涙の結晶なのだと思うと、感慨深いものがあります。

江戸城の石垣に見られる刻印

刻印石は、もちろん江戸城でもたくさん見られます。いろいろなマークを探し歩くのは宝探しのようでもあり、それをヒントに築造の真実を探るのは探偵さながらの楽しさがあります。外桜田門周辺でいくつか見られる分銅紋は堀尾吉晴《ほりおよしはる》のものですし、大手門を入ってすぐのところにある小槌《こづち》の刻印は、加藤清正《かとうきよまさ》のもの。蓮池巽櫓の隅角石に刻まれた「卍」紋は蜂須賀至鎮《はちすかよししげ》のものです。

日比谷門周辺にある「〇」に「八」の字を書いた丸八印は、現在名古屋市の市章になっている尾張徳川家の合印。必ずしも大名を特定できるものではなく、たとえば清水門にはひとつの石に3つの刻印が入ったものもあります。採石、加工、築造とさまざまな段階で加えられていった可能性もありますし、一度に入れられた可能性もあり解明はできません。

　マークだけでなく、刻文もあります。富士見櫓台の石垣には慶長11年の浅野家のものと思われる刻印や山内家家臣の名が刻まれていますし、乾櫓台の石垣には「加藤肥後守内」と加藤清正を示す刻印があります。富士見櫓台は加藤清正によって築かれたとされますが、浅野幸長を示す三輪の刻印があり、積み方に技術的な差異もあります。富士見櫓周辺の石垣は清正や幸長、池田輝政など大名数家で担当した可能性が見出せます。

清水門枡形に残る刻印石

　馬場先門や天守台には五芒星《ごぼうせい》があります。これは家紋ではなく、平安時代から使われてきた魔物を封じ込める呪符です。担当した前田家の居城、金沢城にも五芒星の刻印石が多く見られますから、前田家には特別な思い入れがあったのかもしれません。このように、刻印石には家紋や家符だけでなく呪術的な目的のものもありました。
　どこの城でも魔除《よ》けの鬼門除けの工夫はあるもので、たとえば鹿児島城（鹿児島県鹿児島市）であれば、鬼門にあたる北東隅に隅欠け（石垣の隅角部を欠いて入隅《いりすみ》にすること）をつくることで鬼門除けとしています。もちろん、方位をかなり気にしてつくられた江戸城にも鬼門除けがあります。大手濠の平川門寄りにある石垣がそれです。対岸の石垣には「南無阿弥陀仏《なむあみだぶつ》」と刻まれていて、やはり鬼門除けを目的としていると思われます。

内郭《ないかく》でもたくさんの刻印を見つけることができますが、見応えがあるのはなんといっても外濠《そとぼり》沿いです。前述の通り、寛永13年につくられた外濠は寄方と築方が同じですから、一貫性が見出せ、担当した大名を特定することができるのです。外濠普請については幕府や大名の史料が断片的に残るのみですが、寛永13年の工事については、平成元年（1989）の東京メトロ南北線建設にともなう千代田区・新宿区の発掘調査結果と文献により、実態が少し明らかになっています。

すっかり江戸城の遺構など消滅したかに思われる外濠沿いですが、実は刻印石の宝庫です。もっとも感動するのが、東京メトロ虎ノ門駅と文部科学省に隣接する一帯です。虎ノ門駅構内には展示コーナーが設けられていて、発掘された石垣の一部を真横から眺めることができます。駅構内ですからもちろん無料ですし、説明パネルも充実。乗り換えのついでに博物館へ行ったほどの充実感が得られます。駅の壁面をよく見ると外濠の水面と濠底の高さも記されていて、まさに江戸城外濠の現場に立っていることを教えてくれます。

おもしろいのは、石垣のあるラインを境に、刻印がぱたりとなくなること。向かって正面の石垣は「丸に矢筈」の刻印で埋《う》め尽《つ》くされているのですが、右端で「丸に矢筈」が突然ひとつも見られなくなります。これはずばり、石垣築造担当者の境界線。「丸に矢筈」は佐伯藩毛利家のマークとされますから、つまりここは毛利家の担当だったとわかります。「丸に矢筈」の刻印がない右側は、備中庭瀬藩戸川家の担当と判明しています。

文部科学省構内のラウンジ前に設けられている、半地下の通路も必見です。ここも、外濠の濠底および推定される水面の高さが表示され、長さ33・5メートル、高さ4・5メートルの石垣の一部が公開されています。合同庁舎整備にともない平成16年（２００４）の発掘調査で発見されたもので、虎ノ門と溜池に挟まれた外濠の一角にあたり、外濠に面した石垣が地下に点在して約70メートル残っていました。敷地内の３ヶ所で公開されています。

虎ノ門駅構内の展示コーナーからは、外濠の石垣を眺められる

近くには、虎ノ門三井ビルディング北側の江戸城外堀跡溜池櫓台も残ります。かなり断片的ですから難易度は高いですが、つなぎ合わせていくとかつての外濠のラインが蘇《よみがえ》ってきます。そのほか、地下鉄市ヶ谷駅構内の江戸歴史散歩コーナーも、気軽に見られるスポットです。ＪＲ飯田橋駅脇の牛込御門付近には蜂須賀家の担当を示す「阿波守」の刻銘《こくめい》も展示されています。

平成28年（２０１６）５月には旧赤坂プリンスホテル跡地に東京ガーデンテラス紀尾井町が開業し、テラスの小径という遊歩道が設けられ、赤坂門の残存石垣が至近距離で

東京ガーデンテラスの遊歩道から見る、赤坂門の石垣

見られるようになりました。刻印は「卍」や串団子のようなマークなど多岐にわたりますが、圧倒的に多いのは黒田家を示す裏銭紋です。赤坂門は黒田忠之が慶長13年に築いたとされますから、その証《あかし》ともいえるでしょう。黒田家の築造技術の高さも実感できます。

近年は江戸城の外濠歩きや江戸城下町の散策が人気で、また２０２０年の東京オリンピックに向け江戸城への関心が高まっています。今後も新たな見学スポットができるようです。

刻印石からは、所有者だけでなくさまざまなことがわかります。たとえば、乾櫓台西隅角に刻まれた「加藤肥後守／十」の刻印は、加藤清正による採石であることに加え、石垣の高さも示します。「十」は積む順位を刻んだもので、下から10番目の石の意味。水面下に7石、合計25石が積まれた高石垣であると解釈されています。

刻印石が多く見られる富士見櫓下の石垣で確認された「百々越前」は、山内家家臣の百々《どど》越前安行のこと。慶長11年の助役で伊豆に派遣されていることと、ともに刻まれた刻印が山内家の替紋ともいわれることから、採石時期が特定できます。

書院前櫓下の「羽三佐」とは、慶長9年と11年に助役を命じられた池田輝政のことで、慶長12年以降は利隆が家督を継ぎ官途名が武蔵守となることから、この刻銘から慶長11年の採石と特定できます。百人櫓台の石垣の角石に見つかった「松平左衛門督」「羽柴左衛門太夫」「松平武蔵守」の３家の４つの刻銘は、それぞれ池田左衛門督忠継（池田忠継）、福島左衛門太夫正則（福島正則）、池田武蔵守利隆（池田利隆）です。同じ櫓台に３家の刻銘が入った角石であることが注目点で、すなわち寄方と築方が異なることを示しています。

刻印と改修時期との照合から、慶長期は刻印の種類と数が多い傾向が指摘されています。本丸周辺には白鳥濠や蓮池濠など刻印石がほぼない場所があり、これは明暦《めいれき》の大火で損傷し修繕時のものや寛永期修築後の元禄大地震をはじめとする地震で崩落した石垣と考えられます。

元和期の刻印石の特徴のひとつは、元和6年に積まれた桔梗濠《ききょう》・大手濠《おおて》・清水濠《しみず》・牛ヶ淵《うしがふち》の石垣です。伊達政宗をはじめ東北の諸大名が担当するものの、桔梗濠の南壁や東壁、竹橋門《たけばし》の外左右東壁や清水門内の石垣刻印を分析すると彼らの刻印は見当たらず、代表的な刻印はすべて西国大名のものです。慶長期に西国大名が寄方と築方の両方を担当しているのに対し、元和期の東北諸大名は築方に専念していたことを裏付ける事実のひとつと考えられ、なるほど辻褄《つじつま》が合います。

寛永期は、上梅林坂門や二の丸南壁のように、丁場割りと刻印が異なる事例がみられます。崩落や孕《はら》みなどが生じた場合は構築者による修復が原則だったようで、したがって諸大名は積んで終わりではなく管理能力も問われていたようです。そうなると、技術力の差も一目瞭然だったことでしょう。

石垣の積み方と算木積みの発展

石垣にはさまざまな積み方や加工の方法があります。江戸城は多彩な石垣が見られることが大きな特徴ですから、違いを覚えておくとより鑑賞も楽しめます。

石垣は、3種類の加工と2種類の積み方に大別されます。3種類の加工（野面積《のづらづみ》・打込接《うちこみはぎ》・切込接《きりこみはぎ》）と2種類の積み方（乱積《らんづみ》・布積《ぬのづみ》）に分けられ、組み合わせた6パターンが基本となります。

加工の技術は時代とともに進化し、表面が美しくなっていきます。もっとも古いのが、自然の石をほぼ加工せずに積んだ野面積です。表面が平らに整えられていませんから、石垣の表面はゴツゴツとしていて荒々しい印象です。やがて表面加工技術が発達すると、石の表面を平らに成形した打込接が登場します。石と石には隙間ができてしまうため、小石を詰めて調整します。さらに発展し、大きさや形の違う石材を隙間なく積む方法が切込接です。ぴったりとパズルのように積まれ、石と石の隙間に小石を詰める必要はありません。野面積は古式ですが強度が低いわけではなく、水はけのよさから採用されることがあります。ですから、必ずしも古い時代に積まれた石垣とは限りませんが、少なくとも切込接が関ヶ原合戦前後に積まれた石垣に見られることはありません。

積み方の違いは、目地で判別します。大小さまざまな石を自由に積んだのが乱積で、横に目地を通して積んだのが布積です。

築城期間が長い江戸城は石垣の発展が追える城でもあります。江戸城内に野面積の石垣はありませんが、たとえば外桜田門櫓門の石垣はパズルのように隙間なく積まれた切込接の乱積で、見るからに技術力の高さが感じられるでしょう。城門は寛文《かんぶん》年間につくられていますから、おそらくこの石垣もその頃に積まれたもの。このように、築造時期や修復の変遷を探ることができます。

外桜田門櫓門の石垣（切込接・乱積）

汐見坂上の石垣
（左／打込接・乱積、右／切込接・布積）

中之門の石垣は、全国的にも珍しい巨石を用いた布積です。布積は横揺れに弱いのかあまり見かけませんが、これほどまでの巨石であれば耐震性に影響しないのかもしれません。あえて布積にしたところに、ほかの石垣との差別化を意識したデザイン性の高さと心意気が感じられます。汐見坂上の石垣は、白鳥濠に面する石垣と枡形《ますがた》の正面の石垣とでは積み方が異なり、増築・改築の可能性が一目瞭然です。

江戸城の石垣のもうひとつの見どころが、隅角部の算木積《さんぎづ》みです。もっとも発展した隅角石の積み方が算木積みで、次ページのイラストのように、直方体に成形した石を長辺と短辺を互い違いにかませることで重さが分散され、そのまま石を積み上げるよりも格段に強度が増します。

徐々に発達していくものですから、石垣の積み方と同様に算木積みの精度でおおよその築造時期がわかります。根石《ねいし》（いちばん下の石）は、地面に突き刺すように斜めに置きますが、天端《てんば》（石垣のてっぺん）は建物を建造しますから垂直でなければなりません。となると、直方体の石をそのまま積んでしまうと、石と石の間に隙間ができてしまいます。少しずつ角度を増やしながら最終的には平らになるように稜線《りょうせん》を補正する必要があるため、厳密には直方体ではなく１１０度くらい上下に開いた石が必要になります。

また、石垣の隅は直角ではありませんから、上下だけでなく左右も１１０度くらい開いていないと石の左右が食い込んでしまいます。石の長辺は短辺の２～３倍が理想的ですが、過渡期の算木積みでは長さが不均一だったり、さほど差がなかったりします。

算木積みの発展過程

台所前三重櫓台の算木積み

蓮池巽二重櫓台の算木積み

天守台の算木積み

天正《てんしょう》4年（1576）に初めて高石垣を城に採用した信長の安土城に残る算木積みは、原理としては算木積みになっているものの、石の大きさが不均一で左右は食い込み、上下にできる隙間には小石を詰めて調整しています。

かなり早い段階から石垣築造に着手していた藤堂《とうどう》高虎《たかとら》が天正17年（1589）に築いた赤木城（三重県熊野市）の石垣も、ところどころ算木積みが見られるもののまだ未発達で、安土城と同じような表情をしています。算木積みが完成をみるのは関ヶ原合戦後で、慶長10年前後が目安になります。

算木積みの構造

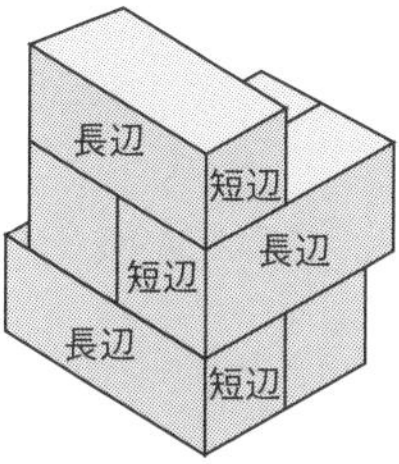

もちろん技術力の違いによりますから全国的な基準にはなりませんが、少なくとも関ヶ原合戦以前に積まれた石垣で美しい算木積みが見られることはありません。

築城に30年以上を費《つい》やし江戸時代にも修築されている江戸城の石垣は、ひとつの城の中で算木積みの発展の過程を見ることができる貴重な城です。家康による慶長期の算木積みと、江戸中期の算木積みでは精度の違いが明らかです。たとえば、慶長期に積まれた二の丸白鳥濠に面する台所前三重櫓北東隅の算木積みは、算木積みが未発達。富士見櫓台や北桔橋門の石垣なども、同じようにまだ算木積みが完成されていません。これに対して、乾濠に面した蓮池巽二重櫓や、平川濠沿いの下梅林坂門枡形などを見ると、イラストのようなきちんとした算木積みになっています。

さらに、江戸城には日本一美しいといっても過言ではない算木積みが存在します。本丸に現存する天守台です。天守台が積まれたのは明暦の大火後、つまり万治2年（１６５９）になってからで、かつ最高峰の技術を持つ加賀前田家により築かれた一級品です。上下・左右とも一切の隙間なく積まれ、芸術品の域に達した完璧といえる算木積みになっています。南東隅は幕末の火災により石が欠けてしまっていますが、北東隅は完存していて必見です。

ちなみに石垣は同じ大きさの石をただ積み上げていくのではなく、内部には小石が詰《つ》められています。石垣の沈下を防ぐために2本の土台を敷き、その上に控えの長い（奥行きのある）根石を据えて、その上で築石を積み上げ、背後には間詰石・裏込石と呼ばれる河原石などの小石を詰めていきます。小石と小石の間に隙間があることで排水が助けられ、振動が吸収され石垣の崩落が防げます。

石垣の加工と化粧

江戸城の石垣で特徴的なのが、石材の表面加工です。たとえば大手三の門あたりでふと石垣に近づいてみると、石の表面がつぶつぶとしているのがわかります。これははつり仕上げといわれるもので、ノミで石表面の突出部を削るように割り取り成形したものです。1点1点、ノミを当て上から叩きます。「ノミはつり」といわれるこの加工は人の出入りが激しい城門の石垣に徹底して施されていますから、美観を高めるのが目的でしょう。気の遠くなるような緻密《ちみつ》な作業です。

一方で、縦ジマのように直線状に複数本施すはつりを「すだれはつり」といいます。すだれはつりはノミはつりより簡易的な加工のようで、しかしながら石垣の表面に表情を与え、美観を演出しています。職人の手により1本1本穿《うが》たれるすだれはつりは、機械でつくられた無機質なものとは違い、表情豊かで見ていて飽きません。

歩きながら見比べていると、人間ウォッチングさながらに職人の個性を観察できます。定規で線を引いたように繊細で緻密なすだれもあれば、虎の爪痕かの如《ごと》く男らしさ全開のダイナミックなものも。できなかったのかやらなかったのか、不器用さを感じさせる大胆なものも発見できます。

もうひとつ、「江戸切り」という江戸城ならではの美しい加工があります。石垣の辺を面取りするようなものですが、ただ面取りするのではなく、縁をさらに彫り込んで陰影をつけ、くっきり見せて

ノミはつり

すだれはつり

量感を演出する技法です。ですから、石垣にパッチワークキルトのような凹凸ができます。このほんの少しの凹凸が見る角度や光の当たり具合によって絶妙な陰影を生み出し、なんともいえない美を醸《かも》し出すのです。

これぞまさに、江戸の粋《いき》。徳川幕府の城たる品の良さと格式を再認識するとともに、職人の心意気と美意識に感心してしまいます。

江戸切り

第6章　江戸城を歩く～内郭編

城を構成するもののうち、区画されたスペースのことを曲輪《くるわ》といいます。近世城郭では「丸」ということが多く、中枢の曲輪を本丸、本丸の西側にある曲輪を西の丸というように呼びます。番号や方角だけでなく、住んでいた人の名前や用途などが由来になることもあります。

城は、曲輪とそれを囲む堀によって構成されます。堀をめぐらせて曲輪を独立させ、石垣や土塁で壁をつくり、土橋や木橋で曲輪間を移動できるようにし、天守や櫓《やぐら》などの建造物を建てます。地形に合わせて曲輪や堀をどのように配置するか設計することを縄張《なわばり》といい、それを示した平面図を縄張図と呼びます。縄張図を片手に遺構をたどったり、構造を読み取ったりするのも城歩きの醍醐味《だいごみ》。江戸城は縄張図を用意しなくても、イラスト化された平面図が大手休憩所や本丸休憩所で無料配布されていますから、ガイドブックを片手に観光地を訪れるように、城歩きが楽しめます。161ページにも簡単な散策マップを掲載していますから、参考にしてみてください。

江戸城の縄張は独特で、全国でも似たものがありません。一般的に、城は梯郭《ていかく》式、連郭《れんかく》式、輪郭《りんかく》式の3つに大別されますが、江戸城の縄張は外濠が逆「の」の字にうずを巻く渦郭《かかく》式。曲輪と濠の配置だけでなく、塁線《るいせん》（石垣や土塁でつくった壁面のライン）が複雑で、その上に並ぶ建物も大小の変化に富《と》みます。緩急《かんきゅう》のついた軍事設計がされながら、見映えが強く考慮されています。江戸城を歩くときは、珍しい縄張を探るのもひとつの楽しみです。

第1章で述べた通り、内濠に囲まれた区域のことを内郭《ないかく》といいます。本丸・二の丸・三の丸・西の丸・吹上《ふきあげ》、紅葉山、北の丸、西の下曲輪で、いわゆる江戸城の中心部です。江戸城の内郭は、将軍の居所や政庁である本城（本丸・二の丸・三の丸など）と、隠居した将軍もしくは次期将軍が居所とした西城（西の丸・吹上など）の２つの台地から構成されます（↓Ｐ１６０）。諸大名の屋敷は、家《いえ》康《やす》・秀忠《ひでただ》時代は大名小路曲輪、吹上、北の丸などの中城域に、３代家光《いえみつ》以降は総構内（外濠の内側）に並んでいました。

現在、本丸・二の丸・三の丸は皇居東御苑《ひがしぎょえん》として整備され、一般公開されています。大手《おおて》門・平川《ひらかわ》門・北桔橋《きたはねばし》門の３つの出入口があり、どこからでも出入りは自由で、しかも無料です。皇居エリアの見学は事前申し込みが必要ですが、皇居東御苑なら開園時間内ならふらりと誰でも訪れることができます。足を踏み入れてみると、思いのほか城らしさが残っていて驚くはずです。江戸城は広大ですから、まずは散歩がてら皇居東御苑を訪れ、江戸城の中心部を歩いてみるとよいでしょう。

皇居東御苑内は建造物の多くが失われ、水濠も一部が埋め立てられていますが、城の骨組みは残ります。また、江戸城には明治初期に撮影された古写真が多く残り、現在の姿と照らし合わせることでどんな構造をしていたのか、どのような建造物が建っていたのかがある程度わかります。この章では、構造や建造物の特徴、往時を想像するヒント、古写真や史料や調査からわかるかつての姿など、内郭歩きのチェックポイントや見どころを順番に解説していきます。

江戸城内郭歩きのポイントは３つ。ひとつめは、城域の広さと縄張の独自性を楽しむこと。２つめは、徳川家の威光《いこう》を示す江戸幕府の本城たる規模の大きさと格の高さを味わうことです。そして３つめは、多様な石垣の種類と美を堪能《たんのう》すること。さまざまな石垣の表情、算木積《さんぎづ》みの発展過程が城内で

江戸城内郭の構造

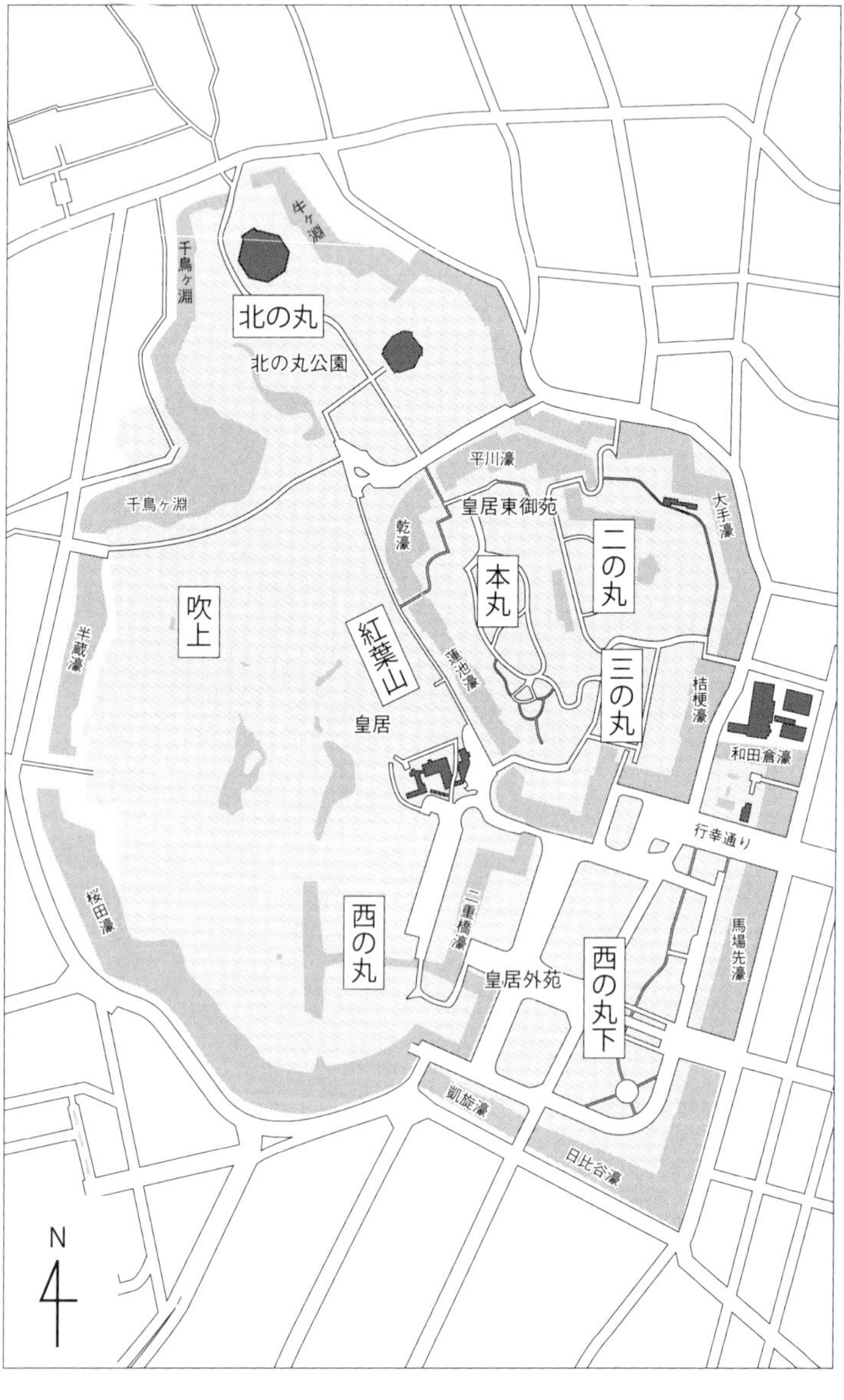

牛ヶ淵
千鳥ヶ淵
北の丸
北の丸公園
平川濠
大手濠
皇居東御苑
乾濠
二の丸
本丸
吹上
紅葉山
半蔵濠
蓮池濠
三の丸
桔梗濠
皇居
和田倉濠
行幸通り
二重橋濠
西の丸
馬場先濠
皇居外苑
西の丸下
桜田濠
凱旋濠
日比谷濠
千鳥ヶ淵
N

江戸城内郭の散策マップ

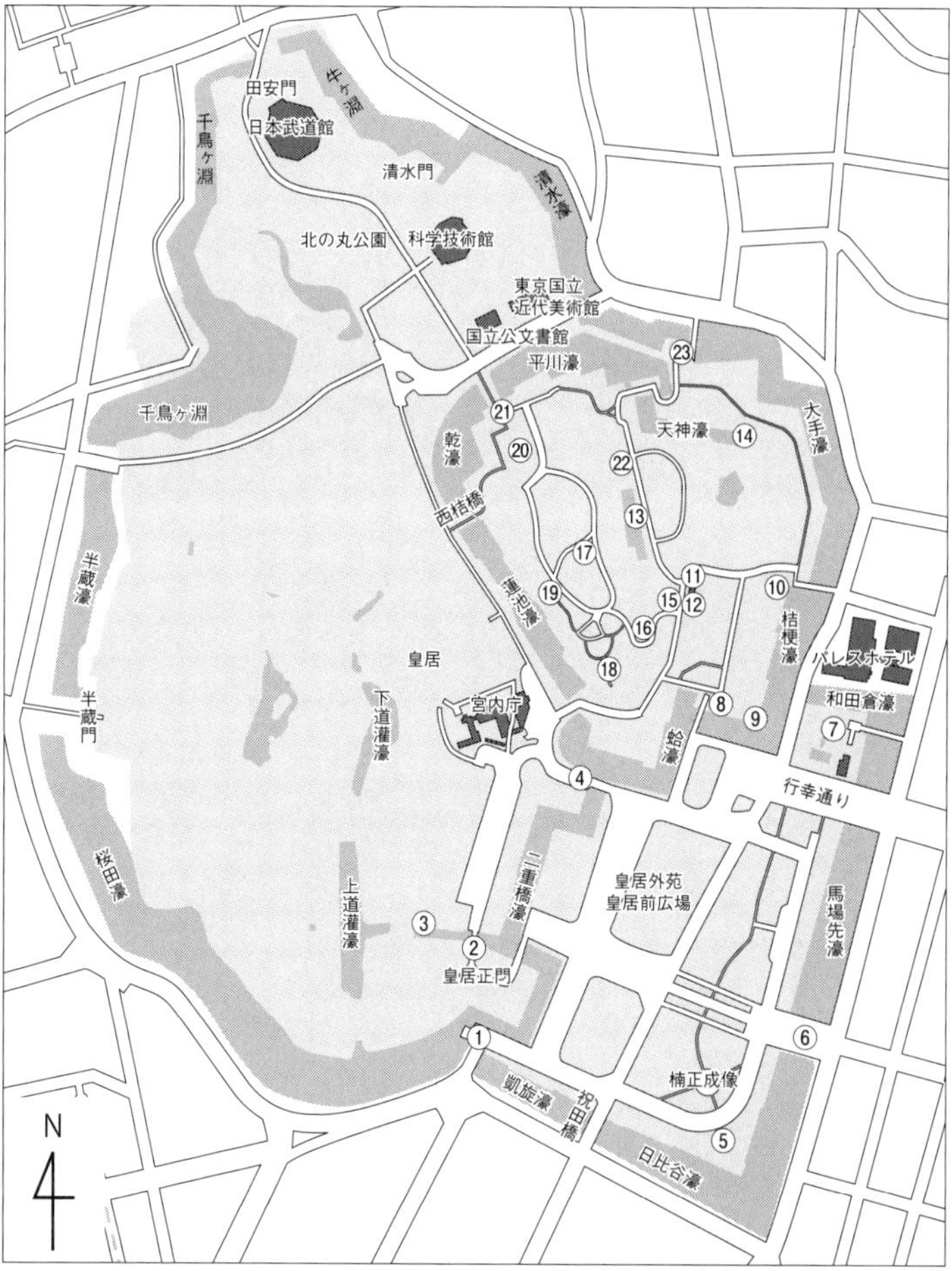

①外桜田門
②二重橋
③伏見櫓
④坂下門
⑤日比谷三重櫓
⑥馬場先門
⑦和田倉門
⑧桔梗門
⑨巽櫓
⑩大手門
⑪大手三の門
⑫百人番所
⑬白鳥濠
⑭二の丸庭園
⑮中之門
⑯御書院門
⑰本丸御殿
⑱富士見櫓
⑲御休憩所前多聞
⑳天守台
㉑北桔橋門
㉒汐見坂
㉓平川門

見られるのも、やはり最高峰の技術で長時間かけてつくられた江戸城ならではです。

外桜田門～西の丸下曲輪

○外桜田門～現存する枡形門

東京メトロ有楽町線「桜田門《さくらだもん》」駅のA3出口から地上に出てすぐ、桜田門交差点前にそびえるのが外桜田門です。現存する貴重な城門のひとつで、扉の釣金具には「寛文《かんぶん》三年」の銘《めい》が入っています。

江戸城では、外桜田門・田安《たやす》門・清水《しみず》門の3棟の枡形《ますがた》門が重要文化財に指定されています。

高麗《こうらい》門という形式の小さな門をくぐり抜けて右折すると2階に櫓《やぐら》が載った大きな櫓門がある、枡形門形式（↓コラム①）です。ですから門脇の石碑《せきひ》にはそれぞれ「外桜田門高麗門」「外桜田門櫓門」と刻まれています。櫓門2階部分の渡櫓《わたりやぐら》は、梁行《はりゆき》（建物の棟と直角の方向）4間（約7メートル）、桁行《けたゆき》（建物の棟と平行の方向）は19間（約35メートル）。4面すべてに源氏の幕紋「二引両」を表す2本の出っ張りがめぐります（↓コラム③）。

枡形は東西約32メートル、南北約20メートルの長方形。枡形内には番所（検問所）がありました。高麗門の左右には土塀と石塁《せきるい》が続き、石塁に沿ってずらりと雁木《がんぎ》という石段が並びます。枡形の正面と左側に遮《さえぎ》るものがないのは、濠を隔《へだ》てた向かいの曲輪（西の丸的場曲輪）から攻撃するため。少し変わった構造ですが、西の丸的場曲輪の高石垣上に櫓が建ち並び、枡形内への監視を固めていました。

櫓門の石垣も必見です。大小さまざまな大きさの石がパズルのようにぴったりと隙間なく積まれた切込接《きりこみはぎ》の石垣です。東伊豆産の安山《あんざん》岩、瀬戸内海産の白い花崗《かこう》岩などカラフルな石材の配色も見事で、実に芸術的。築造技術が発展した高い技術によって積まれていることがわかります。

安政《あんせい》7年（1860）3月3日に起きた桜田門外の変の現場でもあります。桜田門〝外〟の変ですから、事件があったのは門の手前で、事件現場は現在の警視庁本部庁舎の前あたり。国会議事堂前の憲政記念館が井伊《いい》家の藩邸のあった場所で、井伊直弼《なおすけ》はそこから外桜田門を通って登城していました。

外桜田門

コラム①　枡形虎口とは？

枡形とは、酒や米を入れる容器が由来の四角形のスペースのこと。枡形と2つの城門を組み合わせた出入口（虎口《こぐち》）のことを枡形虎口といいます。２つの門をただ並列に重ねるだけでは左右の2面からしか攻撃できませんが、枡形虎口にすれば枡形内に侵入してきた敵を左、右、前の3方向から攻撃でき、枡形内で集中攻撃が可能。敵は枡形内に侵入しても進路を90度屈曲させられて足が止まり、高麗門を抜けても正面に城内が見通せず、通路を探して右往左往することになります。

第一の門を外門、その左右どちらかに設けられた第二の門を

枡形門の構造

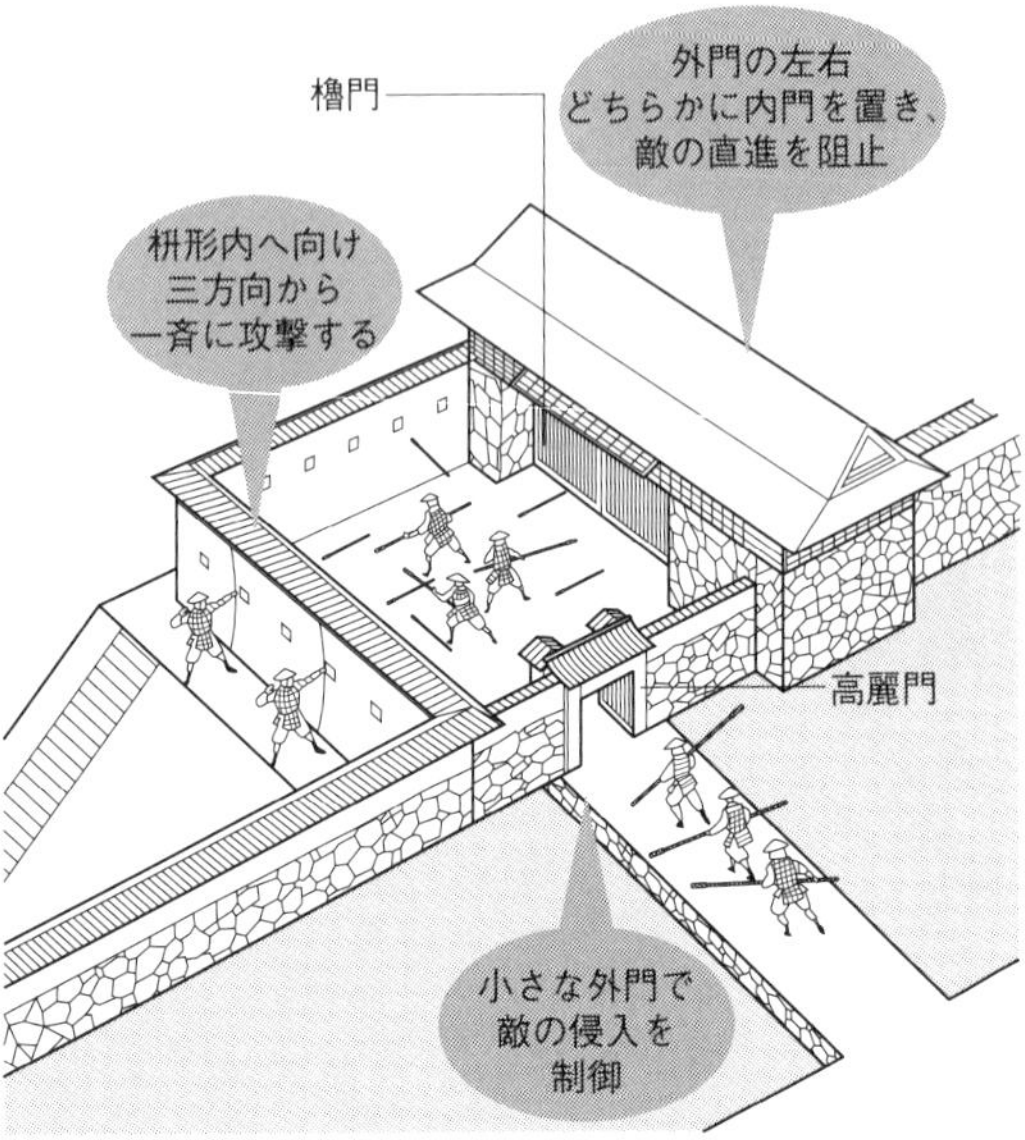
櫓門
外門の左右
どちらかに内門を置き、
敵の直進を阻止
枡形内へ向け
三方向から
一斉に攻撃する
高麗門
小さな外門で
敵の侵入を
制御

内門と呼び、外門は高麗門、内門を櫓門とするのが通常。セットで枡形門といいます。敷地から飛び出すように塁線より突出して築かれたものは外枡形、敷地内にスペースを設け塁線の内側に取り込んだものは内枡形です。

コラム② 江戸城の城門

江戸城の城門の特徴は、数が多く、豪華なこと。外桜田門はそれを実感できるスポットのひとつです。城の玄関である城門は、セキュリティ面で重要な役割を担います。江戸城は城内での接近戦を想定した城ではなく、江戸幕府の本拠地・徳川将軍家の本城としての政治的な役割を色濃く反映します。そのため、城内で徹底抗戦するための防衛装置より、要所に関所となる城門を置き、不審者を簡単に侵入させないよう意識されています。

誰もが通る場所を利用して、権力を誇示しているのも大きなポイントといえそうです。城門に建築上の大きさの規定はありませんが、外桜田門のような巨大な櫓門は全国的にそうそうありません。意《い》匠《しょう》も見事。訪問先の玄関門が大きく豪華だと入るのをためらってしまうように、江戸城を訪れる大名もまた、豪壮な城門を前に徳川将軍家の力を実感し萎縮《いしゅく》したことでしょう。

妻の銅板装飾・青海波

コラム③　櫓門の「二引両」と青海波

　江戸城内の城門、とくに櫓門には徳川家が出自とする源氏の幕紋「二引両」が施《ほどこ》されています（西ケ谷恭弘『江戸城―その全容と歴史』）。幕紋は武田信玄の「風林火山」や上杉謙信の「毘」などと同じで、陣幕に陣地や陣営の所属の目印を染め抜いたもの。徳川家の葵《あおい》の御紋《ごもん》は家康の出身地である三河・松平郷が京の賀茂《かも》神社の御厨《みくりや》（神領）だったため、神紋である三葉葵をいただいたことに由来します。家康は「無地の白地」「五」を旗印にしていましたが、源氏を名乗り源氏棟梁《とうりょう》である将軍になると、足利将軍が用いていた二引両を幕紋としました。

　二引両が施された城門をくぐって城内に入ることは、陣紋をくぐり陣幕の中に入ることを意味します。櫓の窓上にある上下二重の出っ張りは、二引両を表したもので、江戸城の壁面において統一装飾となっているこの二重の出っ張りを内法長押《うちのりなげし》と呼び、姫路城大天守の最上階、名古屋城天守、和歌山城天守、徳川大坂城、二条城の城門と櫓にも見られます。そのほか、渡櫓の妻（屋根の三角形の空間）にある入母屋《いりもや》屋根の青海波《せいがいは》（雅楽の紋様）の銅板装飾も見どころです。

○西の丸下曲輪～かつては大名屋敷

現在の皇居前広場（正式名称は皇居外苑）が、西の丸下曲輪です。家康の江戸入り当時、有楽町駅南側あたりからこの一帯までは江戸湾が入り込み日比谷入り江を形成していました。天正《てんしょう》20～文禄《ぶんろく》3年（1592～95）の西の丸造営工事のときに埋め立てて拡張されたとみられ、凱旋《がいせん》濠、日比谷《ひびや》濠、馬場《ばば》先《さき》濠、和田倉《わだくら》濠などは入り江の埋め残しともいわれます。

江戸時代には大名屋敷が建ち並んでいましたが、この場所は引っ越しが多く、時代により屋敷を構えた大名は異なります。大坂の陣以前には譜代《ふだい》大名大身・中身、有力旗本、譜代大名に挟《はさ》まれて外様《とざま》大名が屋敷を構えていましたが、明暦《めいれき》3年（1657）の明暦の大火や元禄《げんろく》16年（1703）の元禄大地震を機に改変され、幕閣の老中や若年寄《わかどしより》の屋敷地となりました。嘉永《かえい》2～慶応《けいおう》元年（1849～65）の様子が描かれた『江戸切絵図』には、曲輪西側の坂下《さかした》門前に、坂下門外の変で襲撃を受けた老中・安藤信正《あんどうのぶまさ》の屋敷が描かれています。

○二重橋と伏見櫓～観光客殺到の江戸城の〝顔〟

いまや東京の代表的な観光地となった江戸城（皇居）。その顔といえるのが二重《にじゅう》橋です。現存する伏見《ふしみ》櫓が借景《しゃっけい》となって、いかにも城らしい絵になる光景が広がります。

　手前に2つのアーチを描く石橋、奥に鉄橋があります。2つの橋を合わせて二重橋、というのは誤りで、二重橋とは奥の鉄橋のこと。現在の正式名称は正門鉄橋《せいもんてつばし》で、明治19年（1886）に架《か》けられました（現在の橋は昭和39年に架橋）。二重橋と呼ばれるのは、江戸時代には橋桁が上下二段構造の木橋だったため（→P204）。手前の正門石橋もかつては木橋でした。

　正門石橋を渡ると皇居正門（西の丸大手門）があり、皇居内に入ります。あくまで皇居の正門ですから、江戸城の正門ではありません。門をくぐって180度迂回《うかい》し、正門鉄橋を渡り御書院《ごしょいん》門を経て皇居宮殿のある西の丸にいたります。

二重橋と伏見櫓

○坂下門～幕末の事件現場

　文久《ぶんきゅう》2年（1862）1月15日に老中・安藤信正が水戸藩士に襲撃された事件、坂下門外の変で知られる坂下門は、現在は宮内庁正門として使われています。皇室の方の出入口となっていますから通常は通り抜けできませんが、一般参賀のときは出口のひとつになります。門前の二重橋濠と蛤《はまぐり》濠は水戸違《みとちが》いになっていて、ここでも水位調整されていることがわかります。水戸違いとは水面を土居（堰）で区切り、水位

坂下門

に高低差をつけること。傾斜するところに濠をつくる場合は、水が流れ落ちてしまうため、段差をつけてそれを防ぎます。

現在は土橋から直進できる配置で櫓門が残っていますが、これは交通の便を考慮した明治新政府による改変で、本来は一般的な枡形門でした。現在の櫓門の位置に高麗門があり、枡形を左折したところに櫓門が置かれ、櫓門を抜けて１８０度回り込んで城内へ入りました。坂下門は西の丸御殿への出入口のひとつで、二の丸へは蛤濠を逆時計まわりにぐるりとまわり込み、蛤濠と蓮池《はすいけ》濠に挟まれた蓮池門から入りました。

○日比谷濠と日比谷三重櫓〜内堀通り沿いの遺構

外桜田門から日比谷交差点方向へ続く濠を凱旋濠、そこから90度折れて馬場先門までを日比谷濠、和田倉橋までを馬場先濠、和田倉門前を和田倉濠といいます。濠の幅は約50〜80メートルほどです。

皇居前広場の南隅の一角にせり出す石垣は、日比谷三重櫓の櫓台です。馬場先濠の東側（現在の東京駅方面）一帯は大名小路曲輪といいます。

○馬場先門〜かつては開かずの門だった

濠の内側に約300メートルの馬場があったことが、名の由来のようです。土橋を渡ると左右に石垣がありますが、城門の位置はどうやら移動されています。寛永《かんえい》6年（1629）に築かれたものの、不開門とされ通行できなかったようです。明暦3年の絵図に橋は見当たらず、寛文《かんぶん》8年（1668）の大火災後に架橋したとみられます。

○和田倉門〜パレスホテルのダイニングからどうぞ

元和《げんな》6年（1620）に枡形門に改築され、西の丸曲輪下屋敷への出入りのほか、坂下門から西の丸、桔梗《ききょう》門から三の丸への入城に使われていたようです。大名の大身の出入口は大手門ですから、城持大名や旗本たちが一般的に利用したと考えられます。

パレスホテル東京1階のグランドキッチンのテラス席は、和田倉濠に面した特等席。濠越しに石垣を眺めながら優雅な時間が過ごせます。和田倉濠にかかる和田倉門橋は江戸城内に2つ残る木橋のひとつで、擬宝珠《ぎぼし》はもともとこの橋に載せられていたもののようです。必見は和田倉門橋を渡ったところの、家康時代に築かれたとみられる石垣。高麗門と櫓門は関東大震災まで残っていましたが、渡櫓が大破《たいは》したため撤去されてしまいました。和田倉門枡形の北東側にある石垣は和田倉二重櫓の櫓台で、明暦の大火または元禄大地震で崩落《ほうらく》し、その後は再建されていません。

和田倉濠の北東側には、辰ノ口という道三濠と和田倉濠の合流点がありました。日本橋方面とをつなぐ道三濠は、内濠の水量調節と、外濠から内濠への物資搬入に使われていました。江戸湊からの船

和田倉門の脇にある分水石枡

荷を辰ノ口で荷揚げして、和田倉で集積保管していたのです。和田とは日本神話の海神「わたつみ」のことで、海岸線だったこの場所に倉が並んでいたことが和田倉の由来です。

コラム④　分水石枡

和田倉門渡櫓西側の櫓台の下にある井戸のような方形の石は、江戸城内から西の丸下曲輪を経由して大名小路曲輪へと送水した、上水道の分水石枡です。石枡には2辺に凹部分がありますが、よく見ると凹みの高さが異なります。この分水石枡は地中にあって、凹みが高いほうから木樋《もくひ》で水が送られ、一度貯水され飲料・食用として利用されました。石枡が満水になると、低い凹み部分から次の場所へと木樋で送水されるしくみです。

平成6年（1994）度の発掘調査で、和田倉噴水公園の地下から上水と井戸6ヶ所が見つかりました。井戸は方形分水石枡より木製の円形木枠で立ち上がり、建物内や井戸屋形内に水を提供していたようです。

桔梗門

○桔梗門（内桜田門）～今も昔も江戸城の通用口

大手門が諸大名や勅使が使う江戸城正門であるのに対し、桔梗門は旗本や商人たちが通行した通用門でした。屋根瓦にある太田道灌の家紋、桔梗紋が呼称の由来。城門は関東大震災後の復元です。

特徴のひとつは、約16メートル四方の小さな枡形です。枡形の四方が石垣で囲まれていないのもおもしろいところで、西側は蛤濠越しに御弓多聞、寺沢二重櫓から枡形内に横矢を掛ける構造になっています。蛤濠から桔梗濠は水戸違いになっていて、水位調整されています。

○巽櫓～交番脇が撮影スポット

伏見櫓とともに現存する二重櫓です。このあたりから坂下門方面の景観は見もので、交番の脇は三の丸の巽《たつみ》櫓、桔梗門、富士見櫓が一直線に見える絶好の撮影スポット。大手門までの石垣上にも、かつては計4基の二重櫓がずらりと建ち並んでいました。巽櫓は東西入母屋二重造りで、初層は寄棟造《よせむねづくり》で南平側には切妻破風《きりづまはふ》が飾られています。

江戸城の櫓は、装飾性の高さが特徴です。高価な素材で派手に飾り立てるというよりシンプルですが、倉庫のような味気ないものではなく、妻飾《つまかざり》に青海波をあしらったり、壁面に寺社建築で使われる格式高い装飾を採用したりと、洗練された美があります。

巽櫓からも、軍事性より意匠の高さが感じられるはずです。たとえば破風の床部には石落としが設けられていますが、戦闘力より美しさが重視されたデザインになっています。石垣をよじ登ってくる敵を攻撃する装置と考えたとき、これほど自己主張している破風の下をわざわざ選んで登る敵はいません。

江戸城は広大な城域をバリアすべく、外濠沿いにたくさんの城門を置いて中心部に近づかせない設計です。実際に桔梗門を訪れるのは、攻め寄せる敵ではなく将軍に謁見《えっけん》する諸大名や幕府の役人という想定のため、徳川将軍家の威厳と威光を示すことが大切なのでしょう。

巽櫓

大手門～銅門

○大手門～江戸城の正面玄関
正面のことを大手（追手）といい、裏手のことを搦手《からめて》といいます。大手門とは表門のことで、江戸城の正門にあたります。内堀通りを挟んで城外側の住所が千代田区大手町なのも、東京メトロや都営

大手門

地下鉄の駅名が大手町駅なのも、この場所が江戸城大手の前だからです。

　大手門は江戸城のメインゲートらしい、堂々たる構えが特徴です。約48メートルにも及ぶ渡櫓は関東大震災で倒壊後、昭和42年（1967）に復元されました。城門と高麗門は江戸時代からのものです。現在、大手門へは舗装された土橋を渡りますが、関東大震災以前は東側に残る約25メートル四方の橋台から約28メートルの木橋が架かっていました。

　木橋と濠幅に隠された、緻密な計算に唸《うな》らされます。向かって右手の大手濠の濠幅が約48メートルなのに対し、左手の桔梗濠はぐっと広くなり約80メートルもあります。大手枡形は南側一辺が桔梗濠に面した半出枡形ですから、約80メートルの幅広な濠が大手橋の下で橋台により約28メートルまで急激に狭《せば》まります。侵入路となる土橋の幅を狭めることで城内からの散発的な攻撃を防ぎ、効率よく監視・狙撃できるようにもしてあるのでしょう。

　渡櫓が高麗門の脇で少しだけ手前にせり出していることもポイントです。これもすなわち横矢を掛けるための、門前に迫る敵を効率よく狙うための工夫です。こうしたちょっとした屈曲を巧《たく》みに利用しているのが、城のおもしろいところ。ふと立ち止まり左右を見渡してみると、なるほど常にどこか

城門の扉

らか狙われているのがわかります。

枡形内は、南側に雁木《がんぎ》があり、土塀と石垣の間に石狭間《いしざま》（↓P199）が設けられています。

コラム⑤　城門の構造

江戸城に限らず、城門の扉は内開きが原則です。敵が攻め寄せたとき押し返しやすいためです。城門の2枚扉は両開きですが、完全に並行させず、召し合わせ（双方の扉が合わさる部分）側が高くなるように斜めに傾《かたむ》けて、扉の間にV字の隙間ができるようにずらして設置します。これは、重みで召し合わせ側が下がるのを防ぐのが目的のひとつです。敵兵に槍《やり》などを投げ込まれると挟まる可能性があるため、これを上方に逃がして閂《かんぬき》を掛けられるようにするという実戦的な理由もありました。扉の上下2ヶ所に取り付けられている肘金《ひじがね》（開閉に用いる蝶番《ちょうつがい》のような金具）の位置が上下でわずかに異なり、下より上のほうが1～2センチほど外側に取り付けられています。

扉の裏側にはコの字形の鉄製の閂鎹《かんぬきかすがい》が右に2つ、左に1つ取り付けられ、ここに木製の閂が通されています。左に1つしかないのは、すばやく扉を閉めるため。いざというとき迅速に掛けられるよう、門は開門時も完全にしまわずに少し突き出したままにしてあります。

かつての濠と櫓の配置図

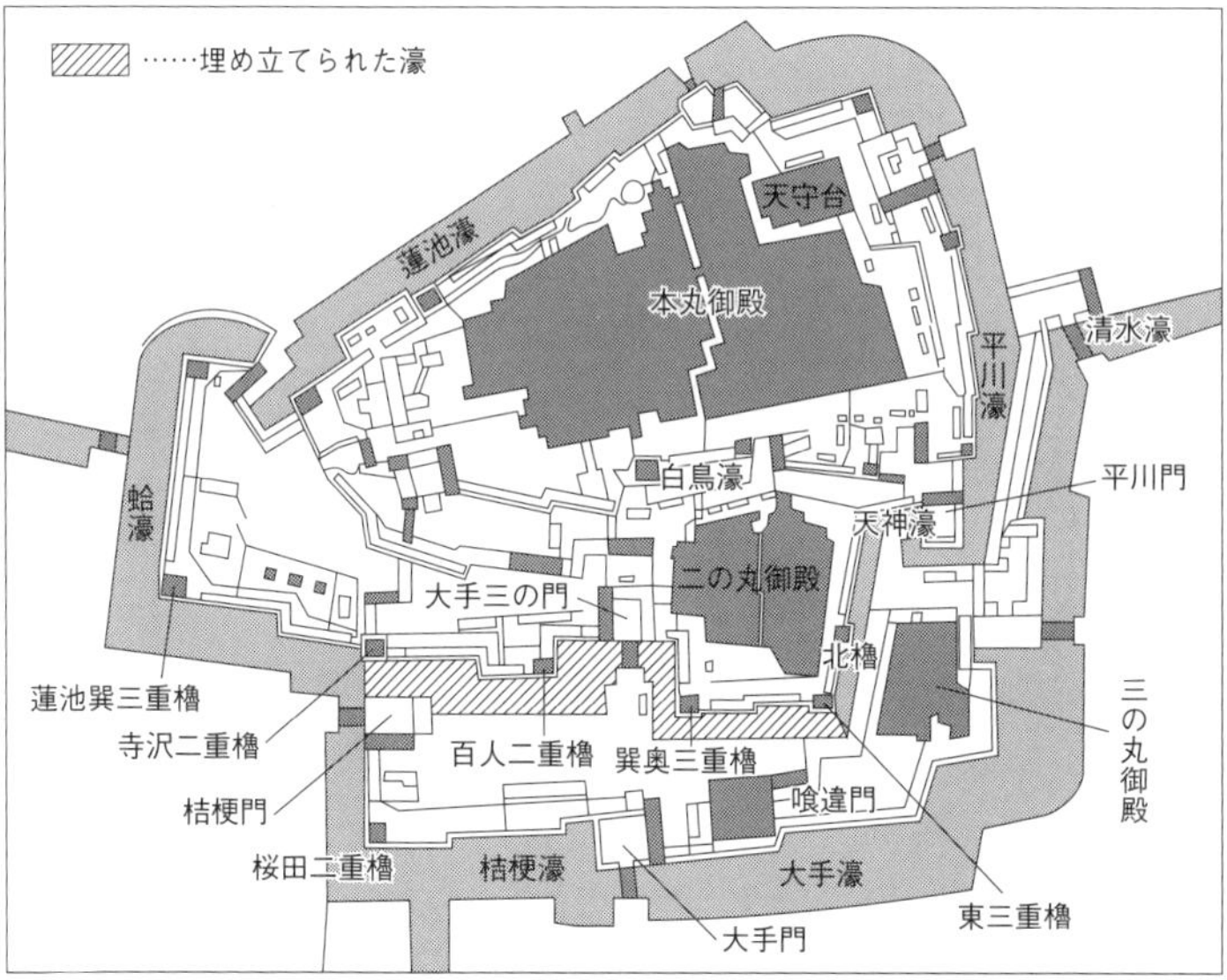

○失われた三の丸の濠と二の丸の櫓群
～想像力の見せどころ

大手門櫓門を抜けると、皇居東御苑の出入口があり三の丸に入ります。三の丸は桔梗濠と大手濠に囲まれた一帯で、南は桔梗門、北は平川門、東は大手門、西は大手三の門まで、二の丸の東・南・北面を取り囲むように配置され細長い形をしています。現在は三の丸尚蔵館や宮内庁病院、皇宮警察本部、旧枢密院《すうみついん》建物などが建てられ、三の丸尚蔵館以外は立ち入れません。

三の丸は内郭でもっとも変貌してしまった場所といえそうです。というのも、かつて二の丸と三の丸は濠で完全に分断されていたものの、その濠が跡形もなく埋め立てられてしまったからです。実は、桔梗門の西側から平川門まで、南北に延々と濠がつながっていました。皇宮警察と済寧館《さいねいかん》はかつての濠の中にあり、三の丸休憩所のある場所もまるごと濠でした。平均36メートル幅の濠は三の丸休憩所の先も続き、二の丸東面の石垣に沿って折れながら天神濠《てんじん》まで続いていたのです。三の丸尚蔵館の3分の2くらいも、濠が埋め立てられた跡に建っています。

現在は天神濠が残るのみで、かつての姿をイメージするのは至難の業ですが、ありがたいことに明治初期に撮影された古写真が残っていて、在りし日の姿を教えてくれます。次ページの古写真は、大手三の門にかかる下乗橋の前から見た光景です。現在とはまったく異なる光景に度肝を抜かれるでしょう。大手三の門から南側の濠沿いには、百人二重櫓、寺沢二重櫓、御弓多聞、玉薬多聞、蓮池巽三重櫓がずらりと並び、写真の左端には桔梗門の枡形も確認できます。

明治4年（1871）に横山松三郎《よこやままつさぶろう》が大手三の門番所付近から濠の北側を撮影した古写真（東京国立博物館蔵）には、二の丸巽奥三重櫓、東多聞櫓、東三重櫓が並び、右端には三の丸中仕切り門が写っています。至近距離に三重櫓が一直線に並び立つ姿は、とにかく圧巻《あっかん》です。

櫓は三層の三重櫓、二層の二重櫓、単層の平櫓、長屋のような多聞櫓などがありますが、三重櫓は天守代用とする城もあるほどで、城内に複数あるのは徳川幕府系の城を中心とした大城郭だけです。徳川大坂城に12棟ありましたが、一般的には1棟か2棟しか存在しませんでした。江戸城には巨大な三重櫓が本丸に5棟、二の丸に3棟の計8棟もあったのですから、それはもう圧巻だったでしょう。平櫓はひとつもなく、それ以外は二重櫓または多聞櫓でした。江戸城の三重櫓と二重櫓は独立していて、古写真に写る二の丸巽奥三重櫓は、天守と見紛《みまご》うほど立派で意匠も見事です。

二の丸の南側は蛤濠に沿って、東西方向に城内最長の箪笥《たんす》多聞が建ち、南西隅には蓮池二重櫓、南東隅には巨大な蓮池巽三重櫓がありました。城内でも目立つ位置にある蓮池巽三重櫓は、蛤濠越しに見れば本丸の富士見三重櫓と重なり合い、象徴的な存在だったと思われます。正確な大きさはわかりませんが、南面と東面はふんだんに設けられた破風が壁面を飾り、最上層の入母屋《いりもや》破風《はふ》の平側（東・西面）には裾唐破風が二面とも設けられ、初層には平側に裾千鳥破風、妻側には切妻破風が飾られていたようです。

下乗橋前より二の丸蓮池巽三重櫓方向
（『鹿鳴館秘蔵写真帖』一般社団法人霞会館所蔵）

二の丸の東・南・北側の塁線は、石垣を凹ませた入隅と出っ張らせた出隅が繰り返され、横矢掛かりが意識されていました。とりわけ二の丸への玄関口となる大手三の門周辺は厳重で、石垣をジグザグと屈曲させ、突出部に三重櫓と二重櫓を一直線にずらりと並べて横矢を掛けていたのがわかります。その姿はまるで、石垣と巨大な櫓でつくられたバリケード。このように一直線に並べて威圧する構造は、江戸城ならではといえそうです。

たとえば、御弓多聞が東側に出っ張るように建つのは、横矢を掛けるためです。御弓多聞から北につながる石垣上にも、寺沢二重櫓、L字に折れる絵御蔵多聞、その先に百人組櫓続多聞、百人二重櫓が建ち並び、大手三の門渡櫓へとつながっていました。まさか、巨大な大手門を通過した直後に広大な濠と豪壮な櫓群に通せんぼされるとは思いもよらないでしょう。寺沢二重櫓から続く折れは内桜田門に向けての出枡形横矢になっていて、ここでも巧妙な設計に唸らされます。

大手三の門の北側も秀逸《しゅういつ》です。前述の通り、石垣上には東南隅に二の丸巽奥三重櫓、鉤の手に連なる多聞櫓、東三重櫓が建ち並んでいました。粋なことに、これらの櫓群は二の丸御殿庭園の借景になっていたそう。美しさと強さを兼ね備える、という城の真骨頂《しんこっちょう》が感じられます。東三重櫓から折れ曲がったところには北二重櫓があり、このラインが横矢を掛けながら二の丸の北面を固めていることにも感服させられます。

○大手三の門（下乗門）～御三家以外は降りるべし

二の丸の入口となる門で、御三家以外はここで乗りものを降りなければならなかったことから下乗門とも呼ばれます。門前の濠に架けられた下乗橋という木橋を渡り高麗門を抜けて枡形内に入り、橋の手前には大番所もありました。枡形と城門は寛永6年に酒井《さかい》忠世《ただよ》、真田《さなだ》信之《のぶゆき》らにより築かれたといわれます。立派な枡形門で、枡形内には同心番所が現存しています。

見どころは石垣で、とりわけ櫓台の石垣は圧巻です。城門は、必ず人の目に触れる場所。しかも、この大手三の門は諸大名が登城の際に必ず通過しますから、語らずして幕府の威厳と威光を示すのです。すべての石の表面に、ノミはつり（↓P153）が施《ほどこ》され、美しさも格別です。

白い巨石は、瀬戸内海沿岸か犬島もしくは小豆島から運ばれた花崗岩《かこうがん》。櫓台の西側では長さ3・5メートル、幅1・3メートル、奥行き3・4メートルを測るものが隅角に4〜5段、平側で7〜8段積み上げられています。中之門左右の巨石とともに、宝永《ほうえい》元年（1704）に鳥取藩主・池田吉明により大改修されたものと考えられます。

大手三の門（下乗門）の石垣

○同心番所〜枡形内でセキュリティチェック

同心番所は、城内に現存する番所のひとつです。番所とは城内に置かれた検問所のようなもので、城内の要所に置かれ、城内に出入りする者の管理と監視を行いました。番所の軒丸《のきまる》瓦《がわら》などの紋は三《み》つ巴《どもえ》ですが、鬼瓦だけは徳川家の家紋である三つ葉葵が輝いています。

番所は、武家諸法度公布後も自由に増改築できた簡易的な建物ですが、その役割は重要でした。規模はまちまちですが、大部分が平屋建てで内部に2〜3室が並立し、正面の屋根の下に庇がつきます。この独特の構造が、全国に定着していきました。同心とは下級武士の役職名で、幕府の諸奉行・所司代・城代・大番頭などの配下に属し、与力の下で庶務や警備が仕事でした。

同心番所

鬼瓦の家紋・三つ葉葵

コラム⑥　重要文化財が少ない理由

城内に3棟も番所が現存するのも、江戸城の大きな見どころです。貴重な遺構なのに国の重要文化財に指定されていないのは、この場所が宮内庁により管理されているから。江戸城は、吹上御所・西の丸・皇居東御苑が宮内庁に、皇居外苑と二の丸庭園は環境省の管轄《かんかつ》になります。皇室所有のものは文化財保護法による国指定重要文化財の対象外となるため、３棟の現存番所をはじめ平川門や桔梗門、４棟の現存櫓も重要文化財に指定されていないのです。江戸城内の国指定重要文化財はわずか３棟（外桜田門・田安門・清水門）ですが、決して遺構がないわけではありません。

百人番所

○百人番所～１２０人が厳重警備

現存する百人番所は江戸城内最大の番所で、本丸・二の丸への最後の検問所でした。諸大名はこの番所で再び改められ、数人のみのお供を引き連れて中之門へ向かうことになります。

長大とはいえ本当に１００人も詰められたものか、と疑問が湧《わ》きますが、実際には１２０人の役人が常駐《じょうちゅう》していたようです。４組20騎の与力と１００人の同心が交代で詰め、昼夜問わず見張り番をしていました。

与力は同心より位の高い役職で、現在でいうところの警察組織の中核です。同心を指揮して、捜査や治安維持などの警護にあたります。与力は町奉行の支配下だけでなく、遠国奉行・所司代・大番頭などの管轄下にあって警察や庶務、裁判事務などを担当しました。警察組織は町奉行所、与力、同心の順番で構成され、いずれも武士です。江戸時代の警察というと岡っ引きが有名ですが、彼らは組織では同心の配下。現在でいうところのお巡《まわ》りさんのようなもので、実際に犯人を捕まえたり、犯罪捜査をしました。岡っ引きは武士ではなく町人でした。

○銅門～銅と書いて〝あかがね〟と読む

銅門《あかがねもん》は、大手三の門の西側にあった門です。二の丸御殿への虎口は2つあり、北からは本丸汐見坂下の下梅林門南側に開く中仕切門、南からは銅門でした。銅門には現在でも、渡櫓南側の櫓台と北側の枡形の石垣が残っています。

白鳥濠～御書院門

○白鳥濠～濠に浮かぶ能舞台

白鳥濠《はくちょうぼり》はかつて本丸東側をめぐっていた濠の一部で、大きく東へ出っ張り池泉をつくっていました。家康の入城直後に埋め立てられ、慶長10～12年頃に掘り起こされたようです。

明暦の大火や元禄大地震までは池泉に面して二の丸御殿の広間と広縁がつくられ、『寛永十二亥年二之御丸指図』（東京国立博物館所蔵）からは、広縁が釣殿《つりどの》形式で、一部が池上に突き出していたことが推定されます。目を見張るのは、池泉に能舞台が浮かぶように描かれていること。どうやら2代秀忠《ひでただ》の時代には、二の丸御殿広間と広縁から能や狂言を鑑賞できたとみられます。舞台の西側には本丸の高石垣、その上にそびえる台所前三重櫓と本丸東多聞が見え、さらに築山が能舞台の借景になる優雅な空間だったようです。

○二の丸庭園と二の丸御殿～二の丸にも大奥があった

最初の二の丸庭園は、3代家光《いえみつ》の頃に小堀遠州《こぼりえんしゅう》によって造園されたといわれます。築山や池、茶室などがあったようですが、その後、幕末までたびたび改変されています。現在の二の丸庭園は昭和42年（1967）に復元された池泉回遊式庭園で、四季折々の花や緑が豊かな一帯となっています。諏訪茶屋から都道府県の木々が植えられている一帯が、元禄再築以降の二の丸御殿大奥の長局《ながつぼね》。二の丸御殿は、おもに前代将軍の正室や側室の住まいでした。

○中之門～本丸への道のりをシャットアウト

二の丸から本丸への4つの登城道のうち、諸大名の登城道となるのが中之門から御書院門《ごしょいんもん》（中雀《ちゅうじゃく》門）へと進むルートです。さすがは諸大名が通る本丸の正面玄関だけあって、中之門は強烈なインパクト。現在は石垣しかありませんが、それでも目の前にすれば思わず足を止めてしまうでしょう。本丸目前まで来た諸大名も萎縮《いしゅく》し、後ずさりしてしまいそうな威圧感があります。

城内最大の巨石を積み上げた城門左右の櫓台石垣は万治《まんじ》元年（1658）につくられたもの。元禄大地震後に積み直したもので、犬島から運ばれた花崗岩、南東伊豆産の凝灰岩をはじめさまざまな石が集められました。平成17～20年（2005～08）の石垣修復工事中に石の側面から刻文が見つかり、元禄大地震の翌年、宝永《ほうえい》元年に鳥取藩主の池田吉明により積まれたことが判明しています。

中之門の特徴は、枡形門ではないことです。枡形門でないと軍事力が劣り城門としての機能が低下するように思えますが、中之門にそんな心配はご無用。まるで巨人が両腕を広げて立ちはだかるかのように、壮大な石垣と巨大な渡櫓門が立ちはだかります。ベルリンの壁かぬり壁か、といった様相で

中之門の石垣と大番所

江戸時代の中之門・重箱櫓
『旧江戸城写真帖』(東京国立博物館所蔵)
Image：TNM Image Archives

す。明治4年に横山松三郎によって撮影された古写真を見れば、その存在感は一目瞭然です。門前の人々と比較すると、中之門の威容がわかるでしょう。そこから中之門より先の様子はまったくうかがえず、世界が分断されているかのように見えます。

門は大扉2枚が鏡柱に挟まれ、左右双方に潜戸《くぐりど》がついていました。扉の丸穴の礎石《そせき》、鏡柱と支柱の礎石が残り、これらの礎石群と門内には石製の磚《せん》（平板）が敷《し》き詰《つ》められ、正門たる格式を示しています。想像力の翼を広げてそのスケールを味わってください。

○蓮池門～細長い枡形門

諸大名は、百人番所がある広場から中之門を通過し、本丸へと向かいます。現在では中之門の南側へは立ち入ることができませんが、かつては中之門多聞櫓の南側に寺沢門、その先の南隅に蓮池門があり、二の丸西曲輪を形成していました。

蓮池門は明治に入り名古屋城の離宮正門として移築され、第二次世界大戦の空襲で焼失するまで現存しました。現在の名古屋城入口の櫓門は、江戸城蓮池門の外観復元です。

○大番所～かつては逆L字形

現存するもうひとつの番所が、中之門を抜けたところの大番所です。大番所は東西棟の西側に南北棟がくっついた逆L字形で、東・南側に庇《ひさし》がめぐります。建物に付された家紋は多くが明治以降に菊紋に取りかえられますが、大棟と隅棟の鬼瓦を見るとなぜか葵の御紋のままです。

コラム⑦ 江戸城の通路

中之門を抜けると、巨石を用いた中之門の切込接の石垣から一変、表情のある打込接の石垣が立ちはだかり圧倒されます。もうひとつ驚かされるのは坂道の幅広さで、現在は舗装《ほそう》されているものの、古絵図を見る限り道幅は現状と大差ありません。

城の通路はむやみに広げないのが常識で、とりわけ戦闘を意識した城は敵兵の侵入を制限すべく、狭く複雑につくります。中之門から先はわずかなお供を従えての登城となるため、これほど幅の広い通路は必要ありません。つまりこの広い道幅の目的は、江戸幕府と徳川将軍家の格の高さを示すこと。江戸城の中枢部である、将軍のおわす本丸が目前だという緊迫感が漂《ただよ》います。左手には、石垣上に屏風多聞が鉤の手に連なっていました。

かつて階段だった通路は歩きやすい緩やかな坂道になっていますが、こうした状況を踏まえて周囲の石垣上に櫓が建ち並ぶ姿を想像しながら歩くと、異常なまでの閉塞感《へいそくかん》に苛《さいな》まれ、臨場感を味わえるはずです。通路の突き当たりには新御門があり、その先には腰曲輪がありました。

また、注目したいのは高低差です。御書院門付近と二の丸では約15メートルの高低差があります。この地点が台地と低地の境にあるからです。わざわざこの場所に大名が登城する通路を設定しているところに、大名を威圧する意図が感じられます。

○御書院門（中雀門）～金ピカに輝く本丸玄関

御書院門は本丸へ至る最後の城門で、玄関前門ともいわれます。江戸城本丸の玄関門だけのことはあり、武威《ぶい》を示す豪華なつくりです。

通路を右折してすぐの石垣の左右に、長方形の穴があいています。これは柱の穴で、この位置に書院門という冠木《かぶき》門（冠木を渡した屋根のない門）がありました。左手の石垣上には御書院出二重櫓、その奥には御書院二重櫓が並び建つという豪壮な構えでした。枡形の塁線上に二重櫓が至近距離で並び建つのは珍しく、いかにも江戸城本丸目前の虎口たる威容を誇ります。本丸休憩所に、明治初年に撮影された古写真と、ほぼ同じアングルで撮影された現状の写真が２枚並べて掲示されています。あまりの変貌ぶりに驚きますが、ぜひ見比べてみてください。

枡形内には番所があり、右折すると御書院御大御門がありました。『御書院門旧観図』（国立公文書館内閣文庫所蔵）には、袴《はかま》姿の役人らしき３人がひとつずつ本丸に向かって櫓門を通過する様子が描かれています。宝塚の大階段か、はたまた「蒲田《かまた》行進曲」に出てくる池田屋の階段かというくらいに存在感のある階段上に、櫓門はそびえていたようです。通称・中雀《ちゅうじゃく》門と呼ばれるのは、扉に真鍮《しんちゅう》（銅と亜鉛の合金）の化粧金具を取りつけた鍮石《ちゅうじゃく》門だったからです。本丸の南にあることから、四神思想に基づき、南の守護神・朱雀《すざく》から名付けたとの説もあります。

櫓門の石垣表面が黒ずみ打ち砕かれたように荒れているのは、火災により石が焼けたせいで、文《ぶん》久《きゅう》３年（１８６３）の火災痕といわれます。石は焼けると、こうして玉ねぎのようにぽろぽろと剝《む》けていくのです。櫓門の東側には御納戸多聞という多聞櫓が建ち、北側の御細工所多聞に鉤の手でつながっていました。

本丸御殿跡

本丸

○本丸御殿～暴れん坊将軍もここに

御書院門を抜けると、ついに本丸に到着です。ちょうど2本のクスが門柱のように立っているところに本丸御殿の車寄と玄関があり、左手には高貴な者だけが通行できる塀重門がありました。本丸御殿は現在の芝生広場一帯にあり、南から北へ向かって表・中奥・大奥と並びます。

本丸休憩所がある場所も、表の範囲内です。本丸休憩所には前述した御書院門の古写真だけでなく、大手門や中之門などの古写真も、明治初期と現状の写真が並べて掲示されています。裏手には、白鳥濠に突き出す台所前三重櫓台を利用した展望台もあります。

慶長天守は芝生広場の中央、バラ園のすぐ東側あたりにあったと考えられます。寛永期以降の本丸御殿では、このあたりは中奥です。本丸西端にある石室のやや北側くらいから北が大奥で、天守台の南側一帯が御殿向、桃華楽堂がある天守台東側の一帯が長局向《ながつぼねむき》でした。

○富士見櫓～天守匹敵の現存三重櫓

本丸に現存する2棟の櫓のひとつで、江戸城に現存する唯一の三重櫓です。慶長11年（1606）頃に創建され、明暦3年の明暦の大火で焼失。その後、万治2年（1659）に再建されたと考えられています。高さ約15メートルの石垣の上に、高さ約16メートルの三重櫓が載ります。

もともとこの場所には、太田道灌時代から静勝軒という2階または3階建ての建物があったとされます。家康時代には本丸中央の天守と並ぶ標高にありました。現在も緩やかな坂道の上に建っていて、城外側から見れば高台にそびえているのは一目瞭然でしょう。家康が土井利勝に静勝軒を与えた跡地に、2代秀忠《ひでただ》が建造したようです。大正12年（1923）の関東大震災で損壊し2年後にセメント修復されましたが、昭和42年（1967）の修理で旧態の白漆喰総塗籠《しろしっくいそうぬりごめ》の大壁に戻されています。

富士見櫓

明暦の大火後は、再建されなかった天守の代用として江戸城の象徴的な建物だったようです。この櫓から、将軍が富士山や両国の花火、品川の海などを眺めたともいわれます。

櫓は通常であれば城外側だけに装飾がされますから、本丸側から見える2面には窓は設けられているものの破風はありません。富士見櫓の外側は美しい破風で飾られていて、初層は妻側に唐破風、平側に切妻破風があしらわれています。それぞれ初層の外壁面を3分の1ほど出窓のように張り出させて、床面は石落としとしています。平側は二重目にも唐破風が飾られています。

本丸からはフェンスに遮《さえぎ》られて近づけず遠くから後ろ姿を見るにとどまりますが、一般参賀や特別参観の際は正面から威風堂々とした姿を至近距離で見上げられます。家康時代に築かれた古い石垣とその上にそびえる富士見櫓は、東京のど真ん中にこんなに立派な城があったのか、と感激必至です。城の東側と南側から見ると、絶妙に角度をずらしながら連なる三重・二重櫓や多聞櫓のラインの頂点に富士見櫓があったようです。まさに、江戸城の顔だったのでしょう。

コラム⑧ 天守代用とは?

全国の城を歩いていると、天守代用という言葉を案内板などでよく見かけます。元和元年(1615)の武家諸法度により建物の新築・改築・修築に幕府の厳しい規制がかかると、天守の新築は非現実的。そこで、三重櫓を建造し天守の代わりとする城が全国にたくさん登場しました。

現存する弘前城(青森県弘前市)の天守も丸亀城(香川県丸亀市)の天守も、築造年から推察すると櫓として建てられ、天守代用とされたと考えられます。壁面の装飾が城外側にしかないのはそのためでしょう。富士見櫓は全国の小さな城であれば天守に匹敵するほどの規模と意匠ですが、天守代用とはせずひとつの櫓とするところに徳川家の格の高さと誇りが感じられます。

○御休息所前多聞〜たかが倉庫と侮るなかれ

本丸内に現存するもうひとつの櫓で、数寄屋前多聞ともいいます。皇居東御苑では富士見多聞と呼ばれます。多聞櫓とは、土塀の代わりに石垣上に建てられた長屋のような長い櫓のこと。御休息所前多聞の高さは約6・3メートルで、延べ面積は155・17平方メートル。富士見櫓と同じく慶長11年頃に創建され、明暦の大火で焼失、万治2年に再建されたと考えられています。関東大震災で損壊しましたが、すぐに復旧。昭和43年に解体修理されています。

御休息所前多聞

木々に隠れつつ平地にぽつんと残存しているように見えますが、なんと高さ19メートルもの高石垣の上に建ち、石垣の下には蓮池濠が穿《うが》たれています。蓮池濠の向こう側は西の丸で、つまり本丸と西の丸は蓮池濠によって分断され、鉄壁となって本丸を守る高石垣の上に、御休息所前多聞が建っていることになります。

一般参賀や特別拝観のときは、西の丸から石垣上の御休息所前多聞を見られます。本丸側から見る姿は日陰の体育倉庫のようですが、西の丸側から見る姿は別モノ。平成28年（2016）11月からは内部の一般公開がはじまりました。城を歩いていると、わざわざ登城道を通るより簡単に本丸に着ける近道があるように感じることがあります。しかし、近道らしき脇道から先まわりしようと横着すると、たいてい行き止まりか遠まわりです。簡単に本丸に侵入されないように設計されているのですから、当たり前です。

江戸城の本丸への道のりも、複雑に折れ曲がる通路を延々と歩き、4つも城門をくぐり抜けなければ到達できません。御休息所前多聞を目の前にすると、正規のルートを通らなくてもこちら側から簡単に入れそうな気がします。しかし櫓の向こうはこの高低差ですから、侵入は不可能。結局のところ、大手門からひとつずつ突破するのが賢明なのです。

蓮池濠に向かって攻撃できる櫓は、御休息所前多聞だけではありませんでした。かつては横矢を掛けるかたちで、鉤の手状に南側にもう1棟連なっていました。蓮池濠に面した高石垣上に複数の櫓が並び建っていたとなれば、まさに鉄壁だったでしょう。

○庭園跡～ナゾの茶畑と石ころ

御休息所前多聞がある本丸西側の散策コースは高まりになっていて、茶畑や不思議な立石群があります。これは、本丸御殿中奥の御休息之間の前にある庭園の跡です。

御休息所前多聞の北側には、明暦の大火前には二重櫓が、さらに北側には三重櫓が寛永末期の絵図に確認できます。西埋門石垣あたりに柚木多聞があり、南側と御休息所前多聞までの間には文久3年に焼失するまで2棟の二重櫓がありました。

○天守台～日本一の天守がここに！

本丸芝生広場の北西隅にあるのが、現存する天守台です。現在は一部を残し地階部分が埋め立てられていて、1階部分が展望台のようになっています。一部の埋められていない部分には雁木があり、それを踏まえて四方に目をやると、各辺に雁木が確認できます。ここでは天守台のスケールと石垣の美を堪能《たんのう》してください。日本一美しい算木積み、幕末の火災痕も忘れずに。

天守台

北桔橋門～平川門

○北桔橋門～必要なときだけ使う臨時の橋

天守北側と北の丸方面をつなぐ城門で、橋は約6メートルの土橋と木橋から成り、日頃は木橋を跳《は》ね上げていました。高麗門の冠木には4つの吊るし金具がついていて、滑車を吊るして跳ね上げていたしくみがわかります。北の丸と本丸を直接つなぐことから、北の丸に居《きょ》を構《かま》える御三卿の当主か将軍の出入りに使われた可能性が考えられます。

必見は、城内屈指の高石垣。平川《ひらかわ》濠に面する北桔橋《きたはねばし》門東側の石垣は、西国の城を彷彿《ほうふつ》させる見事な高石垣で高さは約21メー

北桔橋門

トル。西国の名立たる名城の石垣にもひけをとらない、全国でのトップ10に入る高さです。刻印石も多く、松平定行《まつだいらさだゆき》や立花宗茂《たちばなむねしげ》とされる刻印も見られます。

古写真を見ると、北桔橋門櫓門続多聞の枡形に、木樋（水を通すための木製の樋《とい》）が映っています。玉川上水の水源は諸説ありますが、万治2年時の絵図によれば、水は天守台の東と南をまわりこんで東西2本に分岐。東は大奥の池泉、御殿東の通路、御書院門を下って中之門に至り、西は奥の泉水から本丸御殿の床下をくぐって富士見櫓近くで蓮池濠に放流されます。飲用水ではなく庭園用水が主目的だったようです。乾《いぬい》濠の水位は高く、東側の平川濠は低くなっていて、水戸違いになっています。

○汐見坂と汐見坂門～かつてはここから海が見えた

その名の通り、家康入城時には日比谷入り江が見下ろせる坂道だったと考えられます。家康が最初に手を入れた文禄～慶長期の改築で汐見《しおみ》坂《ざか》門と坂道は廃止され、坂の下は白鳥濠から天神濠まで濠が続いたようです。藤堂高虎《とうどうたかとら》の縄張により慶長11年から本格的な築城がされると坂道が復活し、本丸と二の丸御殿曲輪への虎口となったとみられます。汐見坂門の正面、坂上の南面には汐見南二重櫓がそびえていました。

汐見坂の北側、坂道を下って左側の石垣で、近年新発見がありました。平成19年（２００７）の石垣修復工事で石材の背面から刻文が見つかり、元禄《げんろく》大地震翌年の大改修で細川忠興《ほそかわただおき》が助役を担当し、美濃屋庄次郎なる人物が率《ひき》いる石工集団が工事を担当したことがわかったのです。汐見坂東側の石垣は家康時代から明暦頃までは社殿と書院が一段低い位置にあり、明暦の大火で社殿などは焼失したため、現在のように白鳥壕と同じ高さに底上げしたようです。

興味深いのは、石垣の強度と技術の差です。宝永《ほうえい》元年（１７０４）に積まれた汐見坂東北の石垣が平成19年に修復工事されたのは、崩れる危険性が生じたからです。つまり、慶長11年に積まれた白鳥壕から富士見櫓にかけての石垣より後に積まれたにもかかわらず、先に崩落の危険性が生じているのです。これは石垣が継ぎ足されたせいもあるのかもしれませんが、慶長年間から寛永年間の石積技法のほうが強度が勝《まさ》っていた証ともいえそうです。

◯上梅林門～刻印石の宝庫

梅林坂《ばいりんざか》の上に開かれていたのが上梅林門です。文久３年の火災で焼失し、焼けただれた石垣に惨事の痕が残ります。櫓門の手前には番所がありました。本丸大奥とは塀で厳重に仕切られ、門内は孤立した空間になっていたようです。本丸大奥からの出入りは、切手門を通過し１８０度折り返して上梅林門を抜け、下梅林門を経て平川門へ向かうのが唯一のルートでした。汐見坂は二の丸との往来時のみ使われたようです。

見どころは、梅林坂の両側にある石垣です。北面約57点、南面約36点の刻印があります。上梅林門

梅林坂南側の石垣

左側隅には「十一」か「十十」の刻印もはっきりと見えます。北桔橋左右の石垣とともに刻印符丁が多く、墨書もかなりあったとみられます。積石のほとんどは伊豆産の安山岩ですから、諸大名が見分けるための印でしょう。

○下梅林門〜パッチワークのような江戸切り

梅林坂を下りて平川門へ向かう途中にあるのが下梅林門です。約60メートル×25メートルのプールのように東西に細長い枡形虎口で、三の丸から二の門をくぐって枡形に入り、左折し一の門にいたる内桜田門と同じ橋枡形です。どちらも、柱と扉の礎《そ》石《せき》が残ります。江戸切り（↓P154）という石垣の美しい表面加工は必見です。

○西桔橋門〜江戸城最古の二段石垣

西桔橋門は西の丸北側の吹上から本丸へ出入りする虎口で、北桔橋門と同様に滑車で吊り上げられる形式でした。将軍が吹上御殿や馬場に出向く際の通用口だったと考えられます。明治初年度の古写真では木橋が橋桁とともに写っているので、文久3年の火災で本丸の機能が二の丸や西の丸に移った後に平橋にされたようです。

木橋下方の水戸違いは興味深い遺構《いこう》です。土橋と西桔橋門の間に架かる木橋の下の部分で蓮池濠と乾濠との水位を調整できるようになっていました。乾濠に貯水される湧水の水位を保てるよう、木橋の下から蓮池濠に水が流れるしくみです。乾濠と蓮池濠はもともとひとつの池沼で、慶長期の工事までは本丸台地を二分して局沢《つぼねさわ》と呼ばれていました。

慶長期に積まれた台所前三重櫓下の石垣は、江戸城らしからぬ、あまり成形されていない巨石が積まれ力強い印象です。途中で断念した矢穴もあり、技術の未熟さも感じられます。

西桔橋門を渡り坂道（江戸時代は石段）を上り細長い枡形内を左折すると西中之門があり、そこからさらに上ると東側に折れて天守台脇の西埋門に出ます。西桔橋門から西埋門の間は珍しい構造で、本丸では唯一、土手斜面に二段の石垣が築かれています。二段石垣は高く積む技術がなかった頃、安土城や豊臣大坂城にも見られるものであるため、古い時期に積まれた可能性が考えられます。もしくは、この二段石垣の部分が『慶長江戸図』に描かれた濠の入口に合致することから、軟弱な地盤を補強するためにつくった可能性もあります。

○平川門と不浄門～絵島や浅野内匠頭もここから

平川門は大奥の女中や幕府の事務方を行う旗本、出入り商人の通用口でした。御三卿の出入口だったという説もあります。中世にはこのあたりの神田川を平川と呼んだことが、名の由来。明暦の大火後か元禄大地震後に、現在のような枡形虎口になったようです。

平川門は高麗門と櫓門で構成される現存の枡形門ですが、ほかの枡形門と違うのは、渡櫓の西側に

平川門渡櫓と山里門

もうひとつ山里門《やまざと》という高麗門があることです。平川門は鬼門の方角に位置し、死人や罪人を送り出すのに使われたことから不浄門ともいわれますが、この変則的な山里門こそが不浄門で、該当者はここから城外に出されたようです。

山里門は北の丸竹橋門から平川門まで平川濠に沿って続く細長い帯曲輪にありますが、帯曲輪の北側は竹橋門に突き当たっていますし、天神濠経由で二の丸と三の丸の間を進むとしても桔梗門前と桜田門前の水戸違いが邪魔して中濠や外濠には出られません。『享保年間江戸城絵図』を見ると平川門枡形石垣の北西側に船着場の雁木が描かれていることから、ここを船着場として大手濠、道三濠を経由して和田倉門を右折し日比谷方面や外濠に抜けたと考えられます。絵《え》島《じま》生島《いくしま》事件の絵島もここから配流され、元禄14年（１７０１）に本丸御殿松の廊下で刃傷事件を起こした浅野《あさの》内匠頭《たくみのかみ》長矩《ながのり》も、この門から出され船で芝の田村邸に運ばれたといわれます。

平川門に架かる平川橋には、すべての欄干に6冠の擬宝珠《ぎぼし》が冠されています。平川門にもともとあった擬宝珠のほか、和田倉門前、西の丸大手門前の各橋にあった擬宝珠を移したものです。なかには慶長19年の大工の銘文もあります。

コラム⑨　全国的に貴重な石狭間

平川門枡形内にある石狭間《いしざま》は石製の狭間で、石垣の上端の石に狭間を彫《ほ》り、上部に土塀や櫓を載せたものです。土壁にあけられた一般的な狭間と同じく、城内側を広くして射程範囲を広げる設計ですが、城外側から見たときにほとんど狭間の位置がわからないことが大きな利点。平川橋の上から目を凝《こ》らすと、それがよくわかります。石垣と土塀の間にあいた小さな穴は、言われなければほとんど気づきません。当然ながら狭間は城外からわからないほうが望ましく、実用面でも申し分ありません。現存例は大坂城大手門や岡山城月見櫓脇などにしかない、貴重な遺構です。

平川門枡形内の石狭間

北の丸

○北の丸～戦後、北の丸公園に

北の丸公園、日本武道館や科学技術館、東京国立近代美術館のある一帯が北の丸です。明治以降は兵営地などに利用されましたが、戦後は皇居周辺の緑地としての活用が決まり、森林公園として改修され環境庁（現・環境省）管理の北の丸公園となりました。現在は竹橋交差点から千鳥ヶ淵《ちどりがふち》交差点へ出る道路や首都高速都心環状線によって北の丸と本丸・吹上が分断されていますが、本来は本丸台地とは丘続きで、局沢が本丸と吹上台地を分けていました。

○田安門〜日本武道館の隣にある門

東京メトロ・都営地下鉄九段下駅から日本武道館へ向かうとき、必ずくぐり抜ける大きな門が田安《たやす》門です。日本武道館のゲートのようですが、紛《まぎ》れもなく江戸城搦手の出入口。高麗門と櫓門で構成されるかなり立派な枡形門です。渡櫓は関東大震災で崩壊し昭和39年（1964）の東京オリンピックを機に復元されたものですが、その下の櫓門は現存です。高麗門と土塀は門扉の肘坪《ひじつぼ》（蝶番《ちょうつがい》と同じように扉を開閉させるために取りつける道具）に、寛永13年（1636）の銘文があります。明暦の大火でも焼失を免《まぬが》れた2棟の城門は、国の重要文化財に指定されています。

日本武道館に訪れる人は、知らず知らずのうちに江戸城内で最古式の右折枡形の枡形門を正しいルートで通過することになります。すっかり役目を終えた枡形門に晩年の穏やかさが感じられて、平和な日本の縮図にも思えて感慨深くなります。

田安門は、御三卿のひとつ、田安家の屋敷門です。田安家は、享保《きょうほう》15年（1730）に8代将軍吉《よし》宗《むね》の次男・宗武《むねたけ》が田安門内の西側に屋敷を与えられ一家を興《おこ》したのがはじまり。田安門の内部、現在の北の丸公園の西側ほぼ半分の広大な敷地に田安家の御殿が築かれていました。『慶長江戸図』によると、田安家の屋敷になる前は三河西尾藩主・本多康俊や有力旗本ら15家の屋敷地が並びます。『寛

『永江戸図』にも、大名や旗本の屋敷が描かれています。寛永6年に田安門を修復したのは、越前福井藩主の松平忠昌《まつだいらただまさ》（結城秀康の次男）。ですから、田安門といっても田安家の門としてつくられたのではなく、後に田安門になったということになります。

　高麗門前の土橋に立ち左右の濠の水位を確認すると、西側の千鳥ヶ淵のほうが、東側の牛ヶ淵《うしがふち》より10メートル以上水位が高くなっています。ここも水戸違いで、千鳥ヶ淵の水位を保つために土橋に穴があいているのが明治初年の古写真で確認できます。

田安門

　千鳥ヶ淵は巨大な池を濠として取り込んでいます。そのため濠幅は１８０メートルにも及ぶともいわれ、城内屈指の広大さを誇ります。現在は千鳥ヶ淵交差点付近で分断されますが、かつては半蔵《はんぞう》濠とつながり、吹上曲輪の西側を覆《おお》っていたようです。牛ヶ淵側もなかなかの景観で、屈曲する石垣のラインとその外側に設けられた犬走《いぬばし》り（細い通路）が特徴です。

○清水門～ほれぼれする二重枡形

　宝暦《ほうれき》８年（１７５８）以降、御三卿の清水家の表門となったのが、北の丸の東側に突き出すように設けられた清水門です。北の丸公園の東半分に、清水家の御殿がありました。渡櫓は昭

清水門

和39年に絵図などをもとに再築されました。渡櫓下部の城門と高麗門が国の重要文化財に指定されています。

高麗門と左右の土塀は、高麗門扉と支柱をつなぐ肘坪《ひじつぼ》に明暦の大火直後の万治《まんじ》元年（1658）の再築と刻まれています。清水門の創建年代は不明ですが、元和6年に存在したのは明らかです。寛永元年に安芸広島藩主の浅野《あさの》長晟《ながあきら》によって再建されたものの、明暦の大火で類焼したとみられます。

田安門にも清水門にも石火職人の名が刻まれるのは、支柱に扉を吊るす肘坪金具に火薬の爆発にも耐えられ、木板に銅板または鉄板を張り鉄鋲やさまざまな金具を打ち込んだ潜戸がついた重い扉を支えられる強度の高さが求められるからのようです。

清水門枡形を2つ並べた二重枡形虎口で、高麗門と櫓門に挟まれた枡形のほか、櫓門を抜けた先にも枡形がある特殊構造です。2つめの枡形を折り返した後は段差がやけに広く歩きにくい急勾配の石段を上っていくのですが、この石段も旧状を残すものです。

高麗門前の土橋に架かる小さな石橋も、見逃せません。北側の牛ヶ淵と南側の清水濠の水位を調節するためのもので、石橋の下から清水濠へ流れ落ちる小滝が確認できます。

清水門付近は刻印石の宝庫でもあります。櫓門の石垣のほか、雁木にもたくさん見つけられます。

内堀通り手前の東側の隅角石に刻まれた「五目」は、下から５つめの石という意味でしょうか。となると濠の深さは４石分ということになるな、などと想像できます。

○竹橋門～かろうじて残る石垣

　現在の竹橋交差点のあたりが、竹橋門跡です。現在の竹橋よりやや西寄りに、清水濠にかかる竹橋がありました。橋を渡り切ったところが竹橋門で、その先は紀伊国《きのくに》坂となります。虎口の脇は公園化された小さなスペースになっていて、そこから構造を見ることができます。

　高麗門が西の橋詰にあり、枡形を右折して櫓門を抜けると北の丸にいたる枡形門でした。枡形を左折して１８０度迂回すると竹橋帯曲輪門という櫓門があり、ここから東側には長さ約１６０メートル、幅十数メートルの帯曲輪が平川門内の山里門まで続きます。竹橋虎口の脇の公園から見える帯曲輪が竹橋虎口の石垣と接するところの角石垣が、竹橋帯曲輪門の石垣です。

西の丸と吹上

○西の丸大手門～明治につくられた皇居正門

　皇居正門である西の丸大手門は、江戸時代には西の丸の正面玄関でした。二重橋濠に架かる西の丸大手門橋は寛永元年にかけられ、西の丸大手門は寛永４年に完成したとされます。枡形の前方に高麗門、後方に櫓門がある横長な枡形虎口でしたが、現在は高麗門が撤去され、渡櫓門が前面に押し出された、重の門になっています。通称・眼鏡《めがね》橋と呼ばれる現在の橋は明治20年（1887）に架けられたもので、正式名称は正門石橋です。

橋の先は、かつて弓矢の練習所があった的場曲輪です。西の丸御殿にいたる馬出《うまだし》のような曲輪で、的場曲輪中仕切門を経て二重橋を渡る構造でした。

○二重橋〜濠が深すぎて二重構造に

二重橋は、西の丸御殿の正門である御書院門前にかかる重要な橋です。的場曲輪と西の丸をつないでいました。前述の通り、二重橋と呼ばれるのは橋桁を二重に架橋していたからです（↓P167）。的場曲輪と西の丸の間の二重橋濠は、水面からの法高《のりだか》（傾斜面の高さ）が約20メートルもあり、幅もなんと平均16メートルに及びます。伏見櫓台石垣から水面までの深さは24メートル、御書院門桝形虎口上からは水面まで20メートルもあります。あまりに高く橋脚が立てられないため、両側の中段に平場をつくって中段橋桁を渡し、その上に橋脚の支柱を立てるという二重構造でした。

○西の丸御書院門〜西の丸御殿の玄関

西の丸御書院門は、西の丸関前門ともいわれる西の丸御殿の玄関です。西の丸御殿の正門だけあり、石垣の加工の美しさは城内でもトップクラス。大きさの整った切石、しかも御影石や安山岩など色とりどりの石で積まれ、その石の表面には江戸切りが施《ほどこ》され（↓P154）勾配のラインが美しく見えるように工夫されています。

○伏見櫓と2つの多聞櫓〜実は隠れてもう1棟

二重橋の借景となって江戸城の顔になっているのが、約20棟あった二重櫓のうち三の丸巽櫓とともに現存する伏見櫓です（↓Ｐ１６７）。明暦の大火やその後の相次ぐ火災からも焼失を逃れた奇跡の櫓でしたが、大正12年の関東大震災で大破。宮内庁は白セメントで外壁を修築しましたが、昭和43年に旧来の漆喰総塗籠の大壁造りに戻され現在にいたります。

伏見櫓の東側には伏見十四間多聞という多聞櫓があります。実は、さらに的場曲輪から見えない北側にも伏見十六間多聞という多聞櫓が現存しています。伏見櫓は江戸城内に2棟しか現存しない二重櫓のひとつであるだけでなく、２棟の続櫓をともなう全国的にも貴重な遺構です。

伏見櫓は、初重は平側に飾られた千鳥破風の下に石落としをともなう出窓があり、二重目は平側中央に千鳥破風の頂部を受ける形で据千鳥破風が置かれています。西の丸御書院門と山里曲輪の山里門への監視という役割を担っていたのでしょう。

伏見櫓という名称は、京都の伏見城から移築したからではなく、家康が秀吉が築いた伏見城にならって築いたことに由来するようです。伏見城を模した西の丸の櫓、の意と思われます。

西の丸には現存する伏見櫓と2棟の櫓のほか、東側に仮櫓と太鼓櫓がありました。太鼓櫓は時報や登城の合図を報《しら》せるもので、２階部分に常備されていたと考えられます。

○西の丸御殿〜将軍が隠居生活を送る場所

西の丸は、家康が秀吉の伏見城にならい築いたとされます。２代秀忠が将軍職を継《つ》ぐと本丸御殿を築いて居所とし、西の丸御殿は隠居所となりました。しかし家康は京都の伏見にいることが多く、また慶長12年には駿府城の築城を開始したため、ほとんど在城していなかったようです。次期将軍また は引退した将軍の居所となり、3代家光も西の丸で育ちました。

○山里曲輪〜小堀遠州の庭があった

西の丸とともに造営され、寛永年間には小堀遠州により回遊式庭園が造成されたようです。しかし昭和に入り新宮殿が建造されたときにほとんど失われてしまったとみられます。

○紅葉山〜東照宮本殿が遷された

西の丸御殿大奥と山里曲輪の北側一帯です。武蔵野台地の泉を拡張して、紅葉山と山里曲輪の西側を覆う道灌濠《どうかんぼり》としています。家康入城前は寺院や山林、畑などが広がる場所だったようですが、2代秀忠により本丸汐見坂門内の東照宮本殿が遷された元和4年以降、紅葉山は神聖な場となります。以後、東照宮へ向かう参道両側に秀忠以下の廟《びょう》が立てられました。

寛永16年に紅葉山の山麓《さんろく》につくられたのが、紅葉山文庫（紅葉山御文庫）です。『古事記』や菅原道真の『菅家文草』、藤原定家の『明月記』のほか、江戸幕府が諸大名に提出させた『正保城絵図』や『正保国絵図』などが保管された所蔵庫でした。その後、幕府の公式記録や幕府直轄の編纂《へんさん》事業による諸史料も追加され、最盛期には蔵書は10万冊を超えたといわれます。

ちなみに、家康が慶長7年につくった富士見亭文庫と駿府城の駿河文庫にまとめられた古典籍を、家康没後に将軍家と御三家に分けられたのが徳川美術館と水戸彰考館のはじまりです。富士見亭が佐倉城（千葉県佐倉市）に移築されたため、紅葉山に紅葉山文庫がつくられたのです。紅葉山文庫は計６棟から構成される紅葉山宝蔵のうちの３棟で、明治新政府により引き継がれ内閣文庫となった後、国立公文書館内に現存する漢籍約６万７０００点と国書約４５００点を所蔵していました。

○吹上と道灌濠～道灌濠から風が吹き上げる

西の丸西側一帯の広大な曲輪が吹上で、現在は天皇陛下の御所が置かれています。『江戸図屏風』、『寛永江戸図』を見ると、南に尾張徳川家、中央に水戸徳川家、北に紀伊徳川家の屋敷があり、明暦の大火までは徳川御三家の屋敷地でした。その後は火除け地を兼ねて、庭園に改変されました。

吹上と西の丸・山里曲輪は道灌濠で隔《へだ》てられています。道灌濠は南から上・中・下道灌濠と呼ばれ、下道灌濠はさらに２分割されています。吹上への正門は半蔵門で、通用門として乾門が使われたよう。現在の半蔵門の高麗門は吹上門または和田倉門からの移築とされます。

○千鳥ヶ淵～ボートが浮かぶ桜の名所

北の丸の西側、田安門から半蔵門まで続く濠が千鳥ヶ淵です。現在は北の丸公園と並行して千鳥ヶ淵沿道がつくられ、靖国通りの喧噪《けんそう》が嘘のように静かな空間になっています。

桜の名所ですが、桜は明治以降に植えられたもの。現在は千鳥ヶ淵交差点のところで濠が一度途切れていますが、かつては半蔵門までつながっていました。千鳥ヶ淵交差点を境に千鳥ヶ淵から半蔵濠

千鳥ヶ淵

と濠は名称を変えますが、半蔵濠という名称も江戸時代にはありませんでした。

千鳥ヶ淵と牛ヶ淵は、水位の高さに約10メートルの差があります。田安門および千鳥ヶ淵、牛ヶ淵は文禄元年もしくは慶長初年に着手したとされ、江戸でも最初期の飲料水確保のためのダムであった可能性もあります。

○半蔵門～服部半蔵が由来の本丸裏門

半蔵濠は、半蔵門交差点前で巨大な土橋によって分断されています。この巨大な土橋の城内側にあるのが半蔵門です。江戸城本丸の搦手にあたる重要な門で、警護にあたった服部《はっとり》半蔵《はんぞう》の屋敷が近くにあったことからそう呼ばれました。

半蔵門前の巨大な土橋は、土橋とは思えないほどの大きさで一見の価値があります。日比谷側の桜田濠側から見てみると、まるで小山のよう。半蔵濠あたりから日比谷方面までは緩《ゆる》やかな下り坂が続き、江戸城の高低差がよく感じられるところです。半蔵濠の掘削および石垣普請は慶長11年に伊達政宗により行われました。

○桜田濠～大自然のような絶景が広がる

半蔵門前の土橋より日比谷側が桜田濠で、外桜田門まで大きくカーブを描きながら続きます。広いところでは１００メートルを超えるほど濠幅が広く、まるで悠々とした川のようです。日比谷方面に向かって緩やかに下りながらも、城内側との高さはほぼ同じ。半蔵濠のほうが桜田濠より水位が高く、地形の高低差をうまく利用しています。

桜田濠

桜田濠からは、吹上曲輪を延々と取り巻く腰巻石垣と鉢巻石垣が見られます。土塁の下部に築かれたものを腰巻石垣、上部に築かれたものを鉢巻石垣といいます。腰巻石垣は土塁の補強、鉢巻石垣は土塁の上に石垣を築くことで防衛力を高めるためのものでしょう。

第7章　江戸城を歩く～外郭編

外濠で囲まれた区域のことを外郭《がいかく》といいます。内郭《ないかく》ライン（内郭の外周）と同じように、外郭ライン（外郭の外周）にも枡形《ますがた》門が設けられていました。

214・215ページの図のように、江戸城の外濠は雉子橋《きじばし》門を起点として、一ツ橋《ひとつばし》門、神田橋《かんだばし》門、常盤橋《ときわばし》門、呉服橋《ごふくばし》門、鍛冶橋《かじばし》門、数寄屋橋《すきやばし》門、幸橋《さいわいばし》門、虎ノ《とらの》門、赤坂《あかさか》門、四谷《よつや》門、市ケ谷《いちがや》門、牛込《うしごめ》門、小石川《こいしかわ》門、筋違橋《すじかいばし》門、浅草橋《あさくさばし》門などが設けられながら逆「の」の字のように外郭を囲んでいました。現在の外堀通りは、ほぼ江戸城外濠に沿ってつくられています。

外郭にある枡形門は「見附《みつけ》」とも呼ばれます。城門を警護する番人が詰《つ》めた見張り所が設けられていたことが由来です。日本橋を起点とする五街道（東海道《とうかい》道、日光《にっこう》街道、奥州《おうしゅう》街道、中山道《なかせんどう》、甲州《こうしゅう》街道）をはじめ、大山《おおやま》道、上州《じょうしゅう》道など主要な道路が外郭ラインと交わる地点には枡形門（見附）が置かれました。見附は道中の警護を担うとともに、街道の起点でもありました。

見附と聞いて連想するのは、東京メトロの駅名になっている赤坂見附でしょう。大山道と外郭ラインがぶつかる地点に設けられた赤坂門のことで、枡形門に見附が設けられていました。現在の青山通りと外堀通りがぶつかる東京メトロ永田町駅のあたりに、枡形門がありました。

江戸城の外郭を語るとき、よく出てくるのが「江戸三十六見附」という言葉です。江戸の名所として喧伝《けんでん》された言葉で、外濠・北の丸・西の丸下にある26の門と主要な門を合わせて語呂のよい36門としたものです。実際には36より多く、幕末には主要な城門だけでも57門が確認されています。

江戸城と主要街道

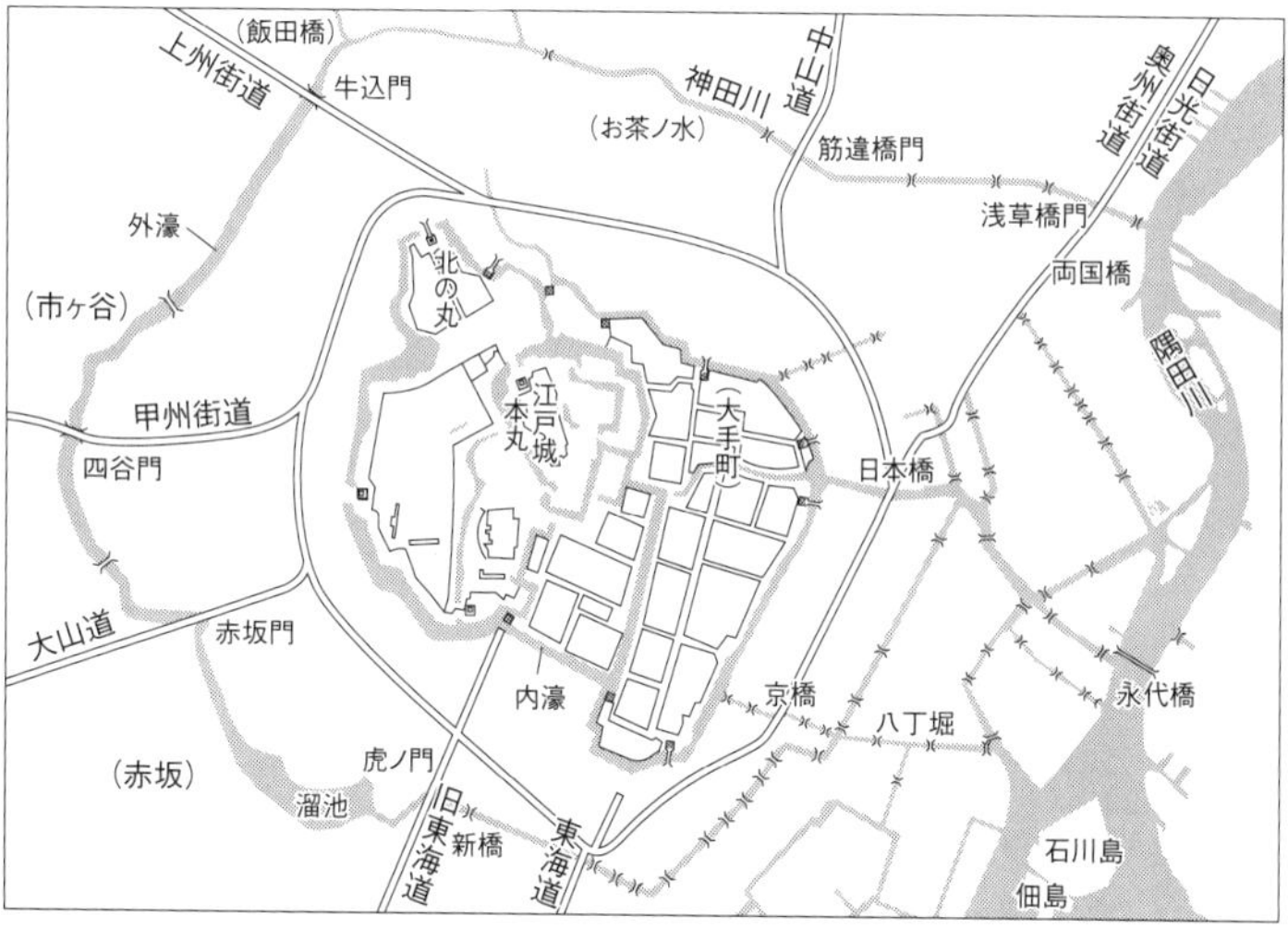

明治維新後、明治政府はすぐさま日比谷《ひびや》門をはじめとする21城門の撤去を決め、明治6年（1873）までには外郭のすべての城門が破却されました。石垣も、交通の妨《さまた》げになるものは破壊されていきました。ですから現在は残された石垣の一部や地名に外郭の名残が残るのみですが、実際に歩いてみると大都会・東京に江戸城外郭の片鱗《へんりん》が力強く残っていて驚きます。私たちは浮世絵や『江戸名所図会』に描かれた町人と同じ場所に立ち、想像しながら城門を通り抜けたり、門前に立って圧倒されたりできるのです。

内郭は将軍や大名などが行き来する高貴な緊迫感が漂《ただよ》いますが、外郭は町人も行き交う日常的なエリアですから、より近しい感覚で歩けるでしょう。なにより楽しいのは、外郭の城門をスタンプラリーのようにたどっていくことで、江戸城の輪《りん》郭《かく》が見えてくること。宝探しのように江戸城外濠の片鱗を見つけつなぎ合わせることで、日本最大

神田明神
昌平橋
筋違橋門
和泉橋
神田川
浅草橋門
両国橋
隅田川
常盤橋門
江戸橋
道三堀
呉服橋門
日本橋
日本橋川
新大橋
小名木川
西八丁堀
霊岸島
永代橋
京橋川
京橋
八丁堀
鉄砲洲
三十間堀
石川島
築地
佃島
江戸湾
…濠・河川
…主な橋
…主な城門
…外郭

万治年間頃の江戸城外郭の範囲と主要な城門（見附）

規模を誇る江戸城の全貌に迫ることができるのは感動的です。

この章は、江戸城外郭の城門（見附）めぐりがテーマです。外郭を5つのエリアに分け、主要な城門をたどっていきます。江戸城ゆかりのスポットや歴史的なエピソードにも触れながら、特徴や往時の姿を解き明かしていきましょう。

両国橋〜浅草橋門

○両国橋〜江戸城のはじっこ

江戸城東側の実質的な外濠にあたるのが、隅田川《すみだ》です。両国橋《りょうごくばし》は武蔵《むさし》と下総《しもうさ》の両方の国にかかる橋で、2国の境界線でした。隅田川には防衛上の理由から千住《せんじゅ》以外に橋は架《か》かっていませんでしたが、明暦《めいれき》3年（1657）の明暦の大火後、市街地の拡大や人口増加対策のため、両国橋、永代橋《えいたいばし》、新大橋《しんおおはし》の3つが新たに架けられました。のちに吾妻橋《あづまばし》が架けられ、橋は5つとなります。

両国橋東西の川沿い一帯が、明暦の大火後に幕府が火除地としてつくった両国広小路《ひろこうじ》跡《あと》です。江戸時代には物売りや芸人が集まり、芝居小屋や水茶屋などが並ぶ江戸最大の盛り場だったようです。橋の東側たもとの回向院《えこういん》には、4代家綱《いえつな》により明暦の大火の犠牲者を弔《とむら》うために建立された万人塚があります。ちなみに両国に国技館があり相撲《すもう》部屋が集中するのは、江戸中期になり回向院境内で勧進《かんじん》相撲が催《もよお》されたことがはじまりです。

○柳橋と神田川〜江戸情緒が今も健在

両国橋を渡り浅草橋門の手前にあるのが、隅田川に注ぐ神田川河口にかかる柳橋《やなぎばし》です。ここは江戸中期からある花街で、橋のほとりには船宿が数多く並び、幕末・明治以降も花柳界として名を馳《は》せました。ずらりと並ぶ屋形船にぽつりぽつりと灯りが灯《とも》る夕暮れ時などは、まさに江戸情緒《じょうちょ》を感じさせる光景です。

氾濫が頻発する平川の流れを変えるため、あるいは江戸城の外郭を大砲攻撃の射程距離を超える広さにするために、元和《げんな》２年（１６１６）に現在の神田川の流れに切り換えられました。工事の担当は、伊達政宗《だてまさむね》。神田山が開削され、江戸城外郭の東北面が完成。柳橋は元禄《げんろく》11年（１６９８）に神田川最下流に架けられました。

○浅草橋門〜江戸城外濠のスタート地点

浅草橋門は三十六見附でもっとも東に位置する外濠最大の枡形門です。ＪＲ浅草橋駅側に石碑《せきひ》があります。浅草橋は神田川の新しい水路を兼ねた外濠が開削された元和２年に架けられました。

江戸城の大手筋です。城外側は千住大橋や千住宿へ向かう道筋で、日光街道や奥州街道へ通じ、軍事的にも要塞でした。千住大橋は、家康《いえやす》の命で伊奈忠次《いなただつぐ》が文禄《ぶんろく》３年（１５９４）に隅田川に架けた最初の橋。千住宿は日光街道・奥州街道の第一宿で、江戸四宿のひとつです。

浅草橋門付近は、明暦の大火でもっとも大惨事となった場所でした。死者10万２０００人のうち、浅草橋門付近の焼死者及び隅田川に飛び込んで溺死《できし》した人数は２万近くに及ぶといわれます（人数は諸説あり）。隅田川に橋が架かっていなかったことも大きな要因ですが、戻ってくることを条件に解き放たれた小伝馬町牢獄の囚人が浅草橋門へ殺到し、彼らを脱走と勘違いした見附の番人が門戸を閉じてしまったことも災《わざわ》いし、一般の人々までも逃げ道を奪われました。

その教訓から、万治《まんじ》2年（1659）または寛文《かんぶん》元年（1661）に両国橋が隅田川に架けられ、本所や深川が江戸に組み込まれることになります。すでに江戸城外郭内で城下町が収まりきらなくなっており、屋敷を広げなければ大名屋敷や旗本、町屋を収容できなくなっていました。江戸城の外濠を兼ねる隅田川河口に両国橋が架かると、中川が実質的な外濠となりました。

コラム① 江戸の大動脈・小名木川

東北と北関東の物資の流通路となったのが、中川から浅草蔵前にかけて東西に開削された小名木《おなぎ》川です。中川と小名木川の分岐点には中川船番所が設けられ、江戸城と江戸城下への人と物資の往来をチェックしました。中川船番所は、東海道の高輪大木戸、甲州街道の四谷大木戸、中山道の板橋宿大木戸、奥州街道の千住大木戸とともに重要な水上交通の関所で、外洋から江戸湾に入る船、江戸から外洋に出る船は、浦賀番所で臨検されました。

隅田川には旧神田川、江戸時代以降は日本橋川が流れ込んで、霊岸島の中州《なかす》がつくられ、隅田川河口に入った船は、蔵前に米を運ぶか、米以外の食料品や雑貨などは日本橋川を遡《さかのぼ》り河岸で陸揚げされました。中川船番所から小名木川経由で隅田川に入った船も同様でした。

家康時代から日本橋東西の河岸は江戸の人々の食料品を陸揚げする河岸が続き、多くの商人や職人町が形成されていました。金座や銀座もあり、運河での物資運搬は繁多を極めていたといいます。そこで江戸城内でのもめ事に備え、家康から家光の時代に日本橋川と楓川の分岐点に築かれたのが『江戸図屏風』で城さながらの威容《いよう》を誇る向井将監屋敷です。二重櫓2棟、楓川側には櫓門も構え、船入りもあります。楓川は日本橋東側の江戸橋から南に90度折れ、海賊橋から弾正橋まで南北に流れる運河。弾正橋で八丁堀の舟入堀と合流し、三十軒堀川となりやがて芝口門脇の櫓台の石垣で外濠と合流していました。

コラム②　日本橋界隈の町名

江戸城外郭内に位置する東京都中央区の地名は、入船《いりふね》や湊《みなと》、八丁堀《はっちょうぼり》、新川《しんかわ》などいかにも地域の特色を示すものが多くあります。寛永期に江戸歌舞伎の芝居小屋が建てられた日本橋人形町《にほんばしにんぎょう》では、人形をつくる人や修理する人、人形師らが大勢暮らしました。日本橋堀留《ほりどめ》町は堀割がここで止まっていたことが由来で、日本橋茅場《かやば》町は江戸城拡張工事時に神田橋付近の茅商人を移し市街を開いた場所です。日本橋が商人の町であるのに対して、千代田区神田界隈は職人の町です。神田エリアは生粋《きっすい》の江戸っ子や、三河や浜松、駿河を経て家康に従い江戸にやってきた商人や職人、江戸城築城の際に全国から集まったさまざまな職人が多く居住したといわれ、それらの人々が神田江戸っ子となります。日本橋南の町人は近江《おうみ》や伊勢《いせ》など上方出身の商人が多かったようです。

コラム③　浅草寺～今や日本を代表する観光地

浅草寺《せんそうじ》は東京都内最古の寺で、歴史は飛鳥《あすか》時代まで遡ります。江戸開幕後、家康が江戸幕府の祈願所と定めたことで厚遇されました。浅草寺の伽藍《がらん》は相次いで火災に見舞われましたが、3代家光《いえみつ》により慶安《けいあん》元年（1648）に五重塔、翌年には本堂が再建されています。徳川将軍家に重んじられ、観音霊場として多くの参詣者が訪れました。

筋違橋門～牛込門

○柳原土手～暴れん坊将軍の洪水対策

浅草橋門から秋葉原《あきはばらまんせい》万世橋付近の筋違橋門に向かうと、神田川の南側には川の氾濫に備え土手が築かれています。8代吉宗《よしむね》が柳を植えたことから、柳原土手といわれます（太田道灌《おおたどうかん》説もあり）。駿河台あたりはもともと台地を削って川を流しているので水量が多くても問題ありませんが、筋違橋門から浅草橋門付近は土手をつくらなければ危険だったのでしょう。

この地域には大名や旗本の屋敷もありましたが、隅田川が近く水運に恵まれていることから次第に商人や職人が住み、問屋が集まったようです。既製服問屋街発祥の地の説明板があるのはその証《あかし》で、有名ブランドの高層ビルがこの付近にあるのもそのせいです。

○柳森神社～たぬきの神社

太田道灌が江戸城の鬼門除けとして柳を植え、京都伏見稲荷を勧請したことがはじまりといわれます。万治2年に対岸から移され、柳の樹も土手に移植されました。境内の福寿社はお狸《たぬき》さんと呼ばれ、5代綱吉《つなよし》の生母・桂昌院《けいしょういん》が江戸城内に創建したと伝わります。狸の木像が祀《まつ》られていることから、たぬき＝他を抜く、として立身出世や勝負運、金運にあやかろうとする庶民に広く信仰されたといわれます。境内には富士塚や力石も残ります。

○筋違橋と筋違橋門～なぜ秋葉原に家電店が多いのか

筋違橋は防衛上の理由で斜めに架けられました。相次ぐ地震や火災対策として、文化年間頃から江戸幕府が災害時非難のために神田川に架橋したのが新橋と和泉橋。これにより外神田・浅草地区と内神田・日本橋地区が結ばれました。

旧交通博物館の赤レンガ前に立つ案内板のあたりが、筋違橋門と筋違橋のあった場所です。筋違橋門は板橋宿を経て中山道に通じる要所で、前田利常《としつね》により築かれた枡形門でした。将軍が上野寛永寺へ参詣するときや日光に出向く際の御成り道の出入口だったことから御成《おなり》門とも呼ばれました。

明治時代に取り壊された筋違橋門の石垣を再利用して、アーチ橋がつくられました。これを昭和5年（1930）に再築したのが現在の万世橋です。秋葉原の電気街は、戦後ラジオ部品を扱う闇市や露店が流行ったことが発祥ですが、もともと和泉橋周辺の既製服問屋の延長線上にあり、電化製品や音楽機器、スポーツ用品など安くてよい店が並ぶ若者の街として発展していったようです。

加賀藩前田家は、東大キャンパスがある本郷台《ほんごうだい》に上屋敷、駒込《こまごめ》に中屋敷、中山道第1番目の宿場・板橋宿付近に下屋敷と、すべて中山道に通じる道筋に屋敷を構えていました。赤門は大名屋敷正門の黒門に対しての通称で、正式名称は加賀屋敷御守殿門です。大名家に嫁《とつ》いだ将軍の娘あるいはその住居を御守殿・御殿といい、その正門の意味だったことからそう呼ばれます。

○御茶ノ水と仙台濠～伊達政宗、渾身の作

御茶《おちゃの》ノ水《みず》の地名は、2代秀忠《ひでただ》がこの付近を訪れ湧き水を飲んだ際、お茶に合うおいしさだと評したことが由来です。江戸七名水のひとつで、江戸城本丸での茶会にも使われました。

伊達政宗によって分断された神田山があったのが、駿河台と湯島台です。駿河台の地名は、駿府城に隠居していた家康没後、駿河からやってきた旗本・大久保彦左衛門が居を構えたことにちなみます。分断された神田山の間に神田川が流され、現在の御茶ノ水駅や秋葉原駅を通って浅草橋方向に流路が変更されたことで、神田川は外濠の一部となりました。政宗は秀忠と碁《ご》を打つとき「本郷から攻める」としきりに開削を促し自ら工事を申し出たといわれます。政宗の手によってつくられたことから、このあたりは仙台濠ともよばれます。

JR御茶ノ水駅周辺は、江戸城外濠と近代建造物との調和が楽しめる絶景スポットです。聖橋《ひじりばし》からは、神田川のゆるやかなカーブ、鉄橋との高低差、土塁や石垣、鉄道や通行人といった動の景色もあいまって、新旧をシンクロさせた江戸の風景に浸《ひた》れます。東京メトロ丸ノ内線の車窓からは、丸ノ内線に乗った人だけが一瞬見られる外濠がのぞめます。

○神田明神～江戸城へ乗り込む神田祭

神田明神は、江戸の総鎮守。正式名称は神田神社で、江戸１０８ヶ所の総氏神です。創建は天平《てんぴょう》２年（７３０）で、祭神は大国主命。大手門前の将門塚付近にありましたが、江戸城拡張にともない慶《けい》長《ちょう》８年（１６０３）に神田台へ移り、元和２年（１６１６）に現在地に移動されました。

日本三大祭として現在でも斎行されている神田祭は、江戸時代には日枝神社の山王祭と隔年で斎行された江戸を代表するお祭り。江戸幕府の庇護《ひご》を受け、田安《たやす》門から江戸城内・吹上に祭礼行列が練りこみ、将軍の拝礼を受け、竹橋《たけばし》門へ抜け大手門前の将門塚で神事を行い、常盤橋門へ出て町内を練り歩きました。将軍や御台所の上覧があったことから、江戸の庶民たちからはいつしか天下祭と称されました（↓Ｐ２５４）。

仙台濠

○神田上水懸樋・水道橋
～世界に誇れる上水システム

ＪＲ中央線・総武線を横目に、外濠に沿って御茶ノ水坂を下ると、白山通りとの交差点の手前に神田上水懸樋《かけひ》跡の石碑があります。

上水とは、水道水など飲用に適した水を供給する水道のこと。神田上水は日本最古の水道で、後につくられる玉川上水とともに江戸中に水を供給していました（↓P248）。

神田上水は、井《い》の頭池《かしら》を水源とする神田川に善福寺《ぜんぷくじ》川と妙正寺《みょうしょうじ》川が合流し、関口に設けられた大洗《おおあらい》堰《ぜき》で分水され、石樋の水路で小石川《こいしかわ》の水戸家上屋敷内を通過してこの場所に至りました。そして、水道専用の懸樋という橋によって神田川をまたぎ神田・日本橋・京橋・大手町に給水していました。水道橋という地名は、懸樋が架けられていたことが由来です。

コラム④ 浮世絵に描かれた懸樋

神田上水の懸樋は、安藤広重の浮世絵『東都名所 御茶之水之図』（国立国会図書館所蔵）にも描かれています（↓P225）。外濠にかけられているのは水道とは思えない大きな木の橋。長さは33・6メートル、内寸は幅が181センチ×深さ15センチにおよびます。現在の水道橋よりやや下流に架けられていたものです。土手の中腹にある小屋は見守番屋で、上水の状態を監視する番人がいました。昭和62年（1987）に東京都水道歴史館にはこの懸樋の模型があり、しくみが再現されています。発掘された神田上水石樋の移築復元も見られます。120〜160センチでほぼ正方形の水路を厚さ30センチほどの蓋が覆《おお》う頑丈なつくりで、江戸時代のインフラ整備のレベルの高さに驚かされます。

○小石川門〜小石川後楽園

小石川橋交差点付近で、神田川は日本橋川と合流します。このあたりが、寛永《かんえい》13年（1636）に備前岡山藩主の池田光政により築かれた小石川門跡です。渡櫓《わたりやぐら》は寛政《かんせい》4年（１７９２）に焼失してしまいました。飯田橋に至る歩道の脇に並ぶ多数の巨石は、小石川橋門の廃材の可能性もあるようです。日本橋川（旧平川）は外濠完成当時には三崎町あたりで堀留めされましたが、明治36年（１９０３）に神田川と再び合流しています。枡形があったのは中央線と総武線のガード下になり、石垣になっているところが外濠の土塁跡です。

「東都名所 御茶之水之図」（国立国会図書館所蔵）

小石川橋を渡り、現在の東京ドームや後楽園ホール、小石川後楽園のある一帯が、すべて水戸徳川家の上屋敷跡です。この地は小石川台地の先端にあり、神田上水の分流を引き入れて築邸されています。必見は、周囲をめぐる石垣。一部は鍛冶橋北側石垣が転用されています。

○新宿区揚場町の由来

ＪＲ飯田《いいだ》橋《ばし》駅前の歩道橋あたりで、神田川は早稲田方面へ迂《う》回《かい》していきます。このあたりの外濠（飯田濠）は埋め立てられていますが、その北西側、東京メトロ南北線飯田橋駅の北西側に、新宿区揚場《あげば》町という地名があります。かつてこの場所には、飯田濠に面した荷揚げ場（牛込馬場）がありました。神楽河岸と並び、このあたりが外濠河岸の上限でした。

飯田橋という地名は江戸時代にはなく、家康が江戸視察の際に案内役をした飯田喜兵衛が由来です。

○牛込門～飯田橋に残るアノ石垣

ＪＲ飯田橋駅西口を出て左手すぐのところが、牛込門跡です。神楽坂側から牛込橋を渡ったところに枡形があり、高麗《こうらい》門の両側の石垣が残ります。高麗門から枡形内に入り、右折して櫓門をくぐって城内に入る構造です。発掘調査により橋詰の路面に設けられた排水口が確認されています。

牛込門は、櫓台の南と北の石垣がほぼ原型を留める貴重な場所です。改札を出てすぐの場所にどーんと立つ巨大な石垣は、頭の片隅にインプットされている人もいるはず。建物こそ残りませんが、この上に渡櫓が建っていたと想像すれば、城門のスケールは実感できるでしょう。

牛込門は寛永13年に阿波徳島藩主の蜂須賀忠英《はちすかただてる》が築いた可能性が高く、南側の石垣下には築造を示す「入阿波守内」と刻まれた石が展示されています。牛込門は上州への出入口でもある重要な門で、枡形内に戸張番所（詰所）があり、櫓門を抜けたところに大番所がありました。筋違橋門、小石川門、牛込門、市ヶ谷門はすべて寛永13年の完成です。

牛込門は神楽坂から土橋でつながれ、二の門の高麗門の前で小さな木橋となっていました。清水門前と同じように、木橋の下は市ヶ谷側の牛込濠から水道橋側の飯田濠へ流れ落ち水位調整できる水戸違いになっていて、なんと今も現役で稼働しています。

このあたりは、もっとも外濠の面影が残るエリアです。中央線の車窓に広がるのは、都心とは思えない景色。御茶ノ水付近とは異なる、雄大な川のように幅広い濠が続きます。

市ヶ谷門〜赤坂門

○市ヶ谷門〜釣り堀脇に刻印石が

牛込門櫓台の石垣

「入阿波守内」と刻まれた石

市ヶ谷門付近から見る牛込濠

ＪＲ市ヶ谷《いちがや》駅前の改札前が、市ヶ谷門の枡形虎口があったところです。交番付近に5～6個ある巨石は、市ヶ谷門の石垣の片鱗。枡形は跡形もなく消えましたが、市ヶ谷橋を渡った釣り堀側に土橋の土台部分の石垣がよく残り、刻印が多いのが特徴です。唐突に出現するこの釣り堀は、当然ながら外濠の一角を利用したもの。寛永13年に市ヶ谷門を担当した美作津山藩主の森長継《もりながつぐ》も、まさかこんな使われ方を後世にされるとは予測していなかったでしょう。枡形の手前は飯田橋門と同じく水戸違いになっていて、水位が保たれていました。

牛込～市ヶ谷土橋間の外濠は幅１００～１２０メートルもあります。これまでは谷筋を利用して構築されたと考えられてきましたが、発掘調査の結果、外濠より広くなだらかだった谷底に盛土していることがわかりました。外濠の普請はこのようなかなり大規模な改変が行われています。

○江戸城歴史散歩コーナー～無料で楽しめるスポット

東京メトロ市ヶ谷駅は、地上に出なくても江戸城の遺構が楽しめる城ファンにはたまらない駅です。東京メトロ南北線の市ヶ谷駅構内には江戸歴史散歩コーナーがあり、雉子橋付近で発掘された石垣も移築してあります。

○外濠公園～城ファンにうれしい散策路

市ヶ谷門から四谷方面にかけては外濠が徐々に先細りとなり、残念なことに完全に埋め立てられてしまいました。埋め立て地は千代田区立外濠公園となり、野球場やテニスコートになっています。一部の土塁上を歩くことができ、城ファンにはうれしい散策路になっています。

コラム⑤　旗本の居住エリア、番町と麹町

市ヶ谷門から四谷門にかけてと千鳥ヶ淵《ちどりがふち》から半蔵門《はんぞう》にかけての地名に、江戸時代の片鱗があります。千代田区一番町、麹町《こうじまち》駅周辺の二番町、千鳥ヶ淵西側あたりの三番町、その西側の四番町、市ケ谷駅から四ツ谷駅にかけての五番町、四ツ谷駅東側の六番町です。この一帯は将軍を直接警護する大番組が住む番町で、一番組から六番組までの住居がありました。大番組は旗本50人と同心・与力30名を1組とした団体。平時は将軍警護隊、戦時は切り込み精鋭部隊となりました。

日本橋の商人町のように細かく仕切られた町割りが目立ち、大名屋敷が並ぶ内濠内とはようすが明らかに異なります。江戸幕府は高台の地盤を持ったこの地域に旗本を、江戸湾側の埋め立て地に町人を住まわせ、大名屋敷を新たな埋め立て工事とセットにして築かせて住まわせました。陸続きの甲州街道からの攻撃に備えた配置ともいえますが、旗本がいかに優遇されていたかもわかります。

番町と接する麹町は、高級商業産地でした。麹屋を連想してしまいますが、小路が多くあったからとも、国府路が地名の由来ともいわれます。現在の新宿通りは甲斐の国府への国府路でした。

○四谷門～石垣がよく残る

ＪＲ四ツ谷駅のすぐ横が、四谷門跡です。橋を渡ったところに、寛永13年に長門萩藩主の毛利秀就が築いた枡形北側の石垣が残っています。濠普請は上杉定勝と佐竹義隆。慶長16年に渡櫓などが建造されて、四谷門が完成しました。石垣と道路を隔《へだ》てたＪＲ四ツ谷駅舎に東西棟方向の櫓門があり、高麗門は北寄りの鉄橋を渡ったところにありました。本来の外濠は、ＪＲ四ツ谷駅を含む外濠公園の一帯。高台にある四谷門跡から見てもかなりの高低差が確認でき、外濠の規模の大きさがわかります。

四谷は甲州街道につながる要衝《ようしょう》で、江戸五口のひとつです。玉川上水の分岐点でもあり江戸の都市機能の集中地点といえます。そのため門の濠外側には寺町が形成されていました。現在も国道20号の南側にそのたたずまいが残り、松平信康《まつだいらのぶやす》と服部半蔵《はっとりはんぞう》の墓がある西念寺もあります。かつての甲州街道はコの字型に折れていました。

交通の要衝である地らしく、四谷門は防衛の要としての機能もうかがえます。門は内枡形で、内寸は約30メートル。石垣の高さは約4・5～5・4メートルでした。

○四谷大木戸～玉川上水から江戸城内へ

四谷4丁目交差点にあったのが、江戸城の城下町入口にあたる四谷大木戸です。大木戸は路の両脇に石垣を築いてその間に木戸を設けた出入口で、甲州街道を通り江戸を往来する人を調べる関所でした。玉川上水の終点であり、玉川上水の石碑を用いてつくられた四谷大木戸の記念碑があります。実際の場所は石碑から80メートルほど離れたところで、横には玉川上水水番所跡の碑があります。玉川上水は番町、虎ノ門付近を通り、江戸城内部に飲料水を供給していました。水路は四谷まで開渠《かいきょ》で、以後地下に潜《もぐ》って暗渠《あんきょ》となりました。

コラム⑥　内藤新宿と百人町

新宿や新宿区内藤町の地名は、元禄11年（１６９８）に高遠藩内藤家下屋敷の一部につくられた内藤新宿が由来です。甲州街道に存在した宿場のうち日本橋から数えて最初の宿、新しい宿だったことから新宿、または内藤新宿と呼ばれました。享保《きょうほう》３年（１７１８）に廃止されましたが、安永《あんえい》元年（１７７２）に復活。文化《ぶんか》・文政《ぶんせい》年間（１８０４〜３０）には旅籠屋50軒、茶屋80軒、飯盛女は３００人に達し、御家人や旗本で大いに賑《にぎ》わいました。

新宿百人町という地名は、新宿付近に甲州街道の押さえで配置された鉄砲百人組のこと。皆中稲荷神社が金運パワースポットなのは、江戸時代に射撃がうまくできない鉄砲組の与力の夢枕に稲荷の大神が立って護符を示され、翌朝にお参りしたところ百発百中になったというエピソードからです。皆中は「みなあたる」と読めることから、宝くじが的中する、当選するなどの勝負運向上のスポットになり、現在も宝くじの発売時期には参詣者であふれます。

真田濠（上智大学グラウンド）

○真田濠と喰違門～紀伊・尾張・井伊で紀尾井

現在の上智大学校舎は、尾張徳川家の中屋敷跡です。上智大学のグラウンドは外濠の埋め立て地で、大規模な土塁に囲まれています。東京メトロ丸ノ内線四ッ谷駅のホームから見るとよくわかります。真田《さなだ》家が掘ったことから真田濠とも呼ばれるこの濠は、上幅約１２０メートル、深さは四谷側で約18メートル、喰違《くいちがい》土橋側で約15メートルをはかります。

土橋の反対側が弁慶《べんけい》濠で、その手前に築かれたのが喰違門です。喰違門の担当は、讃岐高松藩主の生駒高俊《いこまたかとし》。見附のなかで最高所にあります。江戸城の主要な城門は基本的に枡形門ですが、喰違門は唯一の例外です。枡形はありませんが、通路を折り曲げて喰い違えることによって防御的な空間をつくり出していました。今も道路が折れ曲がり、かつての面影を残します。

喰違門内は現在ホテルニューオータニで、井伊家の林泉回遊式庭園を踏襲しています。ホテルニューオータニの住所は、千代田区紀尾井《きおい》町。この地名は、紀伊徳川家の上屋敷、尾張徳川家の中屋敷、彦根藩井伊家の中屋敷が並んであったことに由来します。紀尾井町交差点から東京ガーデンテラス紀尾井町（旧赤坂プリンスホテル）のあたりまでがその範囲です。

四谷からの土塁沿いにある福田屋ビルの前に尾張藩中屋敷跡の標柱が、弁慶橋の手前に紀伊和歌山藩徳川家屋敷の跡標柱があります。ちなみに井伊家の上屋敷は憲政記念館、中屋敷はホテルニューオータニ、下屋敷は明治神宮にありました。紀尾井坂下の清水谷公園は、紀伊徳川家中屋敷の敷地内にあります。

赤坂門枡形の石垣

○赤坂門～赤坂見附の名をそのまま継承

赤坂見附交差点付近にあったのが、赤坂門です。弁慶濠と赤坂溜池の境に設けられた門で、大山道の起点でもありました。高麗門から枡形へ入り右折して、渡櫓門を置く内枡形門で、土橋がかかる構造でした。

枡形石垣は寛永《かんえい》13年に筑前福岡藩主の黒田《くろだ》忠之《ただゆき》により築かれ、外堀通り沿いに一部残ります。昼夜を問わず車が激しく行き交う青山通りと通りの脇にそびえる立派な石垣の対比は、なんとも不思議な光景ですが、ここが江戸城において重要だったのだと感じさせてくれる場所です。新旧入り交じる光景は、いかにも江戸城という感じもします。東京ガーデンテラス紀尾井町のテラスの小径から、石垣を見ることができるようになりました（↓Ｐ１４５）。

赤坂門から呉服橋門あたりまで、残念ながら外濠は完全に埋め立てられています。

喰違土橋下に入り込む弁慶濠の水位を保つため、赤坂門前にもひと工夫されていました。青山通りの坂道を土橋として、水戸違いを形成していたのです。真田濠と弁慶濠の水位の差は約15メートルもあり、弁慶濠と溜池は約4メートルも水位が異なります。つまり、まるで巨大なダムのように、2段の水戸違いが形成されていたことになります。赤坂門の土橋から南側は、幅最大約210メートル、長さ約1・6キロに及ぶ巨大な溜池でした。現在の溜池山王駅が、まさに溜池のどまん中です。

溜池〜数寄屋橋門

○溜池〜江戸時代のダム

溜池は、ひとことで言うなら江戸時代のダム。玉川上水ができる前は、江戸の上水源でした。家康の命により、浅野《あさの》幸長《よしなが》が台地の湧き水が流れていた汐留川をせき止めて、虎ノ門あたりに洗堰《あらいぜき》を築いてつくりました。2代秀忠は溜池に淀川の鯉《こい》や琵琶湖の源五《げんご》郎鮒《ろうぶな》を放流したといわれます。現在は地名が残るのみで完全に外堀通りの一部になっていて、溜池発祥の碑がぽつりとあるのみです。

溜池が幅を増しはじめるカーブ地点には、現在日枝神社があります。日枝神社は太田道灌が鎮守社として川越山王社を紅葉山に勧請したものと伝えられ、隼町へ移転した後、明暦の大火後に現在地に移りました。山王祭は神田祭と1年交替で催《もよお》される一大イベントでした。

○江戸城外堀跡溜池櫓台～奇跡的に残る石垣

虎ノ門病院と特許庁の間あたりで溜池は終わり、外濠は東北方向に直角に折れ曲がって約260メートル先の虎ノ門へと至ります。実際の外濠は現在の外堀通りより内側にあり、虎ノ門三井ビルディング北側の歩道橋の前に江戸城最西南の石垣が残っています。この石垣は寛永13年（1636）に因幡鳥取藩主の池田光仲によって構築された櫓台の一部で、江戸城外堀跡溜池櫓台として国史跡指定されています。

外濠沿いに単独で櫓が築かれるのはとても珍しく、南北を貫通する主要道に面し溜池に張り出した高台にあることから、軍事的にも都市政策的にも重要視されていたと考えられます。このあたりには石垣が多く発掘されていて、文部科学省の中庭にも3ヶ所保存されています（↓P145）。

○虎ノ門～江戸城を守る虎

寛永13年に肥前佐賀藩主の鍋島勝茂《なべしまかつしげ》が築きました。名前の由来は、陰陽道《おんみょうどう》によるもの。江戸時代には、東西南北の方向をそれぞれ青龍（東）・白虎（西）・朱雀（南）・玄武（北）の獣神が守る四神相応の地が理想的とされたため、江戸城の西にある城門を虎ノ門としたのです。同じように、平川へ通じる和田倉門付近にある辰ノ口という橋門は、江戸城の東に位置することからそう呼ばれます。

虎ノ門交差点の北東隅に石碑がありますが、実際の虎ノ門は100メートルほど北側で、桜田通りを北上した2筋目の信号のあたりです。霞が関3丁目交差点の中央分離帯あたりが二の門で、財務省と文部科学省の間が渡櫓門跡。土橋を渡り高麗門をくぐり、左折して櫓門を抜けて城内に入りました。

明治初年の古写真を見ると、ここにも水戸違いが確認でき、東側へと滝のごとく勢いよく水が流れています。虎ノ門の渡櫓は享保16年（1731）8月に焼失。高麗門や枡形石垣は再建されたものの、渡櫓は復元されないまま明治を迎えました。

○幸橋門～またの名を御成門

西新橋一丁目交差点付近北側に、新シ橋がかかっていたと考えられます。都営三田線内幸町駅付近の日比谷セントラルビルの一角に、地下約4メートルから発掘された石垣の一部が保存されていて、石垣には各大名が刻んだ刻印などがあります。ここで見つかった積石は、馬事公苑《ばじこうえん》にも移され記念碑になっています。

ＪＲ新橋駅近くの第一ホテルの道を隔《へだ》てた有楽町側の公園が、幸橋《さいわいばし》門に位置します。枡形の石垣は細川忠利によるもので、櫓門は弘前藩の津軽家が担当しました。明暦の大火で焼失後、万治2年に再築。ちなみに幸橋門と呼ばれるのは、将軍が増上寺に参詣する際や大身大名屋敷や名所へ行幸するときに、この門から出入りしたため。よって、御成《おなり》門とも呼ばれました。

享保9年（1724）の大火で芝口門が焼失すると、幸橋門は東海道から江戸城に入るもっとも東側の虎口となりました。そのため幕府は多くの武器を大番所に常備しました。

幸橋門と数寄屋橋門の間には山下門があり、現在の帝国ホテルインペリアルタワーのあたりがその場所ですが、残念ながら何も残っていません。山下門も細川忠利の担当でした。

○芝口門～新橋の地名発祥の地

新橋は新井白石の意見によって芝口橋《しばぐちばし》と改称され、宝永《ほうえい》７年（１７１０）に朝鮮通信使を迎えるために築造されました。二重隅櫓が付属した枡形門だったようですが、火災で焼失。その後８代吉宗《よしむね》は再建を許可せず、石垣も撤去されました。芝口御門、芝口橋という名称も消え、新橋に戻りました。

○浜離宮恩賜庭園～鷹狩場から大名庭園へ

寛永年間（１６２４～１６４４）には将軍家の鷹狩場として使われていた場所に、承応《しょうおう》３年（１６５４）に４代家綱の弟・松平綱重《つなしげ》が甲府浜屋敷という別邸を建造し、庭園を造成したのがはじまり。潮入の池と２つの鴨猟用の池を持つ大名庭園です。

潮入の池とは海水を引き入れた池のことで、潮の干満による眺めの変化を楽しめます。海辺の庭園で用いられ、旧芝離宮恩賜庭園、清澄庭園、旧安田庭園などもかつては潮入の池でしたが、今となっては実際に海水が出入りしているのはここだけです。浜離宮は潮入の池や鴨場を中心にした南庭と、明治以降に造られた北庭とに大別されます。

綱重の子・綱豊《つなとよ》（家宣《いえのぶ》）が６代将軍になったのを契機に将軍家の別邸となり、浜御殿に改称。以来、歴代将軍によって造園や改修工事が行われ、11代家斉《いえなり》のときにほぼ現在の庭園が完成しました。明治維新後は皇室の離宮・浜離宮となり、昭和20年（１９４５）11月３日に東京都に下賜されて整備され、現在は国の特別名勝および特別史跡に指定されています。

○新橋・汐留～東海道の出入口

外堀通りと首都高速道路がぶつかるところに土橋という交差点があります。海水を食い止めるため、このあたりは木橋ではなく土橋になっていました。御門通りを進むと難波橋交差点があり、このあたりに幸橋、土橋、難波橋、新橋、汐留《しおどめ》橋と多くの橋が架かっていました。

汐留は、江戸幕府開府当時には海岸線の浅瀬にあたり、埋め立て後は龍野藩脇坂家の上屋敷、仙台藩伊達家の上屋敷、会津藩松平家（保科家）の中屋敷があったところです。

土橋交差点から新橋駅側の道路が盛り上がっているところが、新橋の跡です。宝永7年に橋の北側に芝口門が設けられ芝口橋と改称されましたが、享保9年に芝口門が廃止されると再び新橋と呼ばれました。明治5年には日本初の鉄道ターミナル、新橋停車場がつくられ新橋は地名となりました。江戸城の東海道への出入口として、流通経済上とても重要な場所でした。

○数寄屋橋門～茶人のメッカ

現在の西銀座通り、有楽町マリオンのある数寄屋橋交差点のあたりが数寄屋橋門跡です。枡形石垣は、寛永6年に伊達政宗により築かれました。数寄屋とは茶室のことで、この場所に江戸城内の茶の湯の総責任者である数寄屋頭の屋敷があったことから数寄屋橋と呼ばれます。織田《おだ》信長《のぶなが》の弟、織田有《う》楽斎《らくさい》の屋敷がこのあたりだったからという説に基づき、有楽町という地名も有楽斎にちなみます。

イトシア付近にあったのが、大岡越前守忠相で知られる南町奉行所です。元禄11～享保4年（1698～1719）までありました。奉行所は常盤橋門、呉服橋門、鍛冶橋《かじばし》門、数寄屋橋門の内側4ヶ所にあり、それぞれ南・北町奉行所（元禄期は南・中・北町奉行所）がありましたが、最終的に数寄屋橋門が南町奉行所、呉服橋門が北町奉行所となりました。

鍛冶橋門～日比谷門

○鍛冶橋門～鉄砲づくりが盛んな町

外濠は、数寄屋橋交差点から首都高速道路に沿うように東京駅方面に続いていました。西銀座ジャンクションを境に高速道路は右折しますが、外濠はそのまま外堀通りを東京駅方面へ直進します。

２００メートルほど直進した、鍛冶橋通りと外堀通りが交差する鍛冶橋交差点のところが鍛冶橋門跡です。付近に鉄砲や刀をつくる鍛冶町があったことから鍛冶橋門といわれました。現在は完全に消滅していますが、かつては高麗門と櫓門が並行して枡形門が築かれていました。橋は明治維新後に取り壊され、外濠は戦後に埋め立てられています。枡形石垣を担当したのは、豊後佐伯毛利家、備中成羽山崎家など。鍛冶橋門の前には江戸幕府の御用絵師となった狩野探幽《かのうたんゆう》の屋敷がありました。

発掘調査により、鍛冶橋門と呉服橋門の間で総長１７５メートルの外濠石垣が発見されています。この区域は備前岡山藩池田家と筑前福岡藩黒田家を組頭として、三田《さんだ》藩九鬼家や佐伯《さいき》藩毛利家など八家の西国大名により、寛永13年に築かれました。

○東京駅界隈・八重洲～暗渠好きにはたまらない

鍛冶橋門から外濠をたどり歩き続けると、東京駅に着きます。現在の外堀通りがほぼ外濠の跡になります。八重洲地下街を、外濠が貫通していました。

外濠の城内側は大名小路で、城外側は町人街。ですから、東京駅の丸の内側と八重洲側は、古地図で見るとまるで別世界なのがおもしろいところです。八重洲側が碁盤《ごばん》の目のように細かく精密に町割りされているのに対して、丸の内側は広い敷地を擁した大名の屋敷が並びます。現在でも、八重洲側の京橋地区や八重洲地区は路地裏を歩くと商店や飲食店がびっしりと軒《のき》を連《つら》ね、いかにも庶民の地域という印象。対照的に、丸の内側には都市銀行の本社ビル、丸の内オアゾや丸の内ビルディング、KITTEなど大型商業施設が建ち並び、上流階級の雰囲気が漂います。江戸時代を彷彿《ほうふつ》させる対比が感じられて、歩いていて飽きません。

東京駅周辺は、八重洲橋が架橋・撤去を繰り返したり、東京駅の開業による外濠の埋め立てや道路の改変、そして空襲被害からの復興など再編成の歴史があります。また、近年も再開発が急速に進められ、姿を変えつつある注目のスポットでもあります。

近代における工事の過程で複雑化した地下通路連絡口、パズルのように入り組みアップダウンを繰り返す地下鉄の連絡通路、天井が急に低くなるホーム、隙間という隙間を有効活用した東京駅界隈は、訪れるたびに小さな発見と変化があり、基地のような楽しみが詰め込まれたエリアです。江戸・東京の発展の歴史が詰め込まれた場所といえます。

八重洲北口を出たところに、鍛冶橋門の北側を発掘調査した際に出土した石垣が植え込みの花壇として再利用されています。さぞかし立派な石垣だっただろうと考えると変貌ぶりに切なさが込み上げもしますが、こうして姿を変えて残っていくのもまた、このエリアの石垣の運命なのかもしれません。鍛冶橋から呉服橋にかけての外濠には高さ10メートルほどの石垣があり、平成16年（２００４）の調査では、土台の上に２段ほどの石が積まれていたことがわかりました。

○呉服橋門～完全に姿を消した幻の門

残念ながら消滅し、現在は首都高速道路のインターやバス停、信号にその名が残るのみです。呉服橋門があったのは呉服橋交差点付近のトラストタワー前あたりで、呉服町が城門の外側にあったことが由来です。現在、呉服橋門内には文化３年（１８０６）から幕末まで北町奉行所がありました。

呉服橋門あたりから和田倉門までつながっていたのが、道三濠です。小名木川から江戸湾を越え、江戸前島を突き抜け、日本橋川とも一部重なった堀割です。家康が開削した道三濠の中ほどに架かっていたのが道三橋で、御典医の今大路道三の屋敷があったためそう呼ばれます。この地点から、埋め立てられず残っている外濠が復活します。現在、首都高速道路の下にある川のようなものが外濠で、竹橋ジャンクション付近まで共存しています。

○常盤橋門～国史跡に単独指定

関東大震災後の昭和元年（１９２６）に築かれた常盤橋のそばにある石造りのアーチ門が、江戸城常盤橋門の石垣を転用して明治10年（１８７７）に見附跡につくられた常磐橋です。常盤橋門の残存

明治4年に撮影された常盤橋門
『旧江戸城写真帖』(東京国立博物館所蔵)
Image：TNM Image Archives

度はかなりよく、見附のなかでは最大規模。見事な石垣が見られます。常盤橋門は3代家光の頃まで江戸城外郭の正門で、将軍家や水戸徳川家を利用するため重要視されました。この場所はかつて江戸湊の中心地で、外桜田門などと並ぶ江戸五口のひとつ。大手筋にあたる浅草橋門を経て奥州街道や日光街道に通じます。

江戸城は「特別史跡江戸城跡」ですが、郭内は宮内庁管轄《かんかつ》区域もあるため、区域全体が文化財保護法上の保存区域にはなりません。中心部とは別に外濠が「江戸城外堀跡」として国の史跡に指定されていますが、常盤橋門跡だけは、それとは別に単独で国史跡に指定されています。

常盤橋門の名前の由来は、『金葉和歌集』からの引用です。かつては浅草口と呼ばれていたものが、家光の命で改名されました。常〝盤〟の字が常〝磐〟に改められたのは、〝皿〟は割れてしまうからだそう。方角や風習を気にした江戸っ子らしいエピソードです。

寛永6年の石垣普請で築かれた常盤橋門、鍛冶橋門、呉服橋門、一ツ橋門の各枡形は奥羽の大名によって築造されたという事実以外、詳細はわかっていません。濠を穿《うが》っていた東北大名が、この頃には石垣も築いていたのかもしれません。

常盤橋門跡の正面には国指定重要文化財である日本銀行旧館があり、渋沢栄一《しぶさわえいいち》像が建ちます。江戸時代には大判小判を鋳造《ちゅうぞう》していた金座のあった場所で、渋沢栄一は常磐橋の修復にも尽力しました。常盤橋門跡から外濠を神田方面に進むと鎌倉《かまくら》橋があり、石垣が両岸に残ります。名の由来は鎌倉河岸で、鎌倉からの船がこのあたりまで荷を積んできたことによります。

○神田橋門～江戸五口のひとつ

日本橋川外濠と日比谷通りの交差点が、神田橋門跡です。寛永６年に出羽久保田藩主の佐竹義隆が枡形の石垣を築きました。中山道へ続く神田橋門は芝崎口と呼ばれ、江戸城と街道を結ぶ重要な出入口、江戸五口のひとつでした。神田橋下にも石垣がよく残ります。

○一ツ橋門～石垣の残存良好

毎日新聞社と丸紅に挟まれた交差点のあたりが、一ツ橋門跡です。一ツ橋はかつて丸太の一本橋が架かっていたことからその名がついたといわれます。

一ツ橋門のあたりには石垣がよく残ります。一ツ橋門から神田橋門まで、現在の丸紅東京本社ビルから気象庁にかけての広大な一帯にあったのが、御三卿・一橋徳川家の一橋御殿。８代吉宗の四男宗《むね》尹《ただ》がここに屋敷を築きました。現在は石碑があります。

○学士会館～御茶ノ水界隈に大学が多い理由

上野《こうずけ》安中藩板倉家の上屋敷跡に建つ学士会館は東京大学発祥の地といわれ、新島襄《にいじまじょう》の生誕地でもあります。

『江戸切絵図』を見るとこのあたりは火除地が多く、北風に煽《あお》られて本丸に火が届かないよう空き地がたくさん設けられていたようです。その土地を利用して、後に東京商科大学（一橋大学）や東京外国語学校（東京外語大学）などの官立の大学がつくられました。後の明治大学、法政大学、専修大学、中央大学、日本大学、東京理科大学など私立の学校が多いのは、当時私立の学生は夜間に学ぶ勤労学生が多かったため、官立の大学で用いた実験器具などを夜間に借り受けて研究を行っていたから。現在でも御茶ノ水界隈に私立大学が多いのはそのせいです。

○雉子橋門～一ツ橋に寄り添う不思議な橋

江戸時代の雉子橋は、現在の雉子橋より100メートルほど西側にありました。雉子橋の名の由来は、朝鮮の勅使《ちょくし》をもてなすため諸国よりキジを集めキジ小屋で飼っていたからといわれます。

雉子橋と一ツ橋はかなり内濠に接近していて、内濠と外濠が今にも合流しそうなほど目と鼻の先にあります。雉子橋門からは竹橋が見える範囲にあり、現在の住友商事や九段合同庁舎のある場所は、2つの濠に挟《はさ》まれているような立地です。内濠の外側を外濠が取り巻く一般的な城であればこのような不思議な構造になることはなく、特殊構造といえるでしょう。ただ、戦略的なものとは考えにくいので、どちらかが太田道灌時代に平川を外濠に見立てて設計したものの、城地拡張にともない不要になってしまったからという解釈が妥当のようです。

○竹橋門～石垣が残る

東京メトロ東西線竹橋《たけばし》駅を出たところのパレスサイドビル前の竹橋交差点から、東京国立近代美術館・国立公文書館方面に架かる橋が竹橋跡です。かつては竹橋門といわれた枡形門でした。最初に竹製の橋が架かったことから竹橋門と呼ばれたようです。清水濠と平川濠の合流点に架けられた橋で、枡形は元和6年に伊達政宗らによって築かれたとされています。

日比谷門の石垣

○日比谷門～伊達政宗の努力の結晶

日比谷公園の交差点あたりが日比谷門跡です。交番の裏手あたりにある石垣が、日比谷門の石垣にあたります。寛永6年に伊達政宗が築きました。

日比谷門はかつての日比谷入り江に位置すると想定され、軟弱な地盤での普請の様子を伝えるエピソードが残っています。慶長19年に日比谷門・桜田門周辺の石垣普請を命じられたのは、浅野長晟と加藤清正。一挙に積み上げた浅野の石垣が大雨で崩れたのに対し、大勢の子供を遊ばせて地盤を固めてから積んだ清正の石垣はびくともしなかったといわれます。

気になるのは、日比谷門がほかとは異なり、神田川や外濠沿いに並ばないことです。日比谷門は、桜田門方面から大名小路、大手門への侵入を阻止するための防衛ラインですが、神田川を取り入れた外濠が完成する前は江戸城外郭の城門の要《かなめ》だったという考え方もできるようです。慶長・元和年間の江戸城の外濠は日比谷門からはじまり、数寄屋橋門、鍛冶橋門、常盤橋門、神田橋門というライン。寛永年間の総構拡張工事で外郭ラインが虎ノ門から幸橋門、山下門、数寄屋橋門という流れに変更されたという考え方です。そう考えると、なるほどしっくりきます。

日比谷公園の心字池《しんじ》は、日比谷門の残存する石垣に沿っていることからも濠の一部と考えられます。日比谷公園の濠側の敷地は佐賀藩鍋島家、萩藩毛利家の上屋敷があったところで、日比谷公会堂あたりには盛岡藩南部家、野外音楽堂あたりには狭山藩北条家などの上屋敷もありました。帝国ホテルのあたりは白河藩阿部家の中屋敷でした。

第8章　江戸城の秘密

すごいぞ！　江戸の上水システム

「上水」とは、水道水など飲用に適した水を供給する水道のこと。一方、生活排水や産業排水、雨水などの汚水を終末処理場に集約し処理する施設全般のことを下水といいます。

天正《てんしょう》18年（1590）に江戸入りし町づくりをはじめた徳川家康《とくがわいえやす》が直面したのが、生活用水の確保です。江戸の町はもともと海岸や湿地を埋め立てた造成地が多いため、井戸を掘っても上質な飲料水が得られませんでした。そこで家康が家臣の大久保《おおくぼ》藤五郎《とうごろう》に命じ整備させたのが、小石川《こいしかわ》上水（後の神田上水）。日本最古の水道です。

小石川上水は、寛永《かんえい》年間（1624〜44）には神田上水として整備されたようです。250・251ページの図のように、自然湧水から出た井《い》の頭《かしら》池（現在の井の頭公園）を水源とし、善福寺《ぜんぷくじ》池や妙正寺《みょうしょうじ》池などから取り入れながら小石川の関口大洗堰《おおあらいぜき》に至り、そこから分流して水戸藩上屋敷（現在の小石川後楽園）に送水されました。水戸藩邸に入った上水は、飲料水や生活用水などに使われた後に屋敷を出て、御茶ノ水《おちゃのみず》の懸樋《かけひ》（万年樋）に送られます。懸樋を渡り神田川を横切ると、まず神田の武家地に給水され、道三濠北側の大名屋敷、神田川北岸の武家地、神田川南岸の武家地や町人地へと配されるしくみでした。

江戸開府から50年あまりで江戸の人口は爆発的に増加し、神田上水だけではまかなえなくなりました。そこで、承応《しょうおう》3年（1654）に玉川上水が開設されます。取水堰のある羽村（現在の東京都羽村市）から四谷大木戸（現在の新宿御苑《ぎょえん》）まで、なんと全長43キロにも及ぶ水道でした。玉川から取り込んだ水を人工水路で東流させ、四谷大木戸にある水番所という水門まで運んだ後に市中に配水します。四谷大木戸からは、江戸城本丸などへの水道と、真田濠《さなだ》・弁慶濠《べんけい》の土手際を通って溜池へ流れる水道との2つのルートに分かれていました。

配水の方法は、ポンプなどを使わず高低差のみで水を運ぶ「自然流下式」です。上から下へと流れ落ちる水の原理にまかせ、自然の地形を利用して送水します。ところが、全長が43キロもあるのに対し、玉川上水の高低差はわずか92メートルしかありません。この悪条件を克服した技術に、世界に誇るインフラ整備の秘密がありました。高低差が細かく調べ上げられ、多摩川の上流には堰や水門も構築。開通後は水を管理する水番人が、刻々と変わる多摩川の水量と江戸で必要な水量を考えて水門の開き具合を調節していました。

無事に江戸へ届けられた上水は、江戸中の地下に編み目のように張りめぐらされた「樋《とい》」という水道管を通って給水されました。驚くのは、この樋が木でつくられていることです。石製や竹製もありますが、とりわけこの「木樋《もくひ》」はスーパーアイテム。完成度の高さに驚愕《きょうがく》します。

東京都水道歴史館（東京都文京区）に、発掘された木樋の実物が展示されています。用いられる木材は固く腐りにくい松や檜《ひのき》で、中心部はくり抜かれ水を通す空洞になっていました。さまざまな大きさや形の木樋がつくられ、継手で連結されながら江戸中の水道管を構築。木樋から水が漏《も》れないよう、

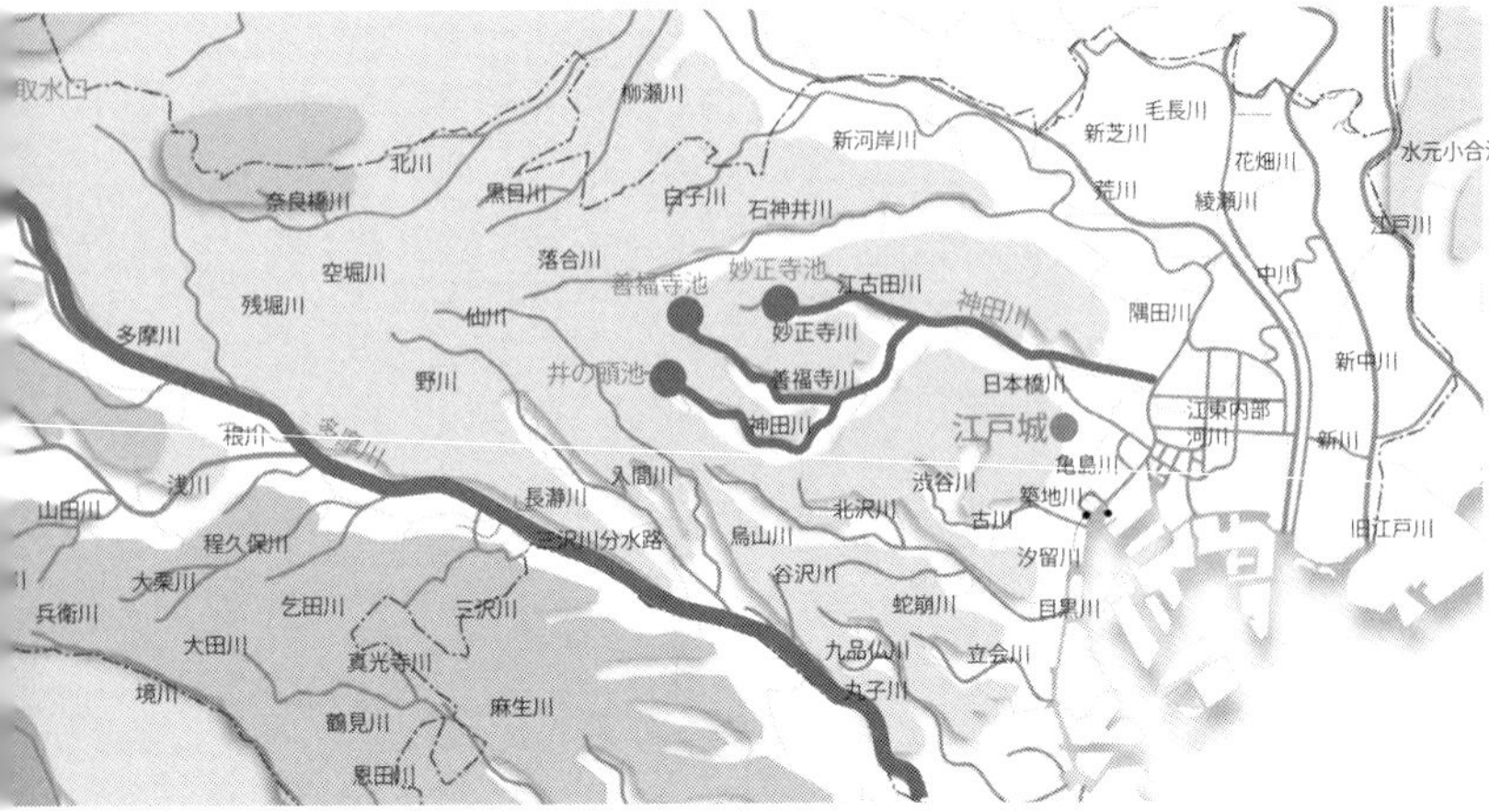

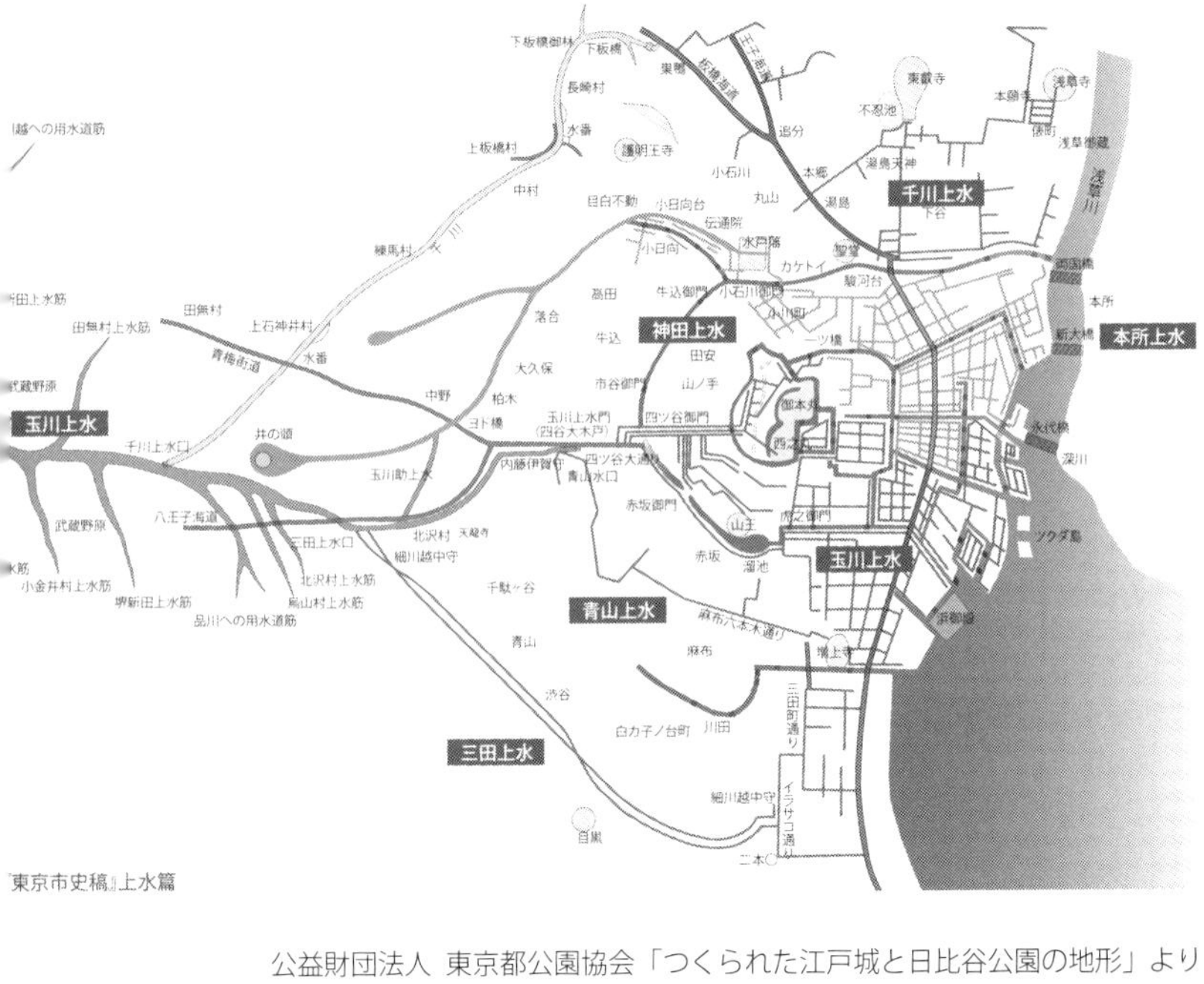

公益財団法人 東京都公園協会「つくられた江戸城と日比谷公園の地形」より

武蔵野の地形と江戸の上水

16世紀末に誕生した神田上水（小石川用水）は井の頭池を水源とし、善福寺池や妙正寺池などから水を取り入れて小石川に送水された。承応3年（1654）に整備された玉川上水は、羽村取水口から四谷大木戸（水門）までの43キロの水道。わずか92メートルの高低差しかなく、ポンプなどを使わずに自然の地形を利用して送水する自然流下式給水で行われた。

神田上水は武家屋敷と町屋を中心に配水され、生活用水や防火用水、濠や大名屋敷の泉水などに使われていた。玉川上水は江戸全域に供給できたが、おもに江戸城、大名屋敷および武家屋敷に配水され、また武蔵野台地の開発用水にもなっていた。17世紀中～後期にはさらに上水が整備され江戸の六上水（本所上水、青山上水、三田上水、千川上水）と呼ばれたが、享保7年（1722）には4上水が廃止され、それ以降は明治34年（1901）まで神田上水と玉川上水の2つが使用された。

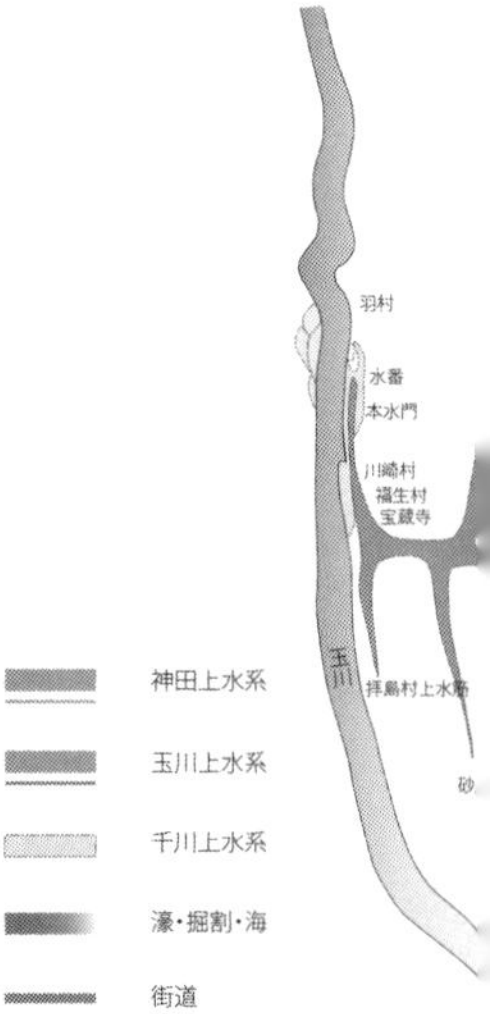

江戸時代の上水　正徳末頃(1711～15)

合わせ目や継ぎ目には槙肌《まきはだ》という檜や杉の内皮を砕いてやわらかい繊維にしたものが詰め込まれました。木製の水道管で水を運んでいたなんて、よくできたものだと感心してしまいます。

「枡《ます》」のはたらきも見逃せません。枡は樋と樋をつなぐ四角い箱のようなもので、いわば水道のターミナル。たとえば木樋で運ばれてきた水を枡に一度溜め、その樋より高い位置に別の樋を設置することで水位を上げることができます。樋を取り付ける位置を駆使することで、水流の方向転換も自由自在にできました。

もっとも驚くのは、逆サイフォンの原理を用いた水道管です。サイフォンの原理とは、スタート地点より高いところを通ってゴール地点まで液体を移動させる原理。逆サイフォンの原理はその逆で、スタート地点から一段下がったところを通らせてゴール地点まで水を送ります。一度下に落ちた水を再び上昇させられるのも、木樋に隠された技術のおかげ。気密性の高い木樋をつくって真空に近い状態にすることで、一度下がった水を再び浮上させています。こうして江戸の街に送られた水は、町中に設置された上水井戸に溜められ、つるべで汲《く》み上げて使われました。水量や水質管理をする水見枡もあったようです。

上水道の整備は、江戸時代の人々が知恵と技術力を結集した大事業でした。17世紀半ばには、地下式上水道としては世界最大の上水道にまでなり、延長は150キロにも及びました。「水道の水で産湯を使った」とは、江戸っ子が江戸生まれを自慢するときのセリフ。ハイテクな配水システムは、百万都市・江戸の象徴のひとつだったのでしょう。

庶民が参加できた江戸城イベント

厳重に警備されていた江戸城でしたが、実は庶民にも城内に入るチャンスがありました。そのひとつが、「御祝儀能」という能のイベントです。幕府は将軍宣下や跡継ぎの誕生などの祝い事や重要な儀式のとき、城内の能舞台で能楽を催していました。その際に、江戸町民も城内で将軍や武士とともに能を鑑賞することができたのです。これを「町入能《まちいりのう》」といいます。

江戸後期の肥前平戸藩主・松浦静山の『甲子夜話《かっしやわ》続編』によると、招待されるのは江戸各町の家主クラス。日本橋《にほんばし》から品川《しながわ》までの者は朝、日本橋から浅草《あさくさ》の者は昼に、というような入れ替え制だったようです。

とある日の記録には、朝に２５５１人、昼に２５６７人の計５１１８人の町人が招待されたとあります。集合時間は明け七ツ（午前４時頃）で、朝一～五番組まで、約５００人ずつの５組に分かれ、大名屋敷前や外濠の橋に集まりました。集合場所のようすは現代と変わらないようで、町名が書かれた旗指物のような幟が目印に立てられました。明け六ツ（午前６時頃）に、ついに江戸城に入城。町名と人数を申告して、常盤橋《ときわばし》門から入りました。

『千代田之御表』という錦絵に、本丸御殿白州でにぎにぎしく能鑑賞するようすが描かれています。町人は天候にかかわらず配られた傘１本を手にし、酒、菓子、銀一貫文のお土産付きでした。将軍が現れると掛け声をかけるなど、会場は大盛り上がりだったようです。２５００人も入ればすし詰め状態で、後ろの人は能舞台など見えそうもありません。しかし、町を代表して江戸城に招待されるのは名誉なこと。能そのものより、参加できることに大きな意義があったのかもしれません。

江戸を代表するお祭り、山王祭と神田祭も江戸城内に入れるイベントでした。祭礼は交代で、隔年で斎行されました。

徳川将軍家の産土神《うぶすながみ》として信仰されてきた日枝神社の祭礼が山王祭で、日本三大祭および江戸三大祭のひとつに数えられます。日枝神社はもともと太田《おおた》道灌《どうかん》が江戸城築城の際に川越の山王社から勧請し、家康が紅葉山に移し江戸城の鎮守としたもの。慶長《けいちょう》9年（1604）に2代秀忠《ひでただ》による江戸城改築の際に半蔵門外に移されましたが、明暦《めいれき》の大火で社殿が焼失したため、万治《まんじ》2年（1659）に4代家綱《いえつな》が江戸城の裏鬼門に位置する現在地に移しています。

江戸城内に入御《にゅうぎょ》した御神輿を3代家光《いえみつ》以来の歴代将軍が上覧拝礼する山王祭は、天下祭とも呼ばれ盛大を極めました。山車《だし》行列がはじめて城内に入ったのは元和《げんな》元年（1615）のことで（諸説あり）、華麗な山車行列は半蔵門から江戸城に練りこみ、竹橋《たけばし》門から出るものでした。途中、現在の乾《いぬい》門にあった吹上《ふきあげ》上覧所で、将軍に拝謁《はいえつ》することが許されました。

山王祭とともに江戸三大祭のひとつに数えられる神田祭は、江戸幕府の庇護《ひご》を受け、延宝《えんぽう》年中までは毎年斎行されていました。祭礼行列は田《た》安《やす》門から江戸城内・吹上に練りこみ、将軍の拝礼を受け、竹橋門へ抜け、常盤橋門へ出て町内を練り歩きました。祭礼行列がはじめて江戸城内に入ったのは元《げん》禄《ろく》元年（1688）で、5代綱吉《つなよし》の生母・桂昌院が見物したと記されています。山車や附祭は各氏子町が費用を負担し管理したものの、神輿《みこし》や祭具の新調や修復費用は元和３年（１６１７）以降は幕府が負担していたよう。将軍や御台所の上覧があったことから、江戸の庶民たちからはいつしか天下祭と称されました。

江戸城を脱出！　将軍のお出かけ

テレビドラマでは江戸城を抜け出し、城下で事件に巻き込まれたりしながら自由時間を楽しんでいる将軍ですが、それはもちろんドラマのお話。将軍が思いつきで行動できることはなく、江戸城内で過密スケジュールをこなす窮屈な日々を送っていました。

外出することがほとんどなかった将軍にとって、堂々と出かけられる機会でもあったのが菩提寺への参詣でした。芝の増上寺と上野の寛永寺への参詣は、将軍の重要な公務のひとつでした。初代家康と３代家光は日光東照宮に祀《まつ》られ、15代慶喜《よしのぶ》は谷中墓地に、それ以外の歴代将軍は増上寺か寛永寺のいずれかに霊廟《れいびょう》があります。

増上寺は、芝公園にある浄土宗大本山です。家康が菩提寺と定めると急速に発展し、慶長３年（１５９８）に家康によって現在地に移されました。江戸初期には江戸城に隣接し、江戸でももっとも由緒ある寺として勢力を誇る存在。家康の地位向上にともない増上寺の地位も向上し、やがて幕府の権威とともに京都総本山知恩院と肩を並べるほどまでになりました。

2代秀忠は家康の遺言通り増上寺で葬儀を執《と》り行いましたが、3代家光はそれに従わず、寛永寺で葬儀を行った後に家康が眠る日光東照宮へ行くと遺言。4代家綱と5代綱吉も寛永寺での葬儀を遺言したため、6代家宣《いえのぶ》は対応に苦慮することになります。これ以降、将軍の葬地は2大寺のバランスが保たれるようになり、増上寺には秀忠・家宣・家継《いえつぐ》・家重《いえしげ》・家慶《いえよし》・家茂《いえもち》の6名が墓所をつくりました。

現在は、消失を免《まぬが》れた三門（三解脱門）や大殿（本堂）、安国殿などの伽藍が整備されています。日比谷通りに面して建つ三門は元和8年（1622）に再建されたもので、増上寺初期の伽藍建築を残す貴重な建造物。くぐると3つの煩悩《ぼんのう》（貪《むさぼ》り・怒り・愚かさ）から解脱できる、という意味があります。将軍家墓所の鋳抜門は、6代家宣霊廟の中門を移築したもの。葵《あおい》の御紋《ごもん》を配し、両脇に青銅製の昇り龍と下り龍が鋳《い》抜かれています。

寛永2年（1625）に秀忠と家光により開創されたのが、天台宗の関東総本山である寛永寺です。現在の上野恩賜公園全域とその周辺が境内にあたります。建立が本格的に進められたのは家光による江戸城外郭工事のときで、開山した天海《てんかい》が初代住職となりました。かつての総面積は約100万平方メートルに及んだようで、数多くの伽藍と塔頭がありました。

寛永寺は江戸幕府の祈願寺として江戸の鬼門を守る存在とされ、それまでの首都である京都と周辺地域が強く意識されています。寛永寺が東叡山（東の比叡山）と呼ばれるのは、比叡山延暦寺を模してつくられたため。不忍池は琵琶湖、そこに浮かぶ弁天は竹生島弁天、清水観音堂は清水寺といったように、伽藍の中心部は比叡山西塔の伽藍を表します。

寛永16年（１６３９）に創建された五重の塔は、高さ36メートル。東京都内に現存する五重塔は、池上本願寺とこの塔の２つのみです。残念ながら主要な堂宇は幕末の上野戦争で焼失してしまいましたが、清水観音堂などいくつかの堂宇が残っています。

天海は日光山輪王寺《りんのうじ》と寛永寺の兼帯住職となり、寛永寺の境内にも家康の東照宮を勧請しました。寛永寺は名実ともに将軍家の菩提寺となり、天海の没後は天皇と将軍家の権威に支えられた寺院としてさらに宮司的な色を濃くしていきました。家綱・綱吉《つなよし》・吉宗《よしむね》・家治《いえはる》・家斉《いえなり》・家定《いえさだ》の６名の将軍が、境内の墓に眠っています。

家康が眠るのは、日光東照宮（栃木県日光市）です。元和２年（１６１６）４月17日に駿府《すんぷ》城で息を引き取った家康は、「遺体は久能山《くのうざん》に葬《ほうむ》り、一周忌が過ぎたら日光山に小さなお堂を建てて移し祀《まつ》れば、関八州の鎮守となろう」という遺言を残します。日光東照宮は、それに基づき東照大権現（家康）を祭神として創建されました。

東照とは、東国（関東）を照覧する関八州の鎮守《ちんじゅ》という性格を示すもの。しかし東照大権現は天照《あまてらす》大神《おおみかみ》とも同体とされ、祖神を天照大神とする天皇家への対抗意識も見え隠れします。江戸のほぼ真北に位置するのは、「空に輝く不動の北極星のように関八州の鎮守となって江戸の真北から関東八ヶ国を見守りたい」という家康の願いからといわれます。

現存する建物は、家光が行った寛永13年（１６３６）の寛永の大造替によるもの。家康を熱烈に敬愛した家光は、１年５ヶ月の歳月と金約57万両（現代に換算すると約４８０億円）という莫大な総工費をかけて、社殿群を絢爛豪華《けんらんごうか》に生まれ変わらせました。動員された工人は、のべ約650万人にものぼるといわれます。

家光の墓所は天海によって日光山輪王寺につくられ、大猷院廟《だいゆういんびょう》と称されました。3人の将軍の側近を務めて権勢をふるった天海も、没後は日光山輪王寺境内に葬られています。

江戸城でいちばんのエリート官僚

江戸幕府は将軍を中心とした官僚制で、幕政を掌《つかさど》る要職からユニークな専門職まで、緻密《ちみつ》な管理・支配システムのもとに成り立っていました。将軍に直接仕える家来は、大名・旗本・御家人のいずれか。大名は1万石以上、旗本・御家人は1万石以下の武士で、旗本は将軍に拝謁できる「御目見以上」ですが、御家人は許されない「御目見以下」です。基本的に、江戸幕府の要職に就《つ》くには御目見以上の家格が必要でしたが、役職によっては身分を超えた権力を持ち、能力と運次第では出世もありえました。

将軍を頂点として、江戸幕府の組織は二分されます。そのツートップに君臨するのが老中と若年寄です。首脳は老中で、若年寄がそれを補佐し、旗本と御家人を統括。彼らが支配した三奉行（寺社奉行・町奉行・勘定奉行）が、政治の中枢部となっていました。

老中は最高指揮官として、政策全般を統括します。会社で例えるならば、将軍が会長で老中が社長、というところでしょうか。厳密には老中の上に大老というポストがありますが、臨時職につき常置の最高職は老中となります。

老中は将軍を補佐し、大目付・町奉行・遠国奉行・駿府城代などを指揮・監督。朝廷や公家に関わる事柄、幕府の財政、知行割などすべての政務を統括しました。高位な役職だけあり、任命されるのは３万石以上の譜代《ふだい》大名のみで、つまりは家柄のよい者にだけに道が開かれた超エリート職でした。通常は４～５名が任命され、２～３名が月番交代で務めます。閣僚のイメージがありますが幕末までは分掌されず、重要事項の決定は合議制を採用していました。

江戸城内での老中は、一目置かれる存在でした。すれ違えば御三家や御三卿も会釈するほど地位は高く、大名は城中でも行列でも道を譲《ゆず》ったとか。老中に選出されると昇任できる従四位下侍従は、国持大名（前田・島津・伊達など、江戸時代に大領国を持った徳川御三家に次ぐ家格を持った大名）と同格。社会的地位も名誉も手に入る、大名の憧れの職業といえます。江戸時代中期以降は、奏者番から寺社奉行を兼任し、その後大坂城代から京都所司代あるいはその両方を務めた後に老中になるのが一般的な出世コースで、なかでも多かったのが京都所司代からの就任でした。

超エリートの老中、激務に追われ多忙な日々を過ごしていたようです。毎朝、午前10時30分頃に江戸城本丸御殿の御用部屋に出勤。正面玄関からは登城せず、大手門または内桜田門（現在の桔梗門）から城内へ入り、中雀門を抜けた老中口（納戸口）と呼ばれる通用口を使いました。老中口を入ったところには、休息や着替えのための下部屋という個室が与えられていて、下部屋で全員が揃《そろ》うのを待ち、執務室である御用部屋に移動しました。殿中では、御用部屋坊主が「シーシー」と制止声をかけながら先導し、すでに出勤している諸役人から挨拶を受けます。御用部屋は本丸御殿の表と中奥の境にある、広さは20畳ほどの部屋。老中と若年寄、秘書である奥右筆組頭しか入室できず、必要があれば勘定奉行・大目付・目付・寺社奉行らが呼び出されました。

案件は、書記官である奥右筆組頭が指示を承り、奥右筆が書付にして提出。月番が伺書を一覧してから、扇に挟んで上席の老中へ渡します。問題なければ席次の老中に同じ方法で渡し、すべての老中に伺書がまわり、末席の老中から月番のもとに戻れば、案件は成立し審議は終了となります。このため老中は、冬でも扇を持参していたといわれます。

残業や自宅作業、早朝出勤もあり、なかなかにハードな毎日だったようです。将軍家の家事も扱い、交代で江戸城紅葉山廟所、増上寺や寛永寺へ代参するのも職務のひとつでした。上使として大名家を訪問するなど、概して激務でした。

江戸城と富士山

家康が江戸を選んだのは富士山が見えたからという説もあり、駿府《すんぷ》城や久能山も富士山を望む絶好の立地です。家康が富士山を特別視し、富士山が見える場所に人々の生活を設けたことで、富士山と人々との距離も縮まったようです。

家康が富士山にこだわったのは、上方文化に対抗する強烈なインパクトを持つシンボルを必要としたからとも考えられます。江戸の目印は、京にないものでなくてはなりません。古代から歌や物語に詠まれ、信仰の対象にされてきた富士山には価値があり、適役だったのでしょう。宝暦《ほうれき》13年（1763）に平賀源内が書いた『風流志道軒伝』の一場面からは、富士山が江戸の象徴であるだけでなく、日本の象徴として認識されていたこともわかります。

葛飾北斎『富嶽三十六景』より「江戸日本橋」
（国立国会図書館所蔵）

文化《ぶんか》6年（1809）に鍬形蕙斎《くわがたけいさい》が描いた江戸鳥瞰《ちょうかん》図の傑作、『江戸《えど》一目《ひとめ》図《ず》屏風《びょうぶ》』の中央上部にも、ひときわ大きく霊峰富士が描かれています。江戸城や大名屋敷、民家、社寺、浅草寺や新吉原など250ヶ所以上の江戸の名所を見下ろす雄大な富士山は、圧倒的な存在感です。

　この頃の江戸では、晴れていればいたるところから富士山をのぞめたようです。そしてどうやら、人々の間で富士山を江戸の一部として捉える感覚が成立していました。葛飾北斎《かつしかほくさい》の『富嶽三十六景』の「江戸日本橋」にも、日本経済の中心地らしく賑《にぎ》わう橋上の人混みの奥に、江戸城と富士山の姿があります。

　国立歴史民俗博物館の大久保純一教授によると、日本橋から江戸城と富士山を望むという図様は、江戸の名所絵において象徴的な意味を持っていたようです。江戸の繁栄を描くなら富士山も描かなくてはならない、といった基本的法則があったというのです。この法則の背景には、江戸文化を富士山によって象徴化する意図があったようです。富士山は中国において生命の根源とされる蓬萊山《ほうらいさん》の見立て、つまり古くから不老不死の象徴とされてきました。日本橋の上からは蔵＝豊穣《ほうじょう》、江戸城＝平和、富士山＝不老不死、が重層的に見え、さらにその背後には都＝天皇と極楽浄土が存在します。この構造こそ、江戸庶民にとって理想の世界でした。

歌川広重《うたがわひろしげ》の『名所江戸百景』「するがてふ」も、それを表したものでしょう。江戸一の富士山の眺めと賞された駿河町通りの両側には呉服店越後屋が建ち、風呂敷を背負った使用人や買い物に訪れた御殿女中で賑わいます。この絵の構図はかなり視点が高く、実際に駿河町から富士山がどう見えたかは明らかではありません。しかし誇張でありながらも、江戸随一の繁栄店と日本一の富士山との取り合わせは江戸庶民に喜ばれました。人々の脳裏には富士山の盤石《ばんじゃく》な姿が焼きつき、強烈な憧れを抱いたことでしょう。

富士山の象徴化は18世紀半ばから成立し、19世紀には定着したようです。その証に、それ以降の日本橋の図の遠景には、ほぼすべて江戸城と富士山が描かれています。見えるはずのない雨の日や夜の情景でも、富士山は描かれました。富士山は江戸から見える風景なのではなく、見えようが見えまいが当然描かれる、江戸の象徴だったのです。

現在、東京都内には50あまりの「富士塚」が現存しています。富士塚とは、江戸時代に大ブームを起こした富士信仰組織「富士講」によりつくられたミニチュア富士山のこと。体の弱い者や子供、入山を禁じられた女性など、富士登山できない庶民のために富士山の代替品として各地に築かれました。安永《あんえい》９年（１７８０）に庭師藤四郎が高田（新宿区戸塚）の水稲荷神社境内に築山した高田富士が、日本最古の富士塚です。高さ約5メートルほどで、富士山から持ち帰った溶岩でつくられたといわれます。模擬富士ながら山開きがある本格派で、昭和38年（１９６３）に取り壊され、現在の水稲荷神社に移されています。

富士塚の魅力は、性別や年齢、信仰心の深さを問わず、しかも登拝と同じご利益が得られることでした。また、模擬登山を楽しんだ後に山頂から本物の富士山を眺める、というレジャー要素も江戸の庶民の心をつかみました。富士塚は初物好きで物見高い江戸庶民の間でたちまち評判となり、大流行。江戸八百八講といわれるほど増え、江戸のみならず関東一円に広がりました。

富士見町という地名や富士見坂という名の坂が江戸中に存在するのも、この影響です。人々は富士山の見える場所を特別視し、足を運んでは富士山への憧れと信仰を寄せていたのでしょう。それまで限定されていた富士山信仰は日常化され、富士山は江戸庶民にとって身近な存在になりました。

富士講が流行し富士山信仰が普及した理由はいくつかありますが、旅が商人のみならず庶民の間でもなじみになったことも、富士山が身近で特別な存在に変化した大きな要因でしょう。参勤交代のための道路や宿場の整備が急速に発達したこともあり、江戸時代には旅という文化が誕生しました。

距離的な問題から伊勢詣が叶わなかった江戸っ子は、大山を筆頭に、近場の江の島や成田山、富士山へ出かけました。江戸から京を目指す旅人は、富士山の方角を目指して東海道を進むことになります。江戸からも遠望できた富士山ですが、歩を進めるにつれ大きくなる本物の富士山は、旅人にとって気分を高めるもので、癒しや励ましになったことでしょう。

旅人が存在しなかった江戸時代以前には、おそらく富士山は想像上のものに近い信仰の山にすぎなかったはずです。国を自由に往来する発想などなく、またテレビや写真のない時代に自分の生活圏以外の風景を目にすることはありませんでした。しかし江戸時代になって実際に本物を見た人が急増したことで、状況はがらりと変わります。旅人が描いた浮世絵を目にする機会もでき、手の届かなかった富士山との距離が一気に縮まって、庶民にとって魅力的な存在として浸透していったのでしょう。

江戸城でゆったり温泉入浴

家康は温泉を愛した人でした。なかでも、熱海《あたみ》温泉にはゆかりがあります。家康は慶長2年（1597）に湯治《とうじ》のため熱海温泉を訪れ、また慶長9年（1604）3月には九男・義直と十男・頼宣の2人を連れて、17日間も熱海に滞在したといわれています。

江戸時代には将軍や大名などの武士階級だけでなく、庶民までも温泉に入浴して病気を治す湯治が全国的にさかんになりました。なかでも江戸に近い熱海は多くの大名が訪れたようで、本陣であった今井家の宿帳には、寛永6年（1629）から幕末の弘化《こうか》2年（1845）までの約200年間に、全国の城主65名が来湯した記録が残っています。

健康維持に心を砕き、医師よりも知識が上回っていたとされる家康のことですから、熱海の湯が疲労回復や健康維持に効果的であることを知っていたのかもしれません。慶長９年９月には、京都で病気療養中の吉川広家にお見舞いとして熱海の湯を運ばせています。京都の近くには名湯と名高い温泉があるものの、わざわざ熱海から運ばせているところに、思い入れが感じられます。

４代家綱が大湯の温泉を真新しい檜《ひのき》の湯樽に汲んで江戸城まで運ばせたことをきっかけに、熱海から江戸城に温泉を献上する「お汲み湯」がはじまったと伝わります。お汲み湯は歴代徳川将軍に継承され、とくに８代吉宗は８年間で３６４３樽の湯桶を運ばせたといわれます。湯温は約90℃とかなり高温のため、江戸城に到着する頃にちょうどいい湯加減になっていたとか。記録によると、昼夜兼行で15時間ほどをかけて江戸城まで運ばれたようです。

江戸の街道と宿場町・大名屋敷

関ヶ原合戦の後、家康は江戸を全国支配の拠点にすべく、江戸と各地を結ぶ道路網を整備。３代家光の時代に参勤交代が行われるようになると、街道や宿場が整えられました。４代家綱が日本橋を起点として放射線状につくった幹線道路が、五街道（東海道・中山道・日光街道・奥州街道・甲州街道）です。街道は軍事目的だけでなく、幕府の役人や大名が往来する重要な道となりました。物流にも欠かせず、また庶民が移動する生活道路でもありました。

日本橋は五街道の起点として商業の中心地となり、五街道では宿場が栄えました。とりわけ日本橋を出発して最初の宿場は江戸四宿と呼ばれ、大いに繁栄しました。東海道の品川宿、中山道の板橋宿、

江戸の街道と宿場町

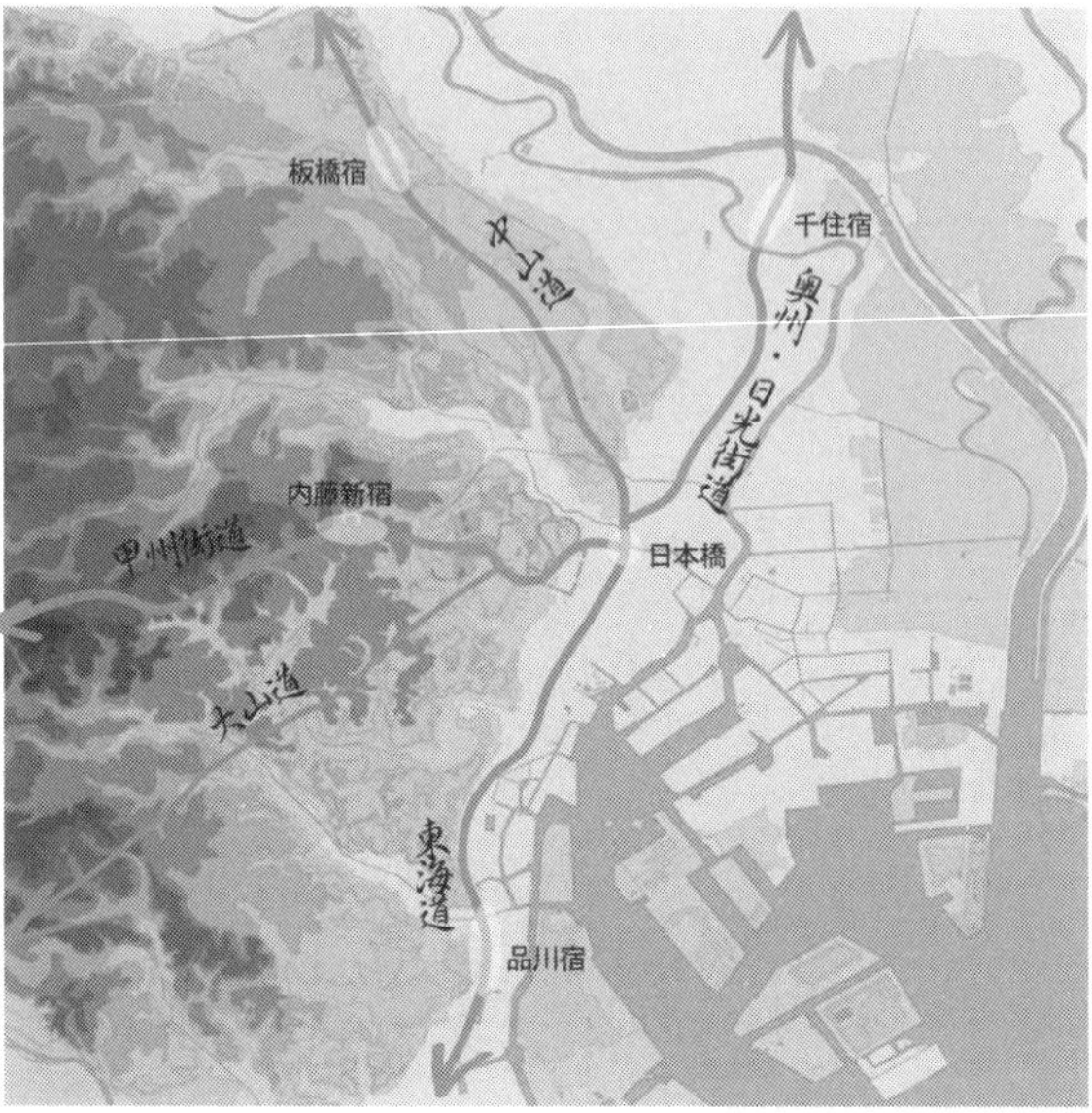

公益財団法人 東京都公園協会「つくられた江戸城と日比谷公園の地形」より

日光・奥州街道の千住宿、甲州街道の内藤新宿です。

　街道沿いには、大名屋敷がつくられました。江戸城の外濠沿いに置かれ、江戸城の防衛を担《にな》っていたのが徳川御三家の江戸屋敷（小石川の水戸藩邸・市ヶ谷の尾張藩邸・赤坂の紀州藩邸）です。同じように、街道沿いにも西や海からの防御を担う大名屋敷が築かれました。

　甲州街道は、外濠と同様に西への守備として重要視されました。四谷・麹町台地の尾根筋上を半蔵門から八王子方面へつなぎ、甲府を経て下諏訪宿で中山道と合流します。江戸内では尾張藩下屋敷、高遠藩下屋敷など、御三家や信頼のおける譜代大名の屋敷が置かれました。尾張・高遠藩邸で名庭園がつくられたのは、街道と並行していた玉川上水が整備され、屋敷へ豊富に水が運ばれたからです。

現在の国道２４６号にほぼ合致するのが、相模《さがみ》にある信仰の山・大山へと続く大山道です。赤坂《あかさか》・麻布《あざぶ》台地と芝《しば》・白金《しろがね》台地の尾根筋を横断するように、赤坂門から渋谷方面に向かっていました。寛永期には江戸の市中拡大にともなって大名屋敷や町人地が増え、長府藩など外様大名の上屋敷、郡上藩など譜代大名の中屋敷や下屋敷が築かれました。現在の檜町公園は、萩藩下屋敷の庭園の名残り。万治３年（１６６０）に玉川上水から分水した青山上水が開設したことで、水をふんだんに取り入れた大名庭園がつくられるようになりました。

中山道は本郷追分で日光御成道と分岐し、岩淵宿や岩槻を経由して日光街道へと合流します。そのため、国許への移動が便利な前田家の上屋敷や水戸家、阿部家の中屋敷などが置かれました。現在の東京大学本郷キャンパスが、加賀藩の屋敷跡です。

五街道のなかでも江戸と京を結ぶ街道としてもっとも重要視されたのが、東海道です。とりわけ参勤交代制度が全盛となる寛永期以降は、東海道に加え江戸湾海上の防衛のために会津藩松平家などの親藩大名や、徳川家と親しい龍野藩脇坂家などの譜代大名、仙台藩伊達家などの外様大名の屋敷が置かれました。

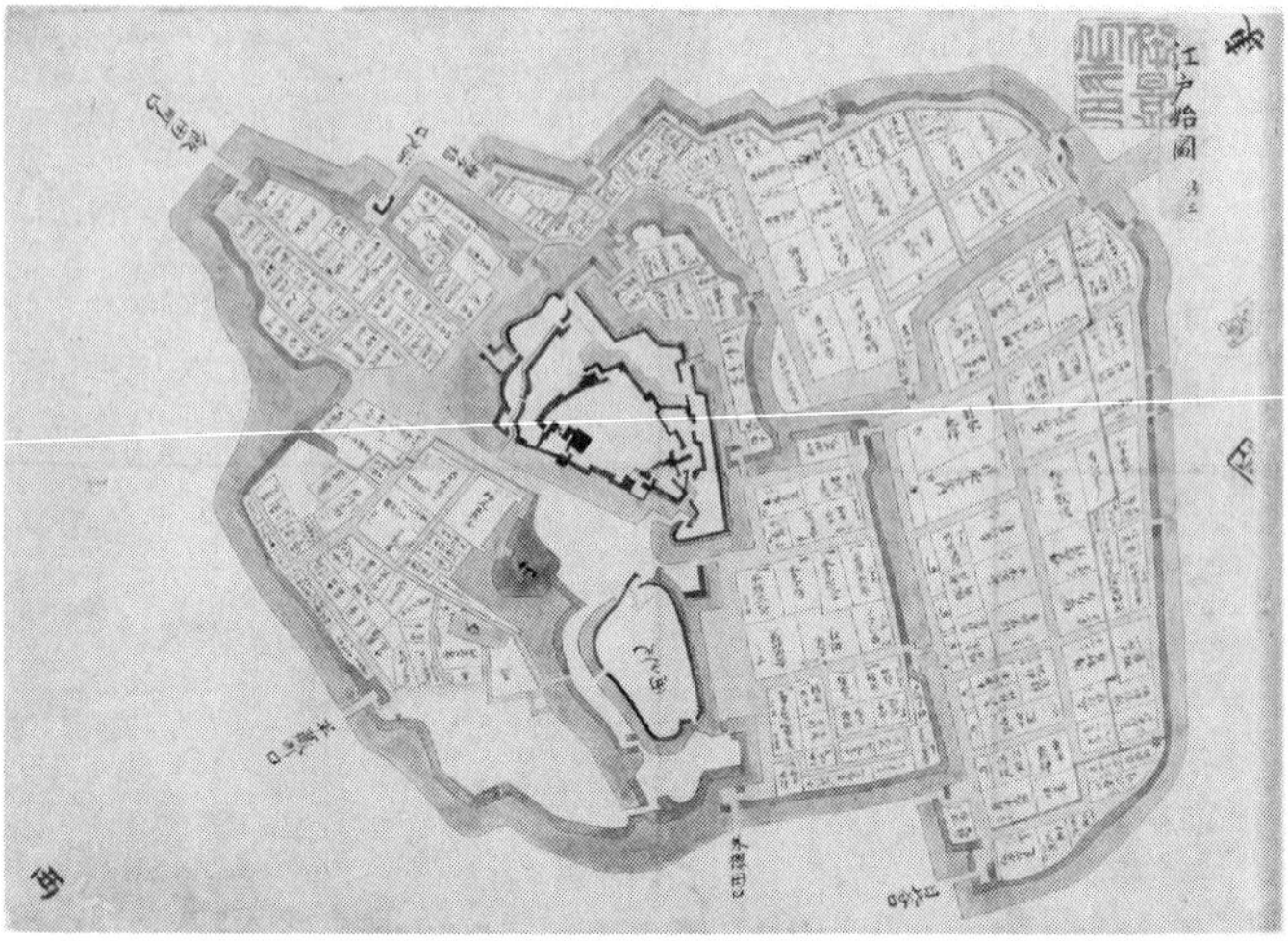

「江戸始図」（松江歴史館所蔵）

追補「江戸始図」

２０１７（平成29）年2月8日、徳川家康が築いた当初の江戸城を描いたと推定される絵図『江《え》戸《ど》始図《はじめず》』が発見されたと松江歴史館（松江市）が発表しました。絵図は、松江歴史館が所蔵する『極秘諸国絵図』に収録されています。

『慶長江戸絵図』（東京都立中央図書館所蔵）と同時期の慶長12〜14年（１６０７〜１６０９）に描かれた可能性があり、天守は２棟の小天守をつなげた連立式天守であること、本丸南側の虎口は外枡形が５つ連続して配置されていることが読み取れます。これまで不明だった、かつての構造と天守の姿を紐解く大きな発見となりました。

主要参考文献

報告書・論文・図録

『江戸城の考古学　江戸城跡・江戸城外堀跡の発掘報告』（千代田区教育委員会編集発行、2001年3月）
『史跡江戸城外堀跡保存管理計画書』（千代田区教育委員会・千代田区立四番町歴史民俗資料館編集、2008年3月）
『江戸城跡和田倉遺跡』（千代田区教育委員会、1995年）
『一番町遺跡発掘調査報告書』（千代田区教育委員会、1994年3月）
『丸の内一丁目遺跡Ⅰ、Ⅱ』（千代田区丸の内一丁目遺跡調査会、1998年8月）
『江戸城外堀跡　赤坂御門・喰違土橋』（地下鉄7号線溜池・駒込間遺跡調査会編集、2007年5月）
『瘤木石丁場遺跡』（熱海市教育委員会、1997年11月）
『熱海市伊豆石丁場遺跡確認調査報告書』（熱海市教育委員会、2009年3月）
『熱海市伊豆石丁場遺跡確認調査報告書2』（熱海市教育委員会、2015年3月）
『宇佐美北部石丁場遺跡確認調査報告書』（伊東市教育委員会、1991年3月）
『早川石丁場群関白沢支群分布調査報告書』（小田原市教育委員会、2015年3月）
『特別史跡江戸城跡　皇居東御苑内本丸中之門石垣修復工事報告書』（宮内庁管理部、2007年3月）
『江戸城跡　皇居山里門石垣修復工事報告書』（宮内庁管理部、2007年3月）
『特別史跡江戸城跡　皇居桔梗濠沿い石垣修復報告書』（宮内庁管理部、2013年3月）
『つくられた江戸城と日比谷公園の地形』（公益財団法人　東京都公園協会、2013年4月）
『江戸城の堀と石垣―発掘された江戸城―』（千代田区立四番町歴史民俗資料館、2005年10月）
『早川石丁場群関白沢支群　江戸城石垣のふるさと』（かながわ考古学財団、2007年3月）

『「石切り」の技術と系譜―中世から近世へ―』（小豆島町企画財政課、２０１１年）
『特別展　徳川の城〜天守と御殿〜』図録（東京都江戸東京博物館、２０１５年）
『江戸城天守　寛永度江戸城天守復元調査研究報告書』（三浦正幸・中村泰朗・野中絢、２０１６年）

書籍

『江戸城　築城と造営の全貌』（野中和夫、同成社、２０１５年）
『江戸築城と伊豆石』（江戸遺跡研究会編、吉川弘文館、２０１５年）
『江戸と江戸城』（内藤昌、講談社、２０１３年）
『江戸城の縄張りをめぐる』（西野博道、幹書房、２０１１年）
『江戸の城づくり―都市インフラはこうして築かれた』（北原糸子、筑摩書房、２０１２年）
『江戸城―その全容と歴史』（西ケ谷恭弘、東京堂出版、２００９年）
『江戸城を極める』（加藤理文、サンライズ出版、２０１４年）
『江戸城の秘密』（原史彦監修、洋泉社、２０１５年）
『江戸城を歩く〈ヴィジュアル版〉』（黒田涼、祥伝社、２００９年）
『江戸城外堀物語』（北原糸子、筑摩書房、１９９９年）
『東京の自然史』（貝塚爽平、講談社、２０１１年）
『江戸の上水道と下水道』（江戸遺跡研究会編、吉川弘文館、２０１１年）
『江戸の開府と土木技術』（江戸遺跡研究会編、吉川弘文館、２０１４年）
『日本災害史』（北原糸子編、吉川弘文館、２００６年）
『首都江戸の誕生　大江戸はいかにして造られたのか』（大石学、角川学芸出版、２００２年）
『よみがえる江戸城』（平井聖・小粥祐子、ＮＨＫ出版、２０１４年）
『江戸城のインテリア―本丸御殿を歩く』（小粥祐子、河出書房新社、２０１５年）

『江戸城―本丸御殿と幕府政治』（深井雅海、中央公論社、２００８年）
『江戸城　将軍家の生活』（村井益男、講談社、２００８年）
『図解・江戸城をよむ―大奥　中奥　表向』（深井雅海、原書房、１９９７年）
『石垣が語る江戸城』（野中和夫、同成社、２００７年）
『図説　江戸城の石垣』（鈴木啓、歴史春秋社、２０１３年）
『地名で読む江戸の町』（大石学、ＰＨＰ研究所、２００１年）
『江戸城三十六見附絵図集成』（日本城郭協会編、新人物往来社、１９８５年）
『江戸幕府大事典』（大石学編、吉川弘文館、２００９年）
『東京時代ＭＡＰ―大江戸編』（新創社編、光村推古書院、２００５年）
『図説江戸城―その歴史としくみ　超巨大城郭の実像と知られざる内幕』（学研マーケティング、２００８年）
『天守再現！江戸城のすべて』（三浦正幸監修、宝島社、２０１２年）
『図説縄張のすべて―城の設計プランにこめられた知と手腕　決定版』（学研マーケティング、２００８年）
『歴史ＲＥＡＬ　ｖｏｌ．３　江戸城の謎に迫る！』（洋泉社、２０１１年）
『よみがえる日本の城（２）江戸城・小田原城』（学研、２００４年）
『城と城下町１　江戸東京（歴史群像シリーズ）』（平井聖、学研マーケティング、２００８年）
『地図で読み解く江戸・東京』（津川康雄監修、江戸風土研究会編著、技術評論社、２０１５年）／ほか

著者略歴

東京都足立区に生まれる。青山学院大学卒。城郭ライター、編集者。小学2年生のとき城に魅せられる。日本人の知恵・文化、美意識が詰まった日本の宝の虜になり、城めぐりがライフワークに。制作会社、広告代理店などを経て独立し、現在は執筆業を中心に、メディア・イベント出演・企画、講演、講座などを行っている。

主な著書に、『わくわく城めぐり』（山と溪谷社）、『戦国大名の城を読む』（SBクリエイティブ）、『日本100名城めぐりの旅』（学研プラス）、『お城へ行こう！』（岩波書店）、『今日から歩ける！超入門山城へGO！』（共著／学研プラス）、『図説・戦う城の科学』（SBクリエイティブ）、『旅好き女子の城萌えバイブル』（主婦の友社）、『城めぐり手帖』（技術評論社）などがある。

城フェス実行委員長、公益財団法人日本城郭協会学術委員会学術委員。
＊公式サイト「城メグリスト」
http://46meg.com/

江戸城《えどじょう》の全貌《ぜんぼう》
――世界的巨大城郭《せかいてききょだいじょうかく》の秘密《ひみつ》

二〇一七年三月一三日　第一刷発行

著者　萩原《はぎわら》さちこ
発行者　古屋信吾
発行所　株式会社さくら舎　http://www.sakurasha.com
東京都千代田区富士見一-二-一一　〒一〇二-〇〇七一
電話　営業　〇三-五二一一-六五三三　FAX　〇三-五二一一-六四八一
編集　〇三-五二一一-六四八〇　振替　〇〇一九〇-八-四〇二〇六〇
装丁　石間　淳
本文図版作成　朝日メディアインターナショナル株式会社
印刷・製本　中央精版印刷株式会社

ISBN978-4-86581-087-5